教学要尊重学情——"书"让学生自己读，"问"让学生自己提，"情"让学生自己抒，"理"让学生自己悟，"话"让学生自己说，"文"让学生自己写，"错"让学生自己纠，"果"让学生自己摘。

——尤立增

· 教育家成长丛书 ·

尤立增
与学情核心教学

YOULIZENG YU XUEQING HEXIN JIAOXUE

中国教育报刊社·人民教育家研究院 组编

尤立增 著

北京师范大学出版集团
BEIJING NORMAL UNIVERSITY PUBLISHING GROUP
北京师范大学出版社

图书在版编目（CIP）数据

尤立增与学情核心教学 / 尤立增著；中国教育报刊社人民教育家研究院组编. —北京：北京师范大学出版社，2022.9
（教育家成长丛书）
ISBN 978-7-303-28010-0

Ⅰ.①尤… Ⅱ.①尤… ②中… Ⅲ.①教育－研究－中国 Ⅳ.①G52

中国版本图书馆 CIP 数据核字（2022）第 132483 号

图 书 意 见 反 馈　　gaozhifk@bnupg.com　010-58805079
营 销 中 心 电 话　　010-58802135　010-58802786
北师大出版社教师教育分社微信公众号　　京师教师教育

出版发行：北京师范大学出版社　www.bnup.com
　　　　　北京市西城区新街口外大街 12-3 号
　　　　　邮政编码：100088
印　　刷：唐山玺诚印务有限公司
经　　销：全国新华书店
开　　本：787 mm×1092 mm　1/16
印　　张：19.5
字　　数：335 千字
版　　次：2022 年 9 月第 1 版
印　　次：2022 年 9 月第 1 次印刷
定　　价：68.00 元

策划编辑：伊师孟　　　　　责任编辑：朱前前
美术编辑：焦　丽　　　　　装帧设计：焦　丽
责任校对：陈　民　　　　　责任印制：马　洁

教育家成长丛书

编委会名单

总　序

　　教育是国家发展的基石，教师是基石的奠基者。古人云："国将兴，必贵师而重傅。"兴国必先强教，强教必先重师。党中央、国务院高度重视教师队伍建设。2013 年教师节，习近平总书记在给全国广大教师的慰问信中指出："百年大计，教育为本。教师是立教之本、兴教之源，承担着让每个孩子健康成长、办好人民满意教育的重任。"2014 年，在第 30 个教师节前夕，习总书记到北京师范大学视察并发表重要讲话，指出："一个人遇到好老师是人生的幸运，一个学校拥有好老师是学校的光荣，一个民族源源不断涌现出一批又一批好老师则是民族的希望。"《国家中长期教育改革和发展规划纲要（2010—2020 年）》也明确提出，"有好的教师，才有好的教育"，要"努力造就一支师德高尚、业务精湛、结构合理、充满活力的高素质专业化教师队伍"。"倡导教育家办学"，要创造有利条件，鼓励教师和校长在实践中大胆探索，创新教育思想、教育模式和教育方法，形成教学特色和办学风格，造就一批教育家。"两个一百年"奋斗目标的实现、中华民族伟大复兴中国梦的实现，归根结底要靠人才、靠教育，而支撑起教育光荣梦想的，是千百万的教师。

　　时代呼唤好老师。有一流的教师，才有一流的教育；有一流的教育，才有一流的国家。出名师、育英才、成伟业，是时代赋予我们教育战线的神圣使命。"所谓大学者，非谓有大楼之谓也，有大师之谓也。"好学校、好教育的最重要标准，就是要有好老师。一所学校、一个地区，乃至一个国家，如果教师有理想、有爱心、有学识、有高超的教育艺术，那么即使硬件设施有些简陋，家长、学生也会心向往之。教师是中国梦的奠基者。教师的重要使命，就是为每个孩子播种梦想、点燃梦想，并帮助他们实现梦想。每一间平凡的教室，每一节朴实的课，都不仅是知识的传递，而且是人类文明精神的接续、人生梦想的起航。正是有亿万个孩子梦想的放飞、绽放，中国梦才更加光彩夺目。如果说中国梦最坚实的土壤是学校，那么教师就是最伟大的"筑梦师"，他们用默默无闻、孜孜不倦的智慧劳动，让每一颗年轻的心灵都与中国梦激情相拥。

倡导教育家办学，造就一批好老师，首先要尊重、珍惜我们的本土智慧、本土创造。教育家不是凭空产生的，而是扎根于自己的民族文化土壤，同时吸收人类文明成果，从而创造出独特而生动的教育实践、教育智慧和教育文明。五千年源远流长的中华文明，不但形成了有我们民族特色的教育理论体系，而且涌现出了千千万万优秀的教育家，有被推崇为"大成至圣先师""万世师表"的孔子，有"匹夫而为百世师，一言而为天下法"的韩愈，有"捧着一颗心来，不带半根草去"的人民教育家陶行知，等等。改革开放40年来，随着教育改革的不断深入，教育战线涌现出了一大批杰出教师。他们痴情于教育事业，坚守理想信念和教育良知，在三尺讲台上默默耕耘、刻苦钻研，同时以敢为天下先的精神大胆创新，不断进取、不断超越，形成了各具特色的教育思想和教学风格。正是他们的成功探索和实践，创造了具有中国风格的教育经验，丰富了具有中国特色的教育理论宝库。原由教育部师范教育司组织编写，现由中国教育报刊社人民教育家研究院组织编写的"教育家成长丛书"，就是要向这些宝贵的本土创造性的教育经验致敬。

当前，教育领域综合改革正在深入推进，考试招生制度改革的大幕已经拉开，立德树人、培育和践行社会主义核心价值观成为大中小学教育的头等任务。可以预见，中国教育将发生深刻的变革，将从"中国制造"向"中国创造"转变。"没有革命的理论，就没有革命的运动。"没有适合中国土壤、具有中国智慧的教育理论，就不可能为未来的中国教育改革提供有效的指导。我们的教育要向"中国创造"飞跃，必然要首先创造属于我们自己的教育理论，而不是"言必称希腊"或者老是贩卖欧美的教育理论。170多年前，美国思想家、诗人爱默生发表了著名演说《美国学者》，号召美国知识界："我们依赖旁人的日子，我们师从他国的长期学徒期时代即将结束。在我们周围，有成百上千万的青年正在走向生活，他们不能老是依赖外国学识的残余来获得营养。"由此，美国迈入精神立国阶段。

如今，我们也面临与爱默生同样的情形。随着我国GDP已从世界第二向第一迈进，我们要自觉养成强烈的"中国意识"，独立的中国文化品格，并由此去环视世界，去改造本土实践，去创造属于我们自己的精神养料——这在教育界显得尤为紧迫。"教育家成长丛书"，旨在把我们本土教育实践中蕴含的中国智慧提炼出来，从而形成具有时代意义的中国特色的教育话语体系，再以此去观照、引领、改造中国的教育实践，为伟大的教育改革提供经验、理论支持，也为未来的教育家提供丰富、可资借鉴的精神养料。

让我们为中国教育的伟大未来一起努力吧！

2018年3月9日

前　言

　　见证着中国基础教育半个世纪的春华秋实，代表着中国基础教育教学成果的最高成就——"首届基础教育国家级教学成果奖"，闪耀着李吉林、窦桂梅、吴正宪、张思明、洪宗礼、唐江澎、邱学华、于永正、孙双金、薄俊生、龚春燕等一大批优秀教师的名字。而上述这些教师杰出代表恰恰都是《人民教育》"名师人生"栏目中最受读者喜爱的名师，都是"教育家成长丛书"的作者。

　　"教育家成长丛书"（以下简称"丛书"），是在第 20 个教师节前夕，为了研究、总结、宣传和推广我国众多优秀中小学教师的先进教育思想和鲜活宝贵的教育教学经验，培养造就一大批德才兼备的优秀教师和杰出的教育家，促进教师队伍整体素质的提高，根据教育部党组安排，由师范教育司组织编写的一套凝聚着一大批教育家成长智慧的大型教育丛书。

　　"丛书"自 2006 年问世以来，不但得到国务院和教育部领导同志的高度重视，而且先后印刷多次尚不能满足广大读者的需求。这其中的奥秘何在？

　　当你翻开"丛书"，每一部著作都讲述着一位教育家成长的故事。这些著作主要从"成长历程""思想概述""课堂实录"和"社会反响"等方面全景式反映其教育思想、教育智慧、专业精神和专业人格的形成过程与教学实践过程。这是教育家成长的基本素质所在。

　　当你沿着教育家成长的足迹走近他们的时候，你会融入这些带有"草根色彩"、扎根中华教育实践大地、充满田野芳香的真实感人的教育故事中。

当你从"丛书"中，从这些当年和自己一样的普通教师，成长为今天受人尊敬的教育家的成长过程中受到启迪，当你触摸着自己的心，把学生的成长和祖国的未来紧紧连在一起的时候，你会真切地感受到教育家离我们并不遥远。

当你用整个身心蘸着自己的生活积累去品味"丛书"中的每一部著作的"成长历程"时，在一位位名师不断学习、不断超越自我、不断超越学科教学的求索足迹中，你会读懂"教育是事业，其意义在于奉献"的丰富内涵。

当你研读"丛书"中的每一部著作的"思想概述"，和每一位名师展开心灵对话的时候，都会深深地感受到，一名教师对教育独立的理解与执着的追求有多么重要。从一名普通的教师成长为受人尊敬的教育家的过程中，你会读懂"教育是科学，其价值在于求真"的深刻含义。透过"丛书"，你会看到一代代教师用爱与智慧塑造民族未来的教育理想。

随着我们从"知识核心时代"走向"核心素养时代"，教师教育教学活动的视野已拓展到人的生存与发展的方方面面。教师要结合自己的教学实践去感悟"教育理念是指导教育行为的思想观念和精神追求"，应该把爱化为自己的教育行为，让爱充盈课堂，触摸到一个个灵动的生命，让爱产生智慧，让爱与智慧在学生心中留下岁月抹不去的美好回忆，让教育者和受教育者都感受到教育的幸福。这是"丛书"给我们的启示，也是每位教师应有的胸怀和视野。

时代呼唤教育家。为了进一步把我们本土教育实践中蕴含的中国智慧提炼出来，从而形成具有时代意义的中国特色的教育话语体系，以此去观照、引领、创新中国的教育实践并在更大范围加以推广，"丛书"将由中国教育报刊社人民教育家研究院继续组织编写，希望能够在更广大教师的心田中播种教育家成长的智慧，从而出更多的名师，育更多的英才，成就中华民族复兴的伟业。这是时代赋予广大教育工作者的神圣使命。如果广大教师能在每位教育家成长、探索教育智慧的过程中受到启迪，形成自己的教育智慧，则实现了我们编辑这套"丛书"的初衷。

"教育家成长丛书"
编委会
2018 年 3 月

目 录
CONTENTS
尤立增与学情核心教学

社会反响

附　录

我的成长之路

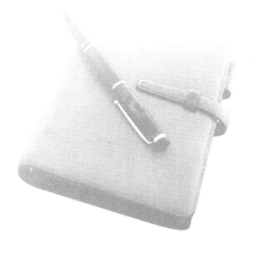

在困境中闯出一条新路

每当送走一届毕业生时，都会有诸多的感慨。他们走了，带着我的祝福，像一只只羽翼丰满的小鸟，飞向全国各地的大学。我默默地走向熟悉的校园，走向那片青春的芳草地。我要为那些娇嫩的花草拾来纯真的良心和丰富的智慧，直到我的生命的寄托从春华孕育为秋实。

在河北师范大学念书时，我曾参加过一次题为"我骄傲，我的选择"的演讲比赛。但是，那时的我从未想过当老师有什么难的。我的恩师许建国老师曾经送给我一幅"教育是雕龙与铸魂的事业"的书法作品，我也并未理解其深刻的内涵。"浮生恰似冰底水，日夜东流人不知。"近三十多年来，我吃过苦，受过罪，遭受过挫折，也体会过成功。到今天，我似乎刚刚感觉到"老师"二字沉甸甸的含义。我才明白，"雕龙"是提高学生的文化素养，"铸魂"则是铸就人的灵魂，这是教师的天职。

图 1-1　凝练教学思想，成立国家级名师工作室

有人从那些优秀语文教师的成长经历中，归纳出他们成长的几个阶段：适应阶段、强化教学基本功阶段、形成经验和技能阶段、成长的"徘徊阶段"、"成名成家"的阶段。尽管我们每个老师并不是都会成长为语文教学专家，但作为一名语文教师，确立自我专业化发展的目标，在教学实践中逐步形成自己的教学风格，让教学充满智慧，这些应该是优秀语文教师的共同追求。

我将自己的从教经历与上述的几个阶段进行比照，大致相同。有两点感受更为深刻：一是"强化教学基本功"不只是一个成长阶段，更应该贯穿于专业化发展的全过程；二是"成名成家"，我也许没有达到这个层次，但以此为目标，我不会停下前行的脚步。

2019年4月，由教育部国培办与名师领航工程浙江师范大学基地联合主办的"教育部领航工程名师工作室启动暨尤立增教学思想研讨会"在张家口举行，我成了基地5位学员中举办教学思想研讨会的第一人。回想自己的从教历程，我不禁感慨万千。

图 1-2　举办教学思想研讨会参会人员合影

一、初为人师糊涂始

我最初的志愿可不是考师范学校当老师，而是想学新闻做记者。高考结束填报志愿时，我不假思索地在志愿表格上写下：北京广播学院（现为中国传媒大学）采编系、河北大学新闻系。一位我并不熟悉的老师看到我的志愿表中的"提前批"一项是空白，就跟我说："别空着呀，都填上！"于是在提前批次的"参考志愿"中，我稀里糊涂地填了个"河北师范学院中文系"。20 世纪 80 年代，因为教师的待遇低，报考师范院校的毕业生很少，因此，师范院校是放在"提前批"录取的。命运跟我开了个玩笑，我"不幸"被录取到了师范院校，在河北师范学院学了 4 年中文，大学毕业分回老家黄骅市的教育局，同时在黄骅市第二中学承担一个班的语文教学工作。

图 1-3　初为人师时的尤立增

　　1993 年，我从滨海小城黄骅调到了山城张家口，到张家口一中工作。在学校办公室做干事写材料，兼任一个班的班主任和语文教师。因为我把主要精力放在了写学校工作计划、总结、汇报材料上，在班级工作和语文教学中的投入并不多。那时，自己总觉得当个语文老师没啥难的，凭自己的三寸之舌就会使学生"入我彀中"，于是课堂上云山雾罩海阔天空，上了一节又一节"充满笑声"的课。

　　我记得有这样一句话："付出了，未必有回报；但不付出，肯定没有回报。"也正是自己的投入不够，"回报"便来了：在每学期一次的"学生评教"中，我的成绩排在全年级后面；有位教研室的老教师听了我讲的课，直接就把我告到了校长室，

"他不懂语文教学，上不好语文课，当不了教师"；在当班主任时，我被"中场"换下，被认为"不了解学生，不胜任工作"。

这一切，对我来讲是莫大的"委屈"。我一向不服输，跟自己较起劲来了：越说我不行，我越要做，还要做好。于是，我辞去了办公室的工作，一心一意地带班上课！当时的理想就是带好班，教好课，我要证明给别人看，更证明给自己看。其实，自己嘴上这么说，心里也还是有点发虚："如果真不是当教师的料，我也别误人子弟，赶紧想办法找其他单位。"

幸运的是，在我彷徨、怀疑的时候，我又十分荣幸地成为河北省特级教师周子诚先生的徒弟，恩师的指导帮助使我明白了一个优秀语文教师的标准。于是，我不错过每一次同师父交流的机会，一节又一节地听课。听课本上记下了师父的每一句话，上课也要模仿师父的举手投足，模仿师父的不怒自威。我天真地想：有了这样一位好的指导教师，能够胜任教学工作，得到学生的认可和欢迎，应该是不成问题了。又一次学生评价，又一次得到很低的成绩，又一次心灰意冷。

就在我感觉自己不是块当教师的材料时，周老师的一席话又让我重新给自己定位。他说："做一名优秀的语文教师，一要有勤勉的敬业精神，二要有一点灵性。通过我对你的了解，这两者你已经具备。学他人是对的，关键是学他人的什么。你每天都听课，并且模仿我上课，可是，你自己呢？属于你的特点，属于你的个性在哪里呢？模仿他人，至多成为'第二个'，永远不会成为第一个！"周老师的话醍醐灌顶，让我在黑暗中见到了一缕曙光。是啊，我的特点，我的个性是什么？为什么我把自己的东西丢了呢？于是，我仍然坚持听课，但更多的是领会周老师课堂中蕴含的教学理念；我仍然一如既往地向师父请教，但更多的是学习师父对教育事业的执着、深厚的业务功底和巨大的人格魅力。慢慢地，我感觉到一扇大门为我敞开；慢慢地，我体会到教师这份职业的神圣与崇高；慢慢地，学生认可并开始喜欢我的课；慢慢地，我在课堂中感觉到一种快乐，把上课当作了一种享受。

此后，我当教师很"用心"：担任三个班的语文课，超工作量教学，从不叫苦喊累。不知多少次，我掏出自己微薄的工资帮助生活困难的学生；学生生病，我彻夜守护在病床前。早上六点多，我早早站在教室门口迎接学生们的到来；晚上十点多，我才拖着疲惫的步子回家。为解决一个学生的心理问题，师生促膝谈心；为了提高一个学生的成绩，我一次又一次地家访……

图 1-4　课间指导学生

　　三年下来，全班 50 名参加高考的学生，有 90％的人上了本科，其中超过 60％的人上了重点。我从最初学生"评教"时的全年级倒数第三，一跃升到第一，这一结果把全校给震住了！

二、教师应该是"一眼泉"

　　"原来，我也可以做个好老师。"我的内心开始坚定起来。

　　1997 年，张家口市语文年会在张家口一中举行。其中一堂公开课原本是由另一位老师准备的，却因这位老师生病住院，临时换成了我。

　　我执教的课文是《沁园春·长沙》，除了常规的导入，让学生读、议、赏之外，我发挥在中学广播台做播音员的优势，通过朗诵融入了自己对诗歌独到的领悟，让学生领略到"以天下为己任"的伟人胸襟。

　　此次公开课让我"一炮走红"，在全市的口碑开始"立"起来，名气"响"起来。

图 1-5　慢慢找到门径的尤立增

"学然后知不足，教然后知困。"我的"困"，便是感觉自己的文化积淀不能满足现代课堂的需要。我们常常听到的一句话是："要想给学生一杯水，教师必须有一桶水。"但在教育快速发展的大背景下，"一桶水"远远不够，况且这"一桶水"还会有用完的时候。所以，我更愿意把这句话改为："要想给学生一杯水，教师必须是一眼汩汩滔滔、清澈甘冽的泉水！"而要保证泉眼的水流丰沛，教师必须通过阅读增加"水源补给"！

明确了这一点，我沉下心来，有计划地开始读书。我泡在学校图书馆，读那些我认为应该读、必须读的书。时间过了一天又一天，读书卡片也写满了一张又一张……

生活的奔波，工作的忙碌，从未影响我对书的痴迷。都市的喧闹，人心的浮躁，金钱的诱惑，我不为所动，因为我有属于自己的心灵栖息地。

我的高中语文老师许建国曾对我说过这样一句话："多读书吧，书能养人。"看惯了人来人往，我也逐渐明白了这句话的内涵。"养人"是多方面的，受伤的心灵得到抚慰，缺钙的思想变得坚强，冰冷的血液变得沸腾，模糊的双眸变得明亮。

我把自己读书的方式分成三类。

第一类是浏览。浏览的内容包括各种热点书籍、文学杂志等。读这类书的目的

图 1-6　与恩师许建国（右一）合影留念

有二：一是为了了解这些书，了解"流行文化"，便于我与自己的学生对话交流，指导学生读书，想要让学生知道什么是"香花"与"毒草"，教师自己先要了解，先要辨析；二是了解当代文学的发展方向，保持自己思维的敏感与灵动。

第二类是研读。研读这类书主要包括各种教学理论书籍、与教学有关的文化典籍等。阅读教学类书籍，目的是了解教育、教学发展的动态，接受新思想、新理念，保证自己的课堂充满生机和活力。阅读与课文有关的文化典籍，是备课的一个重要环节。如讲授《勾践灭吴》，我就提前阅读《史记·越王勾践世家》，了解勾践兵败及复国的过程，了解《国语》与《史记》不同的语言风格。这样，在课堂上学生发现问题，教师才能旁征博引、游刃有余。

第三类是品读。品读的这类书是自己喜好的书，我认为读这类书是读书的最高境界。虽然读前两类书对我的语文教学有很大帮助，但为此而读书又显得太功利。抛却了功利，不卑不亢，才是读书的最佳境界。在品读中，在这种不刻意中，那些美丽的方块字才变得灵动而有生命，亲情如海，友情如山，爱情如火，有了生命才有了情感，有了情感才会让人无法割舍。

最适合读书的时间便是万籁俱静时，沏一杯香茗，点亮一盏台灯，温馨的光芒在书桌上投下一大片快乐。翻开书卷，富有生命力的文字告诉我先哲的睿智，走进伟人的心灵深处，同那些伟大的思想碰撞，会迸发出许多灵感的火花。

在书中，我的神思飞扬，生活的压力便在这飞扬中逝去；在书中，我的心灵沉静，世俗的浮躁便在这沉静中消失。

读书的感觉是初春的一抹绿意，是夏日的一阵清风，是深秋的一片落叶，是严冬的一缕阳光。

读徐志摩，就像躺在茵茵草地上，看天上的云卷云舒，内心空明如镜，不染一丝尘渍；读《蒙田随笔》，就像置身无一丝杂念的教堂，听钟声彻空而来，一声一声敲击着灵魂。读《史记》，仿佛看到无数鲜活的形象长袂飘飘，舒展着历史的风云；读《忏悔录》，仿佛看到一位哲人拿着时间的刻刀，在历史的岩层中雕刻灵魂。

面对繁重的工作压力，面对高考升学的要求，许多教师把看书的范围固定在教科书、教学参考书、练习册上，长此以往，可能连一个合格的老师都不算。当你感叹没有时间读书时，你把看电视的时间、与朋友喝酒打牌的时间用在读书上吧！对教师特别是语文教师而言，读书是提升自身业务素质最重要的积累。

图 1-7　用书香浸润灵魂——作者在书柜前

于是我告诫自己：读书要追求深度，围绕经典专业著作，进入深度研读，反复品味、含英咀华、融会贯通，用理论来引领实践，用实践来丰富理论；应追求广度，选择经典，选择高品位的书籍，从更广阔的背景和更超脱的高度来审视语文教学。

我经常跟徒弟们说：做一个真正的读书人，丰厚精神世界，提高思想能力，培养品格情操；只有多读书，你才会成为一个有品位的人，才会成为一个不断进步的教师！

三、把课上得"精致"起来

1999年，我代表张家口市参加在唐山举办的河北省高中语文课堂教学大赛，最后获得了这次大赛一等奖的第一名。那次大赛限定了高中教材中的几篇经典篇目作为参赛内容。现场抽签，抽取讲课顺序、讲课篇目。我抽到了第一天下午的后一节课，篇目是《项链》。备课时间只有24小时。

图1-8　认真备课

《项链》是莫泊桑的短篇代表作，人物简单，情节明晰，环境也不复杂。学生一读就懂，似乎没有什么可以挖掘的。如果只停留在一般的对小说三要素的分析、鉴赏上，可能会流于简单化、一般化，就不能充分展示这篇小说的独特魅力，这堂课也不容易出彩。如何在短短的45分钟内让学生感受到这篇小说的艺术魅力，面面俱到不可取，因为面面俱到必然会面面不到，每一个方面似乎都涉及了，但哪一方面都蜻蜓点水，浅尝辄止。必须找到一个切入点，一个突破口。我陷入沉思，迟迟理不出头绪。因为处于一种"封闭状态"，抽签后不能与别人沟通、联系。于是，我一遍又一遍地读着这篇再熟悉不过的课文，几乎能背下来了。这时，反复出现的"项链"一词跃入我脑海。是呀，全文悬念迭出、环环相扣的情节不就是围绕"项链"组成的一挂精美的项链吗？于是我设计出了以"项链"为中心词，根据情节发展在前面加一个动词来理清情节结构的教学环节。当黑板上出现了反映情节结构的板书时，整个教室，包括听课的老师一片赞叹。

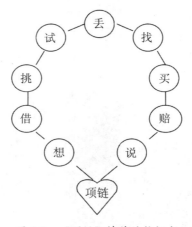

图 1-9　《项链》情节结构板书

备课时，如何将情节与人物联系起来，又使我陷入困惑。也许是所谓急中生智吧，我自己在考虑小说结尾的时候，想到了"出人意料"，马上"合乎情理"一词又出现了。当时，就有一种豁然开朗的感觉。就是它了，我想。一般人只关注了结尾的出人意料，而很少挖掘过程中的出人意料，正是这许多出人意料，这许多的"想不到"才使得故事悬念迭出，波澜起伏，摇曳多姿，使文章具有不朽的魅力。我就引导同学们研读教材找出情节中的许多"想不到"，既感受到了情节安排的独具匠心，又熟悉了课文，为后面分析人物奠定基础。学生的兴趣被调动起来了，纷纷在文中寻找，课堂气氛十分活跃。找完后，我又提出"想不到"就是在我们的意料之外，会不会觉得不合情理呀？不是，十分合情合理。合了什么情？合了什么理？引出人物——合了人物性格的情理。于是情节与人物自然不露痕迹地衔接起来，由情节过渡到人物的分析。这些问题的设置使学生始终紧紧围绕文本去思考，思维活跃而不散漫。

图 1-10　情节板书

这堂课我设计的最后一个问题：假如玛蒂尔德项链不丢，会有一种什么样的结局呢？学生的回答各种各样：她可能走上上流社会了，因为部长也注意她了；她有了第一次的受邀请的经历，被人注意了，还会再被邀请，再买衣服，买首饰，最后负债累累，结局会更悲惨；她最后发达了，说不定把她的丈夫也抛弃了……我引导学生明白：她的结局不外乎两种，一是飞黄腾达，挤进了上流社会，实现自己的"梦想"；二是结局很悲惨，穷困潦倒。但是，不管哪种结局，玛蒂尔德都是一个悲剧人物！即使她飞黄腾达了，她也丢失了自我。从这个角度看，她走入上流社会，也只不过是上流社会的一个玩偶而已！结合莫泊桑的批判现实主义精神而言，本文写作的指向性就是造成玛蒂尔德悲剧的法国上流社会。

这堂课带给我很多启示。最重要的一点就是，教师本身理解、把握、挖掘教材的高能力是一堂课成功的关键。有的老师习惯于照抄照搬教学参考书上的内容，而缺乏自己对教材的钻研。我没有更多局限于参考资料，而是融入了一些新鲜的见解和领悟，能抓住"这一篇"不同于其他文章的特点，深入挖掘。本文与别的文章的不同之处或者说最大特点就是"出乎意料，合乎情理"八个字，而我恰恰把握了这一点。再比如，玛蒂尔德显出"英雄气概"，一般解读认为表现了她的善良与坚强，但我引导学生向纵深挖掘，得出了"她太虚荣了"的结论，这样理解就抓住了"虚荣心"这个核心因素，使学生能够明白，文章情节的"合乎情理"，是人物性格发展的必然。

后来我有幸代表河北省参加了第三届"语文报杯"全国中青年教师课堂教学大赛，还陆续参加几次全国的大赛，成为"公开课专业户"，还多次担任大赛评委。

图 1-11 "语文报杯"教学大赛执教示范课

2000 年，33 岁的我被评为河北省特级教师，成为河北省最年轻的语文特级教师；接着诸多的荣誉"砸"在我的头上，我似乎迷失了自我：大学毕业十年，得到了许多老师一辈子梦寐以求的东西，这真实吗？下一步发展目标是什么？想到这些我虚汗涔涔，因为语文教师的经历留给我更多的是思考。

我陷入了更大的困惑：改行从政，调到党政机关？学校内部提拔，做点教学管理工作？京津名校邀请，自己的孩子高考受益？南方私立学校年薪几十万聘请，改善经济条件？站稳讲台，坚守课堂，继续当一名出色的语文教师？

夜深人静时，淡淡的灯光下，只有自己的影子陪着自己。顺手为自己沏一杯茶，看一群褐色的精灵在琥珀色的液体里热烈地跳动，柔柔的水雾把那份苦苦的清香抹上额头。随着这茶叶渐渐沉淀下去，留给自己一点反思：恩师周子诚曾告诉过我具备成为一个语文名师的潜质，取得了一点成绩，并不代表语文教学能力很高，绝对谈不上绰绰有余，一定要有自知之明，必须要低下那自以为高贵的头，抛弃那自以为是的狂劲，除掉那目空一切的傲气，赶走那不以为然的俗气！

课堂才是你最正确的选择！我对自己说。认清了这一点，萦绕在自己眼前的迷雾彻底消散了！

我这样告诫自己：语文教学是一片海，我就是在海中漂泊的一叶扁舟。只有把握了正确的方向并具有高超的驾船技术，才不会在一片浩瀚中迷失自我。

图 1-12　不在一片浩瀚中迷失自我

在办公室的一个角落里，我默默地做着自己想做的事，有了大块的相对充裕的时间，一下子找到了一种自己渴望许久的感觉。备课、评改练笔、批改作业，这又成我的一种"常态"。我喜欢这种"把冷板凳坐穿"的感觉。也曾有人问我每天干些什么。我认真地想了想，回答是"做自己想做的事"！

自己想做的事是什么？我也扪心自问。面对着已经教过几遍十几遍的十分熟悉的教材，似乎不用下很大的力气备课了，似乎可以偷懒了。但我知道，吃透教材是语文教师基本能力的重中之重，语文课堂的高效率是以教师的充分备课为基础的，譬如根之于枝叶，地基之于大厦；根不深而求枝叶繁茂，地基不实而求大厦坚固，似为天方夜谭。如何将熟悉的老课文讲出新意，如何将新课文讲出风采，如何追求真实、鲜活、灵动、高效的课堂，应该是自己努力的方向。于是，心中豁然开朗，暗暗对自己说：把课上得"精致"起来，追求课堂的"精致"！

"把课上得'精致'起来！"难道以前的课就不精致吗？我想，教学是一门遗憾的艺术，将过去的遗憾弥补回来，也就是在追求课堂的"精致"。当然，说起来容易，做起来却很难，难在如何深入挖掘文本内涵，形成自己对文本的独特解读，挣脱原有教学模式的桎梏，不断增多课堂"亮点"。

为了消除自己的惰性，每当上完一个学期的课，我都要把自己的教案当废纸卖掉，也有人不理解，自己备课下了那么大的功夫，好不容易积累的材料为什么就轻易地扔掉？我知道，有旧教案，在备课时容易偷懒——看看旧教案，甚至拿旧教案上课！卖了，就断了自己的"后路"，就促使我每讲一篇文章，不管是新课文还是旧课文，都会像自己的学生一样读课文，看看没有"参考资料"的自己对文本能够理解到什么程度，学生能理解到什么程度，这样，备课时就能够比较准确地把握住学生认知的起点，尊重学生的一个重要标准就是尊重学生的认知能力。当然，这不是"享受生活"的态度，而是和自己较劲，跟自己过不去，学会对自己"残酷"起来！在他人看来这是"有病"，可是，"有病"的人恰恰是最健康的！

在别人眼里，我的课越来越"精致"，慕名前来听课的老师也越来越多。但随着时间的推移，我却感到，这一节又一节"精致"课的背后，总是缺少些什么，我继续探索着……

四、转化教学论，又一片崭新的天地

"教材无非是个例子。"叶圣陶的这句话几乎每一位语文老师都谙熟于心，也不知有多少语文老师在自己的论文中引用过，这其中也包括我。虽说能理解这句话丰厚的内涵，但真正让我彻悟的，还是一次独特的经历，一次有益的尝试。

那一次，我应邀参加本地一个县的县级骨干教师培训。当时接到电话，他们嘱咐我准备一个关于语文教师业务素质的讲座，还需给与会的老师上一节公开课，所上的课就是《在马克思墓前的讲话》，我认真研读了教材，精心设计了教案，准备讲这一课。

谁知到了以后才得知，当地的一位青年教师也准备了《在马克思墓前的讲话》，这让主办单位很为难。晚上吃饭时，当地教研室的语文教研员问我能否换一节课，因为那位青年教师精心准备了很长时间。我说可以，但是讲哪一篇文章呢？当地的一位语文教师开玩笑说："这个单元还有一篇《在庆祝北京大学建校一百周年大会上的讲话》，许多老师不知如何入手，您能不能给做个示范？"教研员赶紧打断了那位老师的话："这篇不好讲！"我稍作思忖，说："就讲这一篇吧！"当时大家也以为我随便说说，并没有在意。

　　吃过饭后，我说："给我找点备课的资料吧！"教研员和那位老师说："尤老师，刚才开玩笑，您也别在意，不行您也上《在马克思墓前的讲话》吧。"我说："我没有开玩笑，就讲《在庆祝北京大学建校一百周年大会上的讲话》！"我从他们的眼睛里读出了疑虑，我说："放心吧，不会讲砸的！"

　　我知道在我任教的学校同样存在这个问题，我相信如果让自己选择公开课篇目的话，可能没有多少老师选这篇文章。在日常教学中，我知道大部分老师只是让学生读一读，理一理文章的思路，有的老师干脆跳过不讲。在他们看来这是一篇有较强政治色彩的文章，可挖掘的文学因素并不多，学生不感兴趣，老师也不愿讲。可是我却觉得这是一篇优秀的演讲稿，如果教学重点确定好了，切入点找准了，课堂一定会令人耳目一新。

　　我把自己关在屋里，反复阅读，进入情境，想了几个思路，感觉缺乏新意，都被我放弃了。忽然，教学参考书上的关于本文的语言特点的一段文字激发了我的灵感：本文是一篇演讲，演讲当然需要"语言得体"。"语言得体"几个字，让我豁然开朗，突破口找到了！我又上网搜索到《在庆祝北京师范大学建校一百周年大会上的讲话》，两篇讲话稿，都是在大学的，具有可比性，"比较阅读"，我差点叫出声来。"比较阅读——语言得体"，终于理出一个头绪！于是，我打印出《在庆祝北京师范大学建校一百周年大会上的讲话》，告诉他们给学生印发下去。

　　第二天上课，首先我要把学生带入北京大学情境，让他们对北京大学悠久光荣的历史、丰厚的文化底蕴产生兴趣，学生果然被我这一段关于北京大学光荣历史的介绍深深打动，为整个课堂的进展奠定了基础。

　　然后我又抓住这篇文章的文体——讲话稿的特点，将《在庆祝北京大学建校一百周年大会上的讲话》和《在庆祝北京师范大学建校一百周年大会上的讲话》让学生作对比阅读。先让学生找出两篇文章的相同点，学生很快找到。

　　有位学生说："我觉得两篇文章差不多，思路结构基本相同。"

　　我说："这位同学的说法有一定的道理，因为它们的文体相同，都是讲话稿，所以思路结构相同，但又不完全正确，如果真是这样的话，那么在座的各位都能成为领袖的秘书了。我想再问同学们：两篇文章的不同点是什么？"

　　学生分组讨论，而后由一位代表发言，大家找出了许多不同：讲话的背景不同，场合不同，对象不同，要表达的目的不同，所以提出的要求不同，感情态度不同，语言风格也有所不同。

我接着追问:"为什么会有这些不同呢?"这个问题已经触及了本文的关键——语言得体——这是高中语言训练的一个基本要求,也是高考考点之一。

学生在我的启发下明白了"要根据说话目的、对象、场合的不同做到语言得体"的道理。而后,我又设计了一个课堂语言训练,模拟场景把一个故事分别在课下讲给同学听和在办公室讲给老师听。这个训练与我的本课教学设计中的教学重点一致。

整堂课,学生在我的引导下认真思索,丝毫没有产生厌倦情绪,反而兴趣盎然,感受了北京大学历史文化精神的底蕴,很好地领会了文章的特点。

这节课结束后,老师和同学们都站了起来,热烈地鼓掌。一位老师握着我的手说:"真没想到,大家都认为没什么可讲的一篇文章,在您的手里上成了一堂如此精彩的课,这是这次培训中我的最大收获!"

一次无意的巧合、一句无意的玩笑成就了一次有益的尝试,我想,语文教学是一份开挖不尽的宝藏,关键看我们的老师是不是一个好的淘金者。

这节课我似乎突破了自己,把一篇过去草草处理的文章,讲出了新意。也改变了过去的一些模糊认识,理解"教材无非是个例子"的内涵。

过了一段时间,自我陶醉和满足感消失了。我重新审视这堂"精致"的课。我忽然意识到,一节节"精致"的课背后,缺少"大气"的东西,缺少宏观的把控,缺少了高屋建瓴的理论支撑。我更意识到,要想更进一步,不仅要学习理论,而且要构建自己的教学理论体系。语文教师要在一定的教学理论的指导下设计教学方案,从事教学活动。这是最经常的工作,也最容易出现盲目性,而盲目的教学实践肯定是低水平低效率的。设计教案,组织教学,一定要精心。比如,每一节课,确立怎样的教学任务和目标,采用什么样的教学方法和步骤,需要几个教学环节,步骤与步骤、环节与环节之间如何过渡衔接,板书如何设计,向学生提出什么问题,用什么样的语言提出,什么时机提出,都需要精心再精心,不能有丝毫的马虎。这些问题都准备充分了,还有个课堂实践的问题。在课堂上应该运用自如,随机应变,把教师的主导作用和学生的主体作用有机地结合起来,切忌刻板教条,切忌牵着学生的鼻子走,切忌生硬的灌输。

这时,我承担了河北省重点科研课题"'转化教学论'实践的深化与拓展"教改实验,"转化教学论"是我的师父周子诚老师用毕生心血创立的教学理论。转化教学论认为：语文教学的核心重在"转化"，"转化率"是指语文知识、语文能力、与语文相关的人文素养转化为学生自己的语文素质的比率，这是提高语文教学质量、全面提升学生语文素质的核心。师父退休后，我继续高擎大旗，不断丰富和发展着"转化教学论"，大刀阔斧改革自己的教学。

我对阅读教学的改革，用"三步六环节"的教学模式来实现。首先是发现、摘取。这是内化的起点。发现，是让学生自己去发现；摘取，是让学生自己去摘取，教师不能有丝毫的包办代替。其次要研讨、消化。这是内化的关键步骤。发现摘取了的东西往往是感性的、粗浅的。要实现由感性到理性，由粗到精，由浅入深，纠错正误，还必须有一个探究消化的过程。把探究消化的权利交给学生，采取小组交流、全班探讨的方式，组织指导学生尽可能地自我完成理解消化过程。最后是应用、创造。这是个外化过程。这个过程就是引导学生将上一次阅读的内化成果用于下一篇、下一单元以致课外阅读。每一次阅读，都力求发现的质量高一点，理解的程度深一点，生疑解疑的本领大一点，内化的成果多一点，使丰富人文背景、熟练语言技能技巧的进程呈现加速发展状态，从而形成阅读教学的良性循环。

我将"转化教学论"应用到写作教学。我认为写作也是一个转化过程，写作能力只能在写作实践中提高，强化写作实践，是提高写作能力的根本途径。规定每人准备一个练笔本，每周写2～3篇；内容以生活杂感为主，实话实说；篇幅可长可短，可以是一篇完整的文章，也可以是一段精炼的感悟，还可以是几句生活格言，还可以创作诗歌、小说。同时，引导学生用自己的眼睛去观察，用自己的头脑去思考，不断地积累、深化生活体验和感悟，最大限度地实现内化，并以这种体验和感悟为凭借，去进一步认识社会、认识各种矛盾，使自己的文章来自生活、发诸真情、充满个性，使作文与做人同步发展。

这种改革，使得学生的写作素养得到真正意义的提升。这是我的学生的一篇练笔：

青春食谱——"爱情"

主料：痴男怨女一对，情人一个。

辅料：激情浪漫足量，痛苦足量，缺点少许，其余常用调料少许。

做法：先将痴男怨女洗净，痴男雕成"白马王子"、怨女雕成"出水芙蓉"

状，备用。用小河边、树荫下加回眸一笑少许，配成一见钟情，将处理过的主料放入稍浸即可；开激情火，将痴男怨女放入浪漫中蒸至四成熟，取出后，取"打鸳鸯"棒两根，反复捶打，将海誓山盟、至死不渝全部打出，直至痴男怨女产生相思为止，后放入冷静中冰镇，为痴男怨女各加入缺点少许，当相思渐断，适时加入情人一个，将他们全部放入痛苦油中，开嫉妒大火，并喷醋，直至三者都皮开肉绽、骨酥肉烂、筋疲力尽、无精打采、苦不堪言时，加婚姻收汁，剔除情人，出锅。

装入一配有婚纱、教堂、玫瑰花的生活盘中，加入蜜月、结婚戒指两枚即成。吃时，佐以小打小闹、赌气吵架，风味更佳。

特色：不油不腻，回味悠长。

我在评语中对他练笔中表现出来的幽默风趣给予了充分肯定，同时提出建议，加上一个副标题"有感于当前爱情电视剧的创作"，加上副标题后，讽刺的针对性也就更强了。这篇文章还被我推荐在语文报纸上发表。

为提高学生全面的语文素质，我将对联教学引入课堂：介绍对联知识，激发学习兴趣；给上联，对下联，加强基本功训练；自选生活题材，自创对联；用对联形式概括课文内容，评价赏析作品。在此基础上，对联创作可向课外延伸，中外名著、影视作品、天下大事、身边生活，街谈巷议，皆可成对。另外，精美而富有哲理的对联，还能为学生的作文引出话题、提供线索、充当论据，进而使自己的表述严谨充实，增添文采。久而久之，学生在作文中就会慢慢养成炼字、炼句和化用古诗词意境的习惯。

请看一个学生习作的片段：

小巷中有一座阁楼，阁楼上有一个窗口。

小学生跑上阁楼，从窗口看到对面的学校，看到校园中猎猎的国旗，听到校园中琅琅的读书声。小学生不肯再耽误一秒，背着书包跑向学校。

少女登上阁楼，从窗口看到远处城市的繁华喧嚣，看到小巷尽头阿妈正流着汗水，日日辛劳。少女走下阁楼，心事长长。

打工仔登上阁楼，从窗口看到山的那一边，有自己朝思暮想的故乡，有白发苍苍的爹娘，还有日日在村口、翘首企盼的姑娘。打工仔努力工作，在心中轻轻问一句："故乡的亲人，你们过得可好？"

诗人登上阁楼，透过窗口，默默凝望，闻到一阵悠悠的清香，看到一位撑伞的姑娘。诗人拿起笔，写下了朦胧中的《雨巷》。

作者在这篇题为《窗口》的习作中，以朴实而优美的语言，描绘出一幅幅动人的画面，语句整散结合，并巧妙的化用了戴望舒《雨巷》的诗意，这和平时的属对训练是分不开的。

培养学生的语文素质，需要遵循"转化教学论"中所强调的"实践性原则"，采取循序渐进、科学合理的训练方法，进行长期的艰苦的语言实践和积累。我把"课前五分钟演讲"引入语文教学，既是口头表达、审题、构思、选材、思维等能力的综合训练方式，也是自然科学和社会科学包括生活常识的综合习得过程。"课前五分钟演讲"的全过程，就是一个高效的知能转化过程。所以，这种形式的语文训练，应该常抓不懈。

图 1-13　与学生在一起

五、"学情核心"语文思想的形成

在新课程背景下，教学中教师和学生的角色定位发生了很大变化。教师是"平等的首席"，是助学者，是引路人，在教学中必须从学生出发，这就必须吃透学生——了解学情并尊重学情。吃透，主要指两个方面：一是从宏观上把握学生阅读文章的一般规律，把握处理教学内容的一般规律，这两个规律是最根本的学情，最根本的实际；二是在课堂上从学生切入的角度、理解的起点出发，决不能只从自己怎么教出发。

面对课改形势的变化，我以"转化教学论"为依托，以阅读教学为突破口，进行阅读教学的纵深改革。促使我下定决心做出转变的是一节常态课。

执教《荷塘月色》，我让学生谈谈"原始阅读感受"，并提出有疑惑的问题。学生的问题有：

怎样理解作者"淡淡的哀愁"与"淡淡的喜悦"的情感？

为什么作者会联想到"江南采莲的旧俗"？怎样理解文中引用的《西洲曲》和《采莲赋》……

这些问题关涉文本的背景因素、思路结构、思想情感等诸多方面。

个性的问题有："酣眠""小睡"等词语的理解，通感修辞，等等。还有学生提出了"'妖童媛女，荡舟心许……兼传羽杯……'中的'羽杯'作何解"的问题，我多次执教《荷塘月色》，但从未想过该问题。后来查阅资料才知晓，"羽杯"即"羽觞"，因为杯子做成鸟的形状而得名。

这些问题，带给我更多的思考：我们一直作为教学重点的"这几天心里颇不宁静"的原因为什么无人提及？我们想当然地认为学生应该懂的内容，他们真的懂了吗？我们在课堂上口若悬河讲的那些内容，学生是不是早已掌握？

经过一段时间的思考，我大致找到了突破的路径。

我发明了"预习作业"。在教授某一篇文章之前，提早一周给学生下发"预习作业"纸，作业内容包括字词积累、思维导图、预习所得、质疑问难四个板块（见图1-14）。"字词积累"由学生借助工具书和参考资料总结积累；"思维导图"是让学生遵循阅读需要"宏观把握"的规律，列出文本的整体思路和框架；"预习所得"是学生在其认知能力基础上对文本理解的"原始"收获；"质疑问难"是重点，即学生在预习时发现的问题——无知不解处见疑，似知似解处有疑，已知已解处生疑，文本的缺陷和错误。

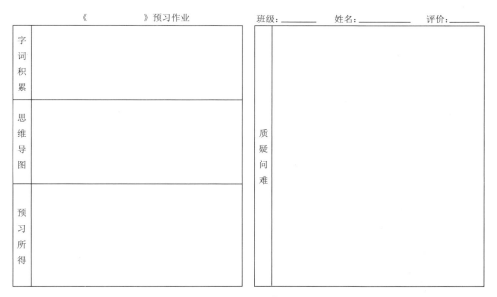

图 1-14　预习作业低

　　我收齐"预习作业"，认真批阅，通过"预习所得"和"质疑问难"两个板块能准确把握学生的认知起点，并将这个起点作为我安排教学设计的最重要的参考依据，"预习作业"是最重要的"学情"依据。也就是说，教学目标定位，就是先明白学生对文本"知"和"惑"，站在"学什么"和"怎么学"的背景下去设计或规划"教什么"和"怎么教"的问题。

　　例如，学生预习《林黛玉进贾府》，关于王熙凤、林黛玉和贾宝玉三个人物形象，主要提出以下问题：

　　1. 为什么林黛玉进了贾府会"步步留心，时时在意"？

　　2. 当贾母问黛玉念何书时，黛玉答"只刚念了《四书》"。宝玉问她时，她为什么改口？

3. 为什么对林黛玉的穿戴"竟无一字提及"？

4. 与那些"敛声屏气，恭肃严整"的人们相比，王熙凤为什么"放诞无礼"？

5. 作者为什么要浓墨重彩描写王熙凤的服饰？

6. 贾母称王熙凤"凤辣子"，哪些描写体现了王熙凤的"辣"？

7. 从本文的描写来看，贾宝玉似乎很是不堪，这该如何理解？

8. 黛玉乍见宝玉为什么会一"惊"？

9. 贾宝玉为什么摔玉？

10. 两首《西江月》为何要对贾宝玉贬斥？

这些问题并不是学生预习发现的所有问题，而是共性的、有价值的问题。这些问题是最有价值的"学情"，也是教师进行教学设计的逻辑起点。在掌握"学情"的基础上，教师需要广泛查阅资料，认真备课，写出教案。教案可以是"实操型"，也可以是"资料型"。这是"学情核心"的第一个层次。

"学情核心"的第二个层次是课堂流程。在课堂推进中，不能仅仅是教师向学生提出一系列的问题，让学生解答，而更应是鼓励学生大胆质疑，开放的课堂互动中教师随时可能接受学生的挑战而成为应战者。教师引导学生自我提出问题、合作分析问题、探究解决完成问题。这样的课堂，是以学生为发展中心的课堂，这样的阅读教学才能实现"学情核心"。

通过分析复盘教学过程，我认为"学情核心"的阅读教学有以下关键。

第一，教师需要通过"预习作业"整体把握"学情"，并在此基础上设计教学，充分备课（因为课堂上教师要"应答"）。需要明确清晰、准确、合适的目标定位，规划课堂流程。

第二，教师要预设课堂如何组织学生交流，以什么样的方式交流；要预设在环节转移的过程中如何有效地引领学生思维转换，学生质疑，如何让学生"跳一跳"摘到更多的果子。

第三，教师不能代替学生学习者的角色，但也不能褪去教师本该承担的角色。

于是，我不断思考改进这种做法，最终形成"学情核心"阅读教学法。

我的课堂中，应该把探究消化的权利交给学生，采取交流探讨的方式，组织指导学生尽可能地自我完成理解消化过程：小组交流切磋，取长补短，尽量达成共识，特别是"预习作业"中的疑难问题，采取小组探究与全班讨论相结合的办法，灵活

图 1-15　与周正逵先生（左一）合影

处置；全班交流，小组代表发言；全班讨论，辩难，自由发言；在课堂推动中生成的新的疑难问题，师生共同探讨解决。"质疑问难"应该是阅读教学中提高转化率的核心。"带着问题听课"必然能提高课堂效率。教学过程就成为一个不断提出问题、不断解决问题的过程，又是一个新问题不断生成、不断解决的过程。因为，学生的发现是"原始的"，是璞玉，就需要课上的"雕琢"。这个过程是一个由感性到理性、由粗到精、由浅入深、纠错正误的探究消化的过程。

在这个过程中，师生之间是一种民主平等、和谐融洽、教学相长的"合作伙伴"关系。老师起着组织、引导、点拨的作用，真正扮演好组织者、引导者、助学者的角色；学生始终是活动的主角，他们的思维互相启发，思想的火花互相撞击，方法智慧互相借鉴，取长补短，共同提高。

阅读教学实现了以学情为核心，那么，高中写作教学真实的学情是什么？如何针对作文的真实学情对高中的作文教学进行改革呢？

高一的第一次作文课，作文题目是《河边漫步》，我收上作文看到第一篇如下：

河边漫步，从水面飘过一个峨冠博带的老者，他身材高大却看似弱不禁风，手里端着一杯水酒，杯中酒倒映的是寂寞的表情，还有颗颗的泪滴。"长太息以掩涕兮，哀民生之多艰！"穿过世事浮华，走过凄凉无奈，跨过沧海桑田，他跨越千年而来……我按捺不住心中的疑惑，径直走到他的跟前，望着他那历尽沧桑的脸庞："你已经被昏庸的怀王放逐汉北，你爱这个国家，国家爱你吗？"他的笑有些僵硬："小人的谗言、君王的昏庸不能浇灭我的理想之火！"我知道昨日不可留，一个王朝的背景在他朦胧的醉酒中逝去。

河边漫步，从水面飘过一个衣袂飘飘的诗人，那不是为了打捞水中的明月而失足落水的李白吗？……

读完这篇作文，我完全被震撼了，富有表现力的语言、学生丰富的想象力让人拍案叫绝。

但看完了全班的作文，我却陷入巨大的恐惧之中——全班五十多人，有三分之二的学生在"河边漫步"看到了屈原、李白、杜甫……

我找到了几个同学交流，他们告诉了我原委：为了应付中考，语文老师让他们每个人准备了十几段抒情色彩浓郁的文字，每段文字关涉一位古人，还要把这些文字背下来，然后根据每次考试的题目，看看自己积累的这十几段文字哪三段与主题切合，就把这三段文字作为作文的主体，再加一个排比句的开头和升华感情的结尾，还要加题记和后记，就是一篇中考能够得高分的"文化散文"。

我又问：你们读过《屈原列传》《离骚》《涉江》吗？答曰：没有！

我陷入了深思。我们一直提倡"以我手写我心"的自由表达，提倡"独抒性灵"的鲜活文字，可真实的作文学情却让人无奈……

真实的作文学情表现为学生写作心理的固化和写作思维的僵化。许多学生生活空间狭窄，没有时间接触社会，或者说他们根本不关心社会，视野不开阔，思路单一，其作文文辞贫乏，内容干瘪。他们缺少平时练笔，不动笔不利于学生语言思维的形成和表达能力的培养。因为阅读的迷失，他们缺少必要的写作素材储备。教师布置作文随意性大，导致学生难以形成有效的作文思维体系；教师作文批改周期长，批语套路化，作文讲评缺少针对性。这一切造成了学生作文思想贫乏、语言干瘪、缺少新意，"伪文化散文""伪圣化写作"盛行。

真实的作文学情促使我对写作教学的本质进行了更深入的思考。

　　写作教学，必须从学出发，从写作规律出发，转化，就是学习的一条根本规律。无论学什么，从不知到知，从不会到会，从低能到高能，都是一个转化过程。写作文，也不例外。这个转化过程由内化和外化两个基本阶段构成。内化，就是将客观的语文知识、能力以及相关的人文素养转化为自身的知能结构和人文背景，形成图式储存的过程。外化，就是将内化成果应用、创造的过程。内化和外化又不是截然分开的，而是一个相互作用、循环往复、相辅相成、同步提高的过程。改变高中生作文现状的关键是使学生自然无意的乃至受压抑的转化状态变为有意、自觉、亢奋的状态。

　　经过实践探索和理论研究，我大胆改革高中的作文教学，创造性地提出了"以学情为核心的'为生命写作'与'为生存写作'相结合的高中作文训练体系"。

　　"为生命写作"，意味着写作是一种生命的表达，在内容向度上以学生真实的生活实践为载体，在情感向度上以表达真实的生命感受为关键，在表达向度上以"以我手写我心"的自由写作状态为纽带，让写作成为学生生命存在的一种形态，让写作成为学生不断满足和提升生命的需要。其主要的形式就是延续"转化教学论"的自由练笔方式，并加以改革。

　　我把课外练笔作为学生写作的主战场。规定每周至少三篇练笔，每篇300～500字，要求在30分钟内完成。每人一个练笔本，取一个表达自己心志的名字，作为三年高中生活的人生记录。这样，一年的写作文字量为4万字左右，三年的写作文字量为12万字左右。练笔内容要取材于身边人、身边事。亲身经历、耳闻目睹、同学交往、师生关系、邻里往来、街谈巷议，都可入文。即使是热点话题、国家大事、世界风云，也要从身边人、身边事的角度写，力避假大空。鼓励学生从不断变化发展的社会生活中，从周围的人和事中发现积累素材，从教材中挖掘练笔素材，完成读写链接，从广泛的阅读中积累素材。

　　"为生存写作"，就是各个学段以升学为目的的写作。高考作文是不自由状态下的写作，作文教学要考虑适应这种"主观命题，主观阅卷"的特殊性。因此，"为生存写作"是高中作文教学必须面对的问题。

　　高一记叙文、散文写作体系。高一写作体系主要抓住记叙文、散文的文体特征训练。经过一年的写作，学生能够准确把握相关文体的写作规律，熟练地掌握记叙文、散文的写作技巧。

高二议论文写作体系。高二写作体系的重点是议论文。训练内容按照文体特征、结构模式、论证方法、综合运用四个层次展开训练。因为高考作文中百分之八九十的学生会选择写议论文，所以高二年级的写作体系围绕议论文各种要素展开，这也是高中"为生存写作"训练的重点。

高三高考作文训练体系。高三写作体系的重点是考场作文的应试技巧。第一学期根据材料性质，训练不同材料作文的审题立意，布局谋篇。第二学期按照高考作文评分标准切分，以专题的形式进行针对性训练。

"为生存写作"训练体系有指导课、讲评课、升格（修改）课三种基本课型。每次训练都要让学生树立审题意识、文体意识、成品意识和升格意识，也就是说，珍惜每一次写作，每次必写成一篇完整的应试作文。每次作文，既要贯彻综合训练的精神，又要突出训练重点，以全面保证每个"成品"的质量，力争收到事半功倍之效。

两种写作方式，从写作心理、写作行为、写作技巧，还有读者的选择、人们对它们的阅读期待以及社会效果来看，都有所不同。同样，针对不同写作方式的写作教学，也应有所区别，包括教学目的、教学内容、教学方法、评价标准等。"为生命写作"与"为生存写作"存在矛盾，理想和现实之间的矛盾是客观存在的，我努力在"为生命写作"和"为生存写作"之间寻找一个"平衡点"。构建"为生命写作"与"为生存写作"双线并行训练体系，目的也是寻求这个"平衡点"。

"为生命写作"与"为生存写作"均遵循写作规律。"为生命写作"的课外练笔体现了写作规律，先提高了学生的写作兴趣，拓宽写作的空间，激活学生的才思，自然会"以不变应万变"，"不变"的是经过自由练笔之后提升的写作能力，"万变"是高考作文的命题。

"为生命写作"奠定了"为生存写作"的基础。"为生命写作"能够发挥对自身的教育功能，不仅有助于提高学生的语文素养，更可贵的是能够提高学生的人文素养与自身的"非智力素质"。而这些又与高考作文的选拔功能一致，与高等院校选拔人才的标准一致。

"为生存写作"激发学生"为生命写作"的兴趣，也是对"为生命写作"成果的检验。从学生终身发展角度看，"为生命写作"的终极目标也许短时间内无法看到。短期目标需要一种验证，平时考试的作文是一种检验，但检验的权威性需要"为生存写作"承担，因此，高考作文取得好成绩，就是对"为生命写作"训练结果的短期目标的最佳验证。学生有了写作兴趣，会激发其写作热情并付诸行动，有了量的积累，写作能力的提高则是一种必然结果。

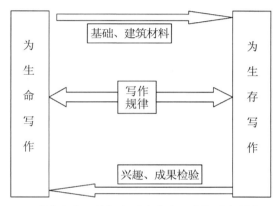

图 1-16　"为生命写作"与"为生存写作"结合模式示意图

　　坚持学情核心的作文教学改革，促进了学生写作能力的提高。学生不再觉得作文没内容可写了，开始对作文产生了兴趣，他们都喜欢上作文课。从平时的教学（特别是在作文研究课上）学生的反馈情况以及学生的日记、作文等方面都能看到学生取得了很大进步。"学情核心"指导下的作文教学对学生的写作能力起积极的促进作用，有利于养成很好的写作习惯，同时也提高了学生的评价能力和鉴赏能力。

　　我出版写作教材《高中作文教与学》，体现"为生命写作"和"为生存写作"两条主线，供三个年级使用。还先后编写了校园文学校本教材《紫塞雁翔》《思想的苇草》《那些温暖的记忆》《昨天的雨编织今天的虹》《守住那一缕清香》，总计 150 余万字。几年的时间，我推荐学生作品近百篇在《语文报》《语文周报》《语文学习报》《张家口晚报》发表。我的学生参加全国作文大赛，均取得优异成绩，在高校自主招生中受益者有 50 余人。

　　探索之路没有终点，"世易时移，变法宜矣。""良将用兵，若良医闻病，病万

图 1-17　与叶圣陶孙女叶小沫老师（左一）合影

变，药亦万变"，随着教学改革出现新变化，我把着眼点又放在了"学情核心"群文阅读策略和"学情核心"整本书阅读策略的研究上。

　　我这样想：如果你把语文教学当作一项事业，真正走进它的殿堂，你会发现这项事业苦得其所，乐得其所，苦中有乐，其乐无穷。

　　我不会停下自己前行的脚步，心中有目标，行动有方向，我将坚定前行，并享受其中的苦与乐！

我的教学观

一、"学情核心"教学概述[①]

(一)"学情核心"的内涵阐释

1."学情"的含义

"学情"是学习者学习情况的简称。"学情"有广义和狭义之分。广义的学情是学生学习态度、学习基础、学习习惯、学习能力、兴趣爱好、家庭环境、年龄特点、心理特点、认知能力、思维类型等各种因素的综合。狭义的学情专指那些能够影响教师确定教学内容、选择教学方式，影响课堂教学以及学生学习效果的学习者特征，如学生现有的知识结构、思维类型、认知状态和发展规律等。并不是学生的一切情况都可以纳入学情范围，只有对学情做出准确的划分，教学才会更具有指向性。

2."学情核心"的含义

一些学者和教师针对"学情"提出了诸多说法，如"学情分析""学生分析""学生需求""学习需要""教学对象分析"等，其共同之处是将注意力转移到学生身上，分析学生身上影响教师教学的各种因素。当然，不同学者或教师所研究的影响因素范围大小不一。王荣生教授从语文教学内容的重构视角研究学情，

图 2-1　与一直关注"学情核心教学"
的王荣生先生（左一）合影

---

① 本部分内容由宝鸡文理学院研究生殷晓整理。

在《语文教学内容重构》一书中指出，要提高语文教学效率和教学质量，就应该弄明白学生会的不用教，学生不会的内容才是教学的重点。这是"学情核心"的主要体现（见图2-2）。在《根据学生学情选择教学内容》中，他先论述了教学内容和学生学习经验之间的关系，然后选取普通教师课例指出对学情关注度不够，指出教师在备课时要立足学情，最后以钱梦龙《死海不死》的课例为样本进行研究，得出一个结论：教师选择教学内容时应考虑到文章的文体特性以及当前学生的学情。

　　注重学情分析，是我设计教学一贯秉持的做法。经过大量的实践，初步提出了"学情核心"的教学主张。在此基础上寻求学理上的支撑，通过学习，明确了"学情核心"教学尊重语文教学规律，并逐步构建起自己"学情核心"教学思想体系。"学情核心"，顾名思义，就是以学情为核心，关注影响学生学习的内在因素和外在条件以及二者之间的关联。这就需要教师在上课前下足功夫，深入学生，体察"民情"，并且将调查结果整合，最后体现在教学中。这一主张不仅强调对学生学习情况的关注，而且将其放到核心位置，作为教师课堂教学的逻辑起点。

图2-2　课堂上的尤立增

(二)"学情核心"教学思想的渊源

1. 中国古代教育思想

在孔子诸多的教育思想中,"因材施教"是指根据个人的实际情况和具体要求进行的教育,这一思想至今仍被后世认可、沿用。因材施教的首要前提就是要承认学生群体间的差异,对学生的个性特点有一个清楚的了解,然后在此基础上进行有针对性、适切性的教育。这一思想强调关注学生,了解学生,其实已经关注了"学情"。

孟子也有关注"学情"。孟子提出"盈科而进",就是说对学生的教学要有一定的顺序。这个顺序不是教师独自做出的安排,而是在了解每个学生的特质后,根据他们的年龄阶段、性格特点、思维发展程度、已有知识储备等多方面差异做出的一个教学规划。其实这一思想孔子也有涉及,如孔子的"循循善诱""温故而知新"等教学艺术理念已蕴含"循序"的原则,也就是关注"学情"的意识,但是在当时孔子并没有用明确的专门术语来表示,直到孟子提出。

孟子提出"深造自得"的学习方法,"自得"是学习达到的最终目的,"深造"是实现这一目的的途径,而"质疑问难"又是深造的重要途径。这就需要学生充分发挥学习主动性,深入其中,教师再适时引导,从而达到主观认识与客观外在的统一,实现学生的智慧发展,而不是仅仅停留在记问之学的层次。我的"学情核心"教学思想中关键一环就是通过"质疑问难"了解学情,这也是从先哲的思想中萃取的精华。在传统课堂形态中,教师向学生提出问题,让学生解答,这是常态;在我的课堂教学中,我鼓励学生大胆质疑,教师随时准备对学生的疑问做出应答。教师根据课程标准、课程要求,组织学生以合作的方式讨论问题,帮助学生解决问题。这样的课堂,才是真正意义上"以学生为主体"的课堂,也就是坚持"学情核心"的课堂。

此外,还有唐朝孔颖达的"师当随材而与之"的主张,明确指出教师的教学要根据教学对象的特点有选择地给予;北宋胡瑗的分斋教学法,实质上也是根据学生的不同资质教授不同科目。这些观念都突出了"学情核心"的特点。

2. 西方教育思想

在西方教育思想中,夸美纽斯对循序渐进进行了研究,即根据学生认知特点有顺序推进教学；赫尔巴特从心理学角度将兴趣与教学程序联系，主张关注影响学生学习的内在因素；进步教育代表人杜威提出"新三中心论"——"学生中心""活动中心""经验中心"，主张学生是学习的主体，从学生的立场出发与知识建立关联等，这些研究均与"学情核心"思想有着共通之处，是该思想形成并发展的渊源之一。

（三）"学情核心"教学的现实针对性

1. 对语文教学改革现状的研究

随着时代的变革，语文教学也随之发生相应的变化。由"大纲"向"课标"的转化，由"观念"向"理念"的转化，由"课本"向"文本"的转变，由"素质"向"素养"的转变……无论是教师认知还是课堂教学，语文教学都发生了变化。面对出现过的"满堂灌""满堂讲""满堂练"等误区，以及"满堂演""满堂合作""满堂探究"的状况，我提倡应当回归语文本体，回归学生主体，以学生的需要为依据，对学情进行多方面的解读，从而满足学生的需要，提升语文教师的教学能力。教师不再搞"一言堂"，而是倡导学生主体的参与，给学生独立思考留出时间，给学生合作探究提供平台。

2. 对语文教学少慢差费的现状的研究

对语文教学少慢差费的现状，谁都不满意。大家都在找原因，想办法。是读得少，练得少吗？现在的语文书有必修本、选读本，不可谓不厚；各种练习资料供应充足，不可谓不多。结果呢？并没有医得了语文教学的痼疾。是教学改革力度不够吗？语文教学流派蜂起，著述纷呈，名师们在语文教学的性质任务、教与学的关系、提高教学质量的途径方法等方面，都做出了有益的探讨。但是，这些成果或因操作性不强，别人一做就走味；或因个性经验性太强，难于普遍推广；或因理论与实践的结合程度不够，至今仍未产生可行的教学体系。结果呢？很多的努力几乎是徒劳的，是高考指挥棒造成的吗？诚然，高考有待改革之处不少，但是，就高考命题而论，基本上是能够考查语文素养的，真正具备较高语文素养的人并不惧怕高考；而且，我们总不能等高考改革彻底了，再改革教学，更不能以为高考一旦改革成功，语文教学也就自然高奏凯歌。我认为，症结就在于语文教学忽视"学情"的现象普遍存在，语文教学的转化率太低。这是一个非常简单明了，而又被长期忽略了的问题。因此，坚持"学情核心"，认识转化的意义，研究转化的规律，探究提高转化率

的途径，是语文教学的出路所在。

3. 对语文教学的前瞻性研究

叶圣陶先生"教是为了达到不教"这句名言是贯穿语文教学始终的真理，它道出了语文教师的课堂教学追求的目标。通过某一篇文本的学习，学生能够举一反三，掌握"渔"的本领。那么，要实现这一目标，教师就需要站在一定的高度对语文教学有一个整体性的构建。语文教师要准确把握语文教学的发展趋势，明确教学目标的设置依据，谙熟教学过程的实施方式等。课程标准有一个明确的理念，就是教师要构建新型的师生关系，教师主导与学生主体相结合，教师要真正关注学生的生活体验和心灵需要。这也正是"学情核心"课堂的关键。

（四）"学情核心"教学的原则

1. 生本课堂

传统的语文教学一直坚持教师中心、教材中心、教室中心，在课堂上以教师的讲授为主，学生处于被动的接收地位。但是在现代教育理论代表杜威提出"新三中心论"后，教学开始发生转向，越来越多的教师主张把课堂的主体地位还给学生，让学生从真实的语言学习情境中获得真知，这也与我国现代教育一直倡导的"一切为了学生的全面发展"的教育理念相匹配。"学情核心"教学明确了师生在教育情境中的地位，教学目标、教学重难点的确定来自学情，教学方式的选择要适合学生，课堂效果的判定以学生的切实获益为依据，真正做到了坚持"生本课堂"的原则。

2. 先学后教

"先学后教，当堂训练"是洋思中学独创的课堂教学模式，一节课总要从"先学后教"的"学"字开头，"学"是学生带着教师布置的任务、有既定目标的自学，学生的自学成为一节课的起点，是这种课堂教学模式的最大特色和亮点。这种模式突出了"以学生为中心"的理念，有其独创性与合理性，但在各地学习这种做法后，出现了这样那样的一些问题，我认为一个重要原因是机械地照抄照搬，忽视了本校、本班的"学情"。我所倡导的"学情核心"教学，关注学生原始的阅读感受，教师通过"预习作业"了解学生的"原始收获"和"疑难问题"。先明白学生对一篇课文掌握了什么和没有掌握什么，站在"学什么"和"怎么学"的背景下去设计或规划"教什么"和"怎么教"的问题。

3. 注重"转化"

"转化教学论"是我的师父周子诚老师创立并实践的教学理论。它的发展经历了从感性到理性,从经验到理论,从局部到整体的过渡,形成了一套理论实践相结合、宏观微观相统一的较为系统科学的语文教学论。该理论的核心就是提高课堂的转化率。所谓转化率是指语文知识、语文能力与语文相关的人文素养等转化为学生自己的语文素质的比例。提高转化率,本来就理所当然成了提高教学质量的核心问题。那么怎样提高"转化率"?我的做法就是坚持"学情核心"设计教学。

(五)"学情核心"的基本特点

1. 获取真实学情

获得真实学情是进行教学设计的前提。教师要真正从学生的实际需要、能力水平、认知倾向出发设计教学,才能选择最佳策略,设计最有效的教学。我获取真实学情的办法就是布置预习作业,预习作业包括字词积累、思维导图、预习所得、质疑问难四个板块。"字词积累"由学生借助工具书和参考资料总结积累;"思维导图"遵循阅读的"宏观把握"规律,学生通读文本后画出文本的结构思路图;"预习所得"是学生在其认知能力基础上对文本理解的"原始"收获;"质疑问难"是重点,即学生在预习时发现的问题——不知不解处见疑,似知似解处有疑,已知已解处生疑,甚至大胆质疑文本的缺陷和错误。教师通过"预习所得"和"质疑问难"两个板块能准确把握学生的认知起点,并将这个起点作为教师安排教学设计的最重要的逻辑起点,这也是最重要的"学情"依据。

2. 预设与生成的动态平衡

教学预设是教师根据所教学段学生的特点、所教班级学生的具体情况,在备课时预设组织教学的流程。比如,每一节课,确立怎样的教学任务和目标,采用什么样的教学方法和步骤,需要几个教学环节,步骤与步骤、环节与环节之间如何过渡衔接,板书如何设计,向学生提出什么问题,用什么样的语言提出,什么时机提出,都需要精心再精心,不能有丝毫的马虎。这些问题都准备充分了,还有个课堂实践的问题。在课堂上应该运用自如,随机应变,把教师的主导作用和学生的主体作用有机地结合起来,切忌刻板教条,切忌牵着学生鼻子走,切忌生硬的灌输。但是语文课堂是预设性与生成性的统一,语文课堂是灵活多变的,充满着人与人之间的互动，随着师生、生生交流互动活动的增多，教师时常遇到学生提出的种种始料未及的问题的情况，这就要鼓励师生互动中的即兴创造，超越目标预定的要求，去寻找解决这些问题的最佳途径。我所倡导的"学情核心"课堂就一直追求预设与生成的动态平衡。教师在课堂上通过学生的表现及时把握学情，鼓励学生发散思维、勇于质疑，教师及时捕捉生发点，随时做好迎接挑战的准备，在把握大方向无误的情况下让课堂的生命无限延长。

图 2-3　与学生交流（中）

3. 追求个性与共性的统一

真实的学情既有共性也有个性。同一年龄阶段的学生大体上具有相同的特征，这是共性所在，具体表现为阅读同一个文本的"原始阅读感受"具有相似性，存在的问题也有相同性的特点。但每个学生又有自我的知识储备和认知特点，因此，阅读感受不同于其他人，提出的问题也具有极强的个性化色彩。这就要求教师既要关注学情中的共性问题，又要关注个性化问题。"学情核心"教学就是通过预习作业了解学情，把作业中反映出来的问题进行归纳分类，学生的共性问题共同解决，典型问题重点强调，个别问题个别解决。

二、"学情核心"阅读教学

（一）"学情核心"的学理依据

阅读教学有一个常理：教，是为学服务的，学才是根本。阅读教学要尊重认知规律：无论学什么，从不知到知，从不会到会，从低层次到高水平，都是一个转化过程。转化，就是阅读教学的一条根本规律，由内化和外化两个基本阶段构成：内化，就是将客观的语文知识、能力以及相关的人文素养转化为自身的知能结构和人文背景的过程；外化，就是将内化成果应用、再创造的过程。内化和外化又不是截然分开的，而是一个相互作用、循环往复、相辅相成、同步提高的过程。

阅读教学的高耗低效颇受诟病，一个重要原因是教师忽视"学情"。许多教师备课时，没有考虑学生对言语信息的感受能力、对智慧技能的掌控能力，也忽视阅读教学中学生的认知态度，因此教学目标、重点难点的确定，都是站在教师"我认为""我觉得"的立场思考，而不是立足于学生"已知"和"未知"的最真实"学情"。

阅读教学真实学情是转化率太低。转化率，是指语文知识、语文能力与语文相关的人文素养等转化为学生自己的语文素养的比例。提高转化率，理所当然成为提高阅读教学质效的核心问题。因此，必须充分认识转化率的价值，必须把提高转化率作为语文教学的核心工程和核心目标。否则，读得再多，也可能食而不化；记得再多，也可能成为"书橱"；讲得再多，也可能"滴水不入"；练得再多，也可能成为答卷机器。认识转化的意义，研究转化的规律，探究提高转化率的途径，是阅读教学的出路所在。

由此观之，阅读教学必须高度重视真实的"学情"，不但要明确学生"已知"和"未知"的学情，而且要把提高转化率作为核心目标去追求，更要在转化过程中创造各种条件，解决转化状态问题，将学生的自然无意的乃至受压抑的转化状态变为有意、自觉、亢奋的状态，而以学情为核心的阅读教学就是突破阅读教学瓶颈的积极尝试。

（二）"学情核心"在阅读教学中的达成途径

1. 心中有数——充分了解学情是教学设计的逻辑起点

"学情核心"的第一个层次是了解学情。先明白学生对一篇课文掌握了什么和没有掌握什么，站在"学什么"和"怎么学"的背景下去设计或规划"教什么"和"怎么教"的问题。

阅读的本质是一个因文得意的过程。文，指的是文字、语言，延及篇章结构、表达方法技巧等；意，指的是知识、思想、观点、情感等。因文得意，就是凭借作品的文字、语言、篇章结构、表达方法技巧等形式，发现并获得知识、思想、观点、情感的心理过程，同时也是发现并获得表达方法技巧的过程。在这个过程中，最为关键的就是"发现"和"获得"。没有"发现"，就没有"获得"，"发现"是"获得"的前提。试想，读了一篇文章，却什么也没有发现，还怎么会有什么获得呢？所以，在阅读的时候，一定要千方百计地去发现，把"发现"放在首位，发现的越多越深，收获的才可能越多越深。

"发现"有三个方面的要求。一要发现自己认为有价值的东西。一字一词、一招一式、一种说法、一个道理、一种知识、一种技法、人物事迹、道德情操……只要学生自己认为是有价值的，就都是发现对象。二要发现疑难之处。自己发现一个问题，胜过别人告诉你十个问题。学习中的最大问题就是发现不了问题。所以，一定要无知不解处见疑，似知似解处有疑，已知已解处生疑，以疑促思，以疑促学。三要发现读物本身的缺陷和错误。不要迷信课本，要敢于向印成铅字的文章挑战。对这三类发现，不求整齐划一，但求真有所见。这样做的最大价值，就在于培养发现意识，养成发现习惯，提高发现能力。无论你的基础如何，只要坚持这样做，就会在自己原有的基础上有所收获，得到提高。

基于以上认识，学生自读文本会有哪些"发现"呢？这些"发现"，教师如何知晓呢？我的做法是布置预习作业（具体见图1-14）。

"预习作业"需要批改。"预习所得"主要评价学生理解掌握的基本情况；"质疑问难"为重点，批改时，个性问题用简单批注的形式完成，如学生提出"苏轼创作《念奴娇》的背景"，教师批改就可写一个字"贬"。根据学生完成"预习作业"的态度、收获、问题价值等，教师给出等级或分数。

例如，学生自读《登高》会有以下问题：

（1）《登高》被赞之为"杜集七言律师第一""古今七言律诗之冠"说其"一篇之内，句句皆奇，一句之中，字字皆奇"。该如何理解这几句话？

（2）诗中选取的意象具有怎样的典型性？

（3）触发诗人"悲"情的原因有哪些？

（4）首联十四字写六种景，有什么特点？

（5）第二联是如何将自然和人生结合在一起的？

（6）"艰难"仅仅指国家艰难吗？

（7）怎样理解杜甫在《登高》一诗中所表现出的情怀？

……

是不是学生预习中发现的所有问题都是重要的呢？当然不是。教师需要"提取"的是共性的、有价值的问题，并将这些问题分门别类——哪些属于文义理解的，哪些属于思想感情的，哪些属于写作手法的。这些问题是最有价值的"学情"，也是教师进行教学设计的逻辑起点。在掌握"学情"的基础上，教师需要广泛查阅资料，认真备课，写出教案。教案可以是"实操型"，也可以是"资料型"。

学习《林黛玉进贾府》，关于王熙凤、林黛玉和贾宝玉三个人物形象，学生提出很多问题，我们可以按照三个人物分步骤安排。

【关于"林黛玉"的形象，学生问题以及教师备答资料】

（1）为什么林黛玉进了贾府会"步步留心，时时在意"？

初进贾府的复杂心态：虽为亲人，但首次见面，总有"寄人篱下"的阴影。敏感谨慎的性格特征：不肯轻易多说一句话，多行一步路，唯恐被人耻笑了去。

（2）当贾母问黛玉念何书时，黛玉答"只刚念了《四书》"。为什么宝玉问她时，她却改口？

随时改正一些不适宜的对答，表现她的留心与在意。

（3）为什么对林黛玉的穿戴"竟无一字提及"？

作者用虚笔写意展示黛玉的肖像，还为突出其才情女子超尘拔俗的空灵感；特别是宝玉眼中眼波脉脉、体态袅娜、聪明灵慧、超凡脱俗。

教师归纳总结：林黛玉美貌多情，体弱多病，心态复杂，言行小心谨慎。小说通过黛玉婉言谢绝邢夫人"赐饭"、在王夫人房中注重座次、在贾母房中吃饭十分推让、随时改正一些不适宜的对答等典型细节表现其"步步留心，时时在意"的谨慎态度。又通过"众人眼里的黛玉""王熙凤眼里的黛玉""宝玉眼里的黛玉"三个角度描写其外貌、神情和风韵。

【关于"王熙凤"的形象，学生问题以及教师备答资料】

（1）与那些"敛声屏气，恭肃严整"的人们相比，王熙凤为什么"放诞无礼"？

王熙凤精明能干，善于阿谀奉承，因此博得贾母欢心，从而独揽了贾府的大权，成为贾府的实际掌权者。

（2）作者为什么要浓墨重彩描写其服饰？

暗示她的贪婪与俗气，从侧面反映了她内心的空虚。

（3）贾母称王熙凤"凤辣子"，哪些描写体现了王熙凤的"辣"？

未见其人、先闻其声的出场形式，放诞无礼的语言方式，贾母的戏谑调笑，等等。

教师归纳总结：王熙凤察言观色，机变逢迎，刁钻狡黠，精明能干。从四个方面展示她的性格特征：出场，肖像，见黛玉，回王夫人。

【关于"贾宝玉"的形象，学生问题以及教师备答资料】

（1）从本文的描写来看，贾宝玉似乎很是不堪，这该如何理解？

贾府内外这些人贬斥贾宝玉的话，充分表现了他的叛逆性格。人们把他说得这样坏，是因为他的所作所为不符合封建正统人物的要求，违背了封建正统的世俗常情。由此可见，贾宝玉是本阶级的叛逆者形象。

（2）黛玉乍见宝玉为什么会一"惊"？

黛玉看到一个眉目清秀、英俊多情的年轻公子，与以前的介绍形成反差；二是照应"木石前盟"，一见如故，产生亲切感。

（3）贾宝玉为什么摔玉？

浅层次看是"这个妹妹没有玉"，表现其任性；深层次看，他"衔玉而诞"，玉是天命的象征，他摔玉正表现出他对天命的违抗，对世俗的鄙弃，对礼教的蔑视。

（1）两首《西江月》为何要对贾宝玉贬斥？

似贬实褒，正文反作。他不愿受封建传统的束缚，厌弃对功名利禄的追求。

教师归纳总结：贾宝玉是封建贵族的叛逆者，具有反抗封建束缚、要求自由平等的思想。他蔑视世俗、卓然独立的种种表现，反映了他对封建礼教和封建道德的反抗。

2. 目中有人——教学流程始终突出"学情核心"

通过"预习作业"了解了真实学情，并以此进行了教学预设。那么，预设目标该如何在课堂实现呢？我赞成"交流对话"说。"交流对话"从内容看，可分为阅读和教学两个层面，阅读中的交流对话发生于教师与文本、学生与文本之间，教学中的交流对话发生于教师与学生、学生与学生之间；"交流对话"从表现形式看，可分为显性和隐性两方面。显性的交流对话主要指课堂教学实施过程中的提问、对答、讨论等，隐性的交流对话则是教师个体、学生个体同作者之间的交流，还包括课堂教学师生之间、生生之间感情上的认同和思想上的碰撞。而交流对话的实质是在平等的氛围中激活知识、引发体验、碰撞思想、分享收获、建构意义（见图2-4）。

在课堂的交流对话中如何突出"学情核心"呢？"学情核心"的课堂，突破了教师在讲台上单纯讲授、学生被动听讲的模式，而是将教师变成一个学习的引导者，学生的角色回归到他真正的身份——学习者和学习的主体。

图 2-4　在课堂上努力做学生的引导者

在"学情核心"的课堂中，教师应该把质疑释疑的权利交给学生，采取交流探讨的方式，组织指导学生尽可能地自我完成理解消化过程：小组交流切磋，取长补短，尽量达成共识；全班交流，小组代表发言；全班讨论，辩难，自由发言；对存在的仍未解决的或有争议的问题，教师可以适时"介入"，师生共同探讨解决。"质疑问难"应该是阅读教学中提高转化率的核心。"带着问题听课"必然能提高课堂效率。教学过程就成为一个不断提出问题、不断解决问题的过程，又是一个新问题不断生成、不断解决的过程。课堂基本流程如下。

（1）整体感知文本，解决阅读背景。师生交流探讨作者基本情况、文本背景资料的情况。教师做相应补充。强化"读"，提出要求：读准字音，读清句读，把握节奏，能够初步地传情达意。

下面为《虞美人》的课堂环节。

师：今天，老师给同学们讲一个历史故事。不过，需要提醒的是，这不是一个欢乐的故事，而是一个悲伤凄婉的故事。我希望大家在听读的过程中，能把听到的内容在脑海里转换为形象的画面。我也相信大家都是出色的摄影师，一定能完成这个任务。

一个细雨蒙蒙阴云低垂的早晨，一座金碧辉煌而又气氛肃杀的宫殿，一个泪眼蒙胧面容苍白的君主。契丹，他求过了，眼见着亡国被俘的命运是逃不掉了。在这花园般美丽的古都金陵即将沉陷于敌国铁蹄之下的时候，这位"生于深宫之中，长于妇人之手"的风流天子，缓缓地站起身来，脱去穿在身上15年之久的那件金光闪闪的龙袍，肉袒负荆，出城跪降。随后，在宋兵的辱骂声中，一路呜咽，北上东京。紧接着就是被囚禁，只能日夕以泪洗面。虽被封为"违命侯"，但最后的命运还是在他过完41岁生日的那天晚上，面对一弯残月，他慢慢转过身去，远眺南方他那无法看到的"三千里地山河"。失落的、冰凉的眼泪打在他的手臂上，他再也无法整理这多年积累的愁绪，吟唱了一曲最为绝望的诗歌，喝完宋太宗赐来的毒酒，倒地而亡。

他就是南唐后主李煜，一位失败的政治家。但在死神来临之前，他却用一个艺术家的天才敏感，领受到非人的囚徒生涯，以一个昔日君主的眼光看取亡国灭种的不幸命运。在死亡的召唤声中，他没有闭上眼睛，而是蘸着血，和着泪写下了一曲曲凄凉如挽歌般的诗作，创造了审美世界的最后辉煌。

今天，就让我们一起走进这位南唐末代帝王的内心世界——

（师范读，学生沉静。）

师：学习诗歌要强调诵读。先请两位同学来朗读这首词，其他同学在听读过程中，要注意比较，然后评析谁朗读得更好。

（两名学生分别读词。）

师：哪位同学作一评价？

生：我认为两位同学读得各有特色，都能够把握这首词低沉凄楚、曲折迂回的情感基调，都力图把这种情感表达出来。

生：我认为男生读得较好，声音低沉，很适合传情达意；女生略微逊色一些，声音洪亮，这种音色与这首词的情感基调不太一致。

师：剔除刚才这位同学发言中"男女性别差异"的因素，他的评价是有一定道理的。

生：两位同学整体上还行，但在诗句的重音把握上不太好，有些需要重读的字词没有读出来。

师：能不能说一下你认为需要重读的词语？

生：我认为"何时""多少""又""不堪""犹""只是""改""几多""一江"等词语都需要重读。

师：说得不错，我想问，为什么这些词语要重读？

生：与词人的情感有关。

师：说到点上了，关于这些词语为什么要重读，我们在赏读环节再好好体会。还有吗？

生：第二位同学读的节奏显得有些快，有些诗句的处理应该更缓一些。如"恰似一江春水向东流"一句，"向东流"不能读成铿锵有力的停顿，而是要读成"向——东——流——"，这样感觉还好一些。

师：评得不错。诗句之间的停顿与连接要把握好"度"，应与词人表达的情感匹配，读，要做到"声断气不断"。每一个表意单位之间的停顿要长一些。好的，同学们再轻声读一遍，要注意刚才大家提出的问题。

（生轻声读词。）

鉴赏诗歌要以情贯穿，以读贯穿，以学生的自我发现贯穿。感情是诗歌的生命，所以我在教学中首先"以情渲染"，把学生带进了作者所处的那个历史时代，让学生走近李煜，贴近他的心灵，聆听他的悲苦。学生能设身处地地去感知诗人的思想感情，对诗歌的理解自然深刻而全面。指导学生有感情地朗读诗歌也是这节课的一个重点。因为读得好不好，感情传达到位不到位直接反映了学生对诗歌理解的程度。

根据诗歌的思想感情，来把握节奏的快慢、语调的高低、语气的高昂与舒缓，读来抑扬顿挫，才会走进鉴赏诗歌的真境界。这堂课中，我还特别注重范读，用自己的感情去感染学生，用自己的朗诵给学生做好表率。因为高中学生有时读课文不好意思融入感情，总觉得拿腔作调，不自然，怕别人取笑。当他们听了我声情并茂的朗诵，钦佩之情油然而生，读，就是在鉴赏。

（2）讨论疑难问题，分组合作学习。分组讨论"预习作业"中发现的疑难问题。每组各有代表汇报交流情况，并提出尚未解决和有争议的问题，全班交流；教师适时地、有针对性地点拨。这一环节，着力解决预习中的疑难问题，并发现新问题，促进学生高层次赏析。这一环节是课堂最重要的，可以分步骤安排。如文言文教学，可以先讨论字词，疏通文义，然后讨论课文主旨、思想感情、写作手法等。现代文教学，可以按照文章段落安排几次讨论。（见图 2-5）

图 2-5　组织小组合作学习

且看《拿来主义》的教学片段。

　　生："摩登"一词有什么含义？
　　师：我们还是放在上下文中理解这个词，"我在这里并不想对'送去'再说什么了，否则太不摩登了"，也就是太不现代太不时髦了，其实是一种什么韵味？

生：其实就是一种讽刺，"我在这里并不想对'送去'再说什么了"，因为在当时"送去"是一种很普遍的现象，人们谈论的也很多，而作者如果一再唱反调，似乎就显得不摩登了。所以带有讽刺的意味，也有调侃的意味。

生：第一段一些动词有什么特殊意义吗？

师：实际上你问的是这些动词蕴含的感情。"还有几位大师，捧着几张古画……"这个"捧"，很有韵味。当我们拿着一样东西时，拿着、带着、拽着、攥着、拎着，感情色彩一样吗？

生：不一样。把那个谄媚的丑态都写了出来，活灵活现。

师：本来这个"捧"是非常尊重带有敬意，电视剧中大臣们给皇帝上呈东西都是捧着的，这个词是一种敬意，但这里用这个"捧"字讽刺了奉行"送去主义"者的媚外丑态。

生："在欧洲各国一路的挂过去。"改成"展过去"行不行？

生：我觉得不好。如果要是带了几张古画和今画，一路的"展过去"，还带有那么一点郑重其事的意味；但是"挂过去"，到这儿挂两天，到那儿挂两天，没有多少东西，用了很随意的动词"挂"，其实暗含是一种寒酸，一种可怜，用这种方式来欺世惑众。

师：说得很好。"捧"和"挂"这两个词语的感情：一个是媚外求荣（板书），一个是欺世惑众（板书）。

（众生笑。）

师：的确，不出意外的话一定会这么写，可其实质是媚外求荣，欺世惑众。看似简单的词语只要深入揣摩，就能理解其中蕴含的情感色彩。

生："别的方面且不说吧，单是学艺上的东西"，这句话有什么含义？

师：文中举的这几个例子都是关于文学艺术方面，那么"别的且不说吧"，别的有没有？

生：有。

师：这是一种全方位的媚外求荣。不光是文化上的媚外求荣，在经济上、军事上、民族主权上全面奉行这一政策，这是第一个方面；从另一个方面来说，"单是学艺上的东西"也界定了这篇文章论证的范围，因为本文就是谈文化遗产的问题，当然他举的例子"送去主义"的表现、危害就都是"学艺"上的。如果第一部分列举的是各方面的问题，那么第二部分要"破"就得面面俱到。因此这句话界定了论证的范围。

生：文中说到国外"传道"，什么用意？

师："传道"本是一个宗教用语，指宣传教义主张，这里用这个词表讽刺意味。那些人到国外讲我们的历史多么悠久，我们的文化有多丰厚，我们的科技有多么先进，实际上是一种掩盖现实的尴尬，其本质是自欺欺人，欺世惑众。

这个教学片段展示的是《拿来主义》第一段落教学过程，这一部分，学生一共提出了五个问题，从表层看，这五个问题都属于"理解"层面的问题，提出的问题大多能够在其他同学的帮助下解决。但这个过程，教师不能失位。教师通过点拨性语言给学生一个向上的"力"，让学生摘到更多的"果子"。如通过"大家想一下如果由当时国民党政府来报道这些内容会怎么说？"这样一句话，将问题引向深入，使学生更加深刻地理解了"媚外求荣，欺世惑众"的本质。

（3）教师归纳总结。利用板书，让学生形成对文本理解的整体感（见图 2-6）。

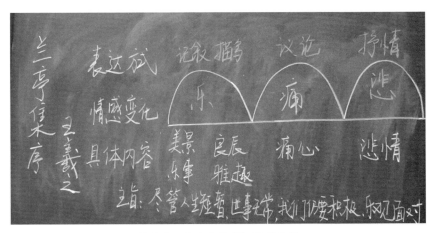

图 2-6　《兰亭集序》板书设计

（4）拓展探究问题，完成延伸阅读。

如《咬文嚼字》教学片段。

生：陶潜《五柳先生传》中说"不慕利，好读书，不求甚解，每有会意，辄欣然忘食"。那么朱光潜先生提出的"咬文嚼字"与"不求甚解"是否矛盾？

师：很有探究价值的问题。同学们充分思考讨论。

生：不矛盾。"咬文嚼字"是强调创作要反复修改，精益求精。"不求甚解"强调读书要把握精神实质，不要困于表面现象。前者侧重写，后者侧重读。

生：即使都是读书或都是写作，精益求精、反复修正和把握精神实质、不拘表面这两点要求也要同时具备，两者相辅相成，并不矛盾。

师：老师再强调一点，"咬文嚼字"是谈学习的态度，"不求甚解"是谈学习的方法，两者角度不同，精神一致。

这个片段探究的问题来自"学情"，学生在课堂上提出了一个颇有探讨价值的问题，教师就可以抓住契机，让学生展开充分讨论。讨论中，学生从"读与写"和"精神实质"两方面分析了"咬文嚼字"与"不求甚解"不矛盾，教师适时介入，强调了两者"角度不同，精神一致"。

比如《琵琶行》诗前小序中有一句这样的话："是夕始觉有迁谪意。"如果仅仅局限于字词解释、句子翻译，这句话毫无难度可言，无须费力。但是，学生提出了这样的问题：白居易已经"出官二年"，为什么"迁谪意""是夕始觉"？"始觉"仅仅是"才感觉到"的意思吗？这句话在全诗中起什么作用？这样一问，就觉得这句话非同一般了，这就是一个很有探究价值的问题。在课堂实践中，仅仅解词译句是远远不够的，必须通览全诗，在宏观把握的基础上进行微观推敲，才能找到答案。

师：第一个问题，为什么"迁谪意""是夕始觉"？从诗前小序中可知，是因为"感斯人言"，是被琵琶女的诉说感动，勾起了他的"迁谪意"。但是，一个是"长安倡女"，一个是朝廷命官，二人有何相通之处？请同学们通览课文和有关提示、注释，做出梳理。

生：二人年轻时都才华横溢。琵琶女色艺双全，"十三学得琵琶成，名数教坊第一部。曲罢曾教善才服，妆成每被秋娘妒。"白居易也很有才情。

师：白居易自幼苦读，诗才横溢，一首《赋得古原草送别》"野火烧不尽，春风吹又生"的名句轰动京城；28岁便考取了进士第四名。

生：二人都有过辉煌的过去。琵琶女当年，"五陵少年争缠头，一曲红绡不知数。""今年欢笑复明年，秋月春风等闲度。"白居易也曾做过高官。

师：白居易35岁便在朝中任翰林学士、左拾遗，可谓仕途得意，一帆风顺。

生：二人都有不幸的遭遇。琵琶女因为"年长色衰"，"门前冷落鞍马稀，老大嫁作商人妇"，生活境况一落千丈；白居易由于连连上书，指陈弊害，力主改革，为当政者所忌，遂遭陷害，贬为江州司马，"谪居卧病浔阳城"。

生：二人都有苦闷的心境。琵琶女下嫁茶商，孤凄苦闷，"去来江口守空船，绕船明月江水寒。夜深忽梦少年事，梦啼妆泪红阑干"。白居易更有他难言的郁闷和痛苦，"住近湓江地低湿，黄芦苦竹绕宅生。其间旦暮闻何物？杜鹃啼血猿哀鸣。春江花朝秋月夜，往往取酒还独倾"。

生：二人都精通音律，音乐沟通了二人情感的交流。

师：琵琶女精通音律，你怎样知道白居易精通音律？

生：琵琶女用琵琶诉说自己的不幸遭遇和孤凄苦闷的心情，白居易听懂了"琵琶语"，所以在"醉不成欢惨将别"的无奈中"忽闻水上琵琶声"之时，才"主人忘归客不发"，才移船相邀、千呼万唤，才听得出"弦弦掩抑声声思，似诉平生不得志。低眉信手续续弹，说尽心中无限事"，才在第二次弹奏时听得出"凄凄不似向前声"，才有"江州司马青衫湿"的如雨苦泪。

生：我觉得还有一点，那就是二人都是从京城落魄而来，又在湓浦口巧遇。正是有了这么多相通之处，白居易才发出了"同是天涯沦落人，相逢何必曾相识"的感慨。

在这一环节，学生充分发言，表达自己的见解，更为重要的一点是，学生的分析没有脱离文本，回答的要点全部来自相关诗句；教师让学生自由表达，点拨语言就是资料的补充。

师：至此，第二个问题——"始觉"到底是什么意思也就有了答案。谁能说一下？

生：事实上，从被贬那一天起，白居易就深切地感觉到了"迁谪意"，而且，这种"迁谪意"一天也没有减弱过。那绕宅的黄芦苦竹，那满耳的鹍啼猿鸣，就是他"迁谪"境况的生动写照；"春江花朝秋月夜，往往取酒还独倾"，就是他"迁谪意"与日俱增的具体表现；而"浔阳江头夜送客"之时的"醉不成欢惨将别，别时茫茫江浸月"，更是他"迁谪意"无从排遣的心灵伤痛的外现。所以，他的"迁谪意"并不是听了琵琶女的诉说之后才产生的，而是郁积了两年之久，遇到了一个机缘的触动而喷发出来的。明言"始觉"，是为了避嫌，为了不因言惹祸，并非真的从来也没觉得，只在"是夕"才觉得。

师：非常好。由此，我们就可以进一步理解"是夕始有迁谪意"在全诗中的作用。其作用在下一句"因为长句"四字已经透露了出来。

生："迁谪意"，既是作诗之因，又是作诗的主旨。诗人正是通过对与琵琶女相识、交谈经过的描述，以"同病相怜"的人之常情灌注其中，来巧妙地抒发这种"迁谪意"的。可见，"是夕始有迁谪意"，为全诗确立了主旨，奠定了基调，是全诗的灵魂。

这个教学片断是我执教《琵琶行》的得意之处，因为探究的问题来自学情，课堂讨论以学生为主，收获最大的也是学生。

3. 手下有招——"学情核心"要让学生摘到更多"果子"

建立起民主、平等的师生关系。教师要准确定位师生关系：教师是助学者，是引路人，学生是学习者，是行路人。那就意味着在构建课堂的过程中，教师必须从学生出发，必须吃透学情。吃透，主要体现在三个方面。一是从宏观上把握学习母语的一般规律，把握阅读鉴赏文本的一般规律，这是最根本的学情，最根本的实际；二是在课堂上从学生认知的能力、理解的起点出发，引导他们遵循认识规律一步步完成阅读鉴赏的全过程，从而使学生领悟"怎样阅读""怎样理解""怎样鉴赏"。教师绝不能只从自己怎么教出发，强迫或诱使学生非钻教师设计好的圈套。三是教师要尊重学生的差异，在教师的眼里，每个学生的意见都是值得珍视的。当学生有了独特的见解时，教师要及时反馈与鼓励。学生受到激励、鞭策、鼓舞、感化和召唤，才能保持开放心态，才能充满活力、充满创造性地体验，也才能产成新的认识。如果教师上课还是"一言堂"，学生只能随声附和，那就根本谈不上彼此之间敞开心扉，无法实现平等、民主的对话。

《荷塘月色》教学片段。

（生自读第四、第五、第六自然段）

师：大家都读了一遍了。我想先问大家一个问题，如果要想把这三段真正地读出感觉来，应该怎么读比较合适？

生：我觉得首先应该读得慢一点。

师：那么"慢一点"的标志是什么呢？

生：标志就是能充分地把文章中那种舒缓、优美的感觉读出来。

生：要读出独特的韵味，速度放慢很重要。但还要注意作者所运用的比喻、排比等修辞手法，这些修辞需重读，且要把握节奏。还有一点，虽然我们读的都是文字，但是我觉得文字和音乐也是有些相通性的，读这篇文章的时候首先在自己的耳边应该有一个旋律在响着，所以要和着心中的那个旋律，将这篇文章读出一种音乐美来。

师：说得多好啊！你刚才说，文字和音乐是相通的，我觉得这话说得太精彩了。那么如果给这三段文字配乐，你认为什么音乐比较合适？

生：钢琴，因为钢琴那种"叮叮咚咚"像流水一样的声音是绝对不可缺少的。最好还是肖邦的钢琴曲，肖邦乐曲中有那种由上而下的流水一般的感觉，你看不见它的汹涌，但是它的流动绝对震撼你的心灵。

师：大家注意她的措辞，她说这是一种汹涌但你看不到它的流动，这种感觉对不对？

生：我觉得用笛子。

师：为什么呢？

生：第一，笛子是民族乐器，作者写出了"荷花"的独特的美，因为荷花与佛性是相关的。第二，我记得有一位名人说过一句话："笛子是一种很奇妙的东西，它吹得响亮，让人高兴就高兴，伤心就伤心。"所以笛子是可以传情的。

师：其实任何乐器都是可以传情的。

生：我想配古筝。

师：为什么呢？

生：因为我觉得这三段作者所突出的是夜晚的寂静，古筝乐的感觉能将这种寂静传达出来。而且，我觉得配上箫也不错。同时，我不赞成用短笛。

师：哦，不赞成。为什么？

生：我觉得它的节奏有点快。

师：那边还有一位同学也有话说。

生：我觉得前面那位同学说用钢琴，不算太恰当。

师：为什么？假如说，我们就用《命运交响曲》配为什么不行啊！

（生笑）

生：我觉得配上中国古典音乐更好一些。

师：为什么？

生：因为作者写的是荷花、荷叶等，是我们民族文学中的传统意象，音乐和民族的审美趣味有关，配上琵琶、古筝更好。想象一幅画面，就是一个女子坐在荷塘边弹着琵琶的那种感觉。

生：刚才他说的有一定道理，但选曲子非常重要，试想，一个女子坐在荷塘边弹着琵琶——《十面埋伏》……

（众生笑。）

生：显然不合适，我觉得也不适合用肖邦，因为肖邦听起来好像很梦幻，很柔，但其实每一首肖邦曲中间都有很激烈的段子，肖邦被誉为"藏在花丛中的大炮"，和这篇文章的意境当然不符。虽说作者的心情不是很平静，但是也没有达到激烈的程度。

师：如果要让我选的话，我倒是比较同意刚才那位同学选民族音乐的意见。正如他所说，"荷"是中国古典文学中最典型的一个意象。意象、情感、音乐、审美趣味一致起来会更好些。可能有人会说，我们到底上的是散文鉴赏课，还是音乐鉴赏课，还是艺术鉴赏课呢？其实呢，是为了让大家更准确地把握这三段描写中蕴含着的作者的情感基调，耳畔回响的是什么样的音乐也就决定了你对这三段理解的程度。

这一教学片段就是一场平等、民主的对话。给三段文字的朗读配乐，这似乎不是什么教学重点。但我认为，这种设计是遵循了"宏观把握"的阅读规律，其指向是文章的语言和情感。在回答"你认为什么音乐比较合适"时，学生根据自己的感受体验畅所欲言，也许他选择音乐并不合适，但这也是课堂中的真实学情，针对这样的学情，适时地、有针对性地点拨至关重要。

　　教师在阅读教学过程中要明确任务。通过预习作业整体把握"学情"，在"学情"的基础上设计教学，备课必须特别充分；需要思考清晰、准确、合适的目标定位，规划课堂流程；需要思考课堂如何组织学生交流，以什么样的方式交流；需要思考以什么方式、在什么节点"介入"；需要思考选择怎样的点拨性语言，拨开学生头脑中的迷雾，给学生一个"梯子"，让学生自己摘到更多的"果子"。一句话，教师不能"越俎代庖"，也不可能"放任自流"。

　　例如，对预习作业的定位，教师必须明确："学情核心"阅读教学课堂模式中的"以学定教""先学后教"，将学生的"先学""预习"提到了重要的位置。以往的作业布置都是学生巩固知识，提高能力的重要环节，是教师检查教学效果，改进教学的重要依据。但"预习作业"是为新课做预备，做铺垫，做指引，它引导学生怎样去预习，怎样做好"先学"。预习作业的批改是重点，对"质疑问难"部分的批改是重中之重。

　　以学情为核心的阅读教学就是要做到"心中有数，目中有人，手下有招"。"心中有数"，是指注重教学的预设，而预设来自最真实的学情；"目中有人"，就是眼里有学生，有学情，把学生当作有血有肉的人看待；"手下有招"，是指课堂生成中，根据学情选择最适合的教学策略和手段。

扫码观看"《菩萨
蛮》课堂实录点评

三、"学情核心"作文教学

高中作文教学"少慢差费"、高耗低效、训练随意的现象普遍存在。如何解决，许多老师都做了有益的尝试。根据高中学生认知能力、心理特征等"学情"，多年来我一直秉持"转化教学论"的核心理念，在实践中摸索总结了高中作文"为生命写作"与"为生存写作"双线并行的"学情核心"作文训练体系。该体系中的"为生命写作"，力求回归写作的本质，完成高中生人文素养的提升与健全人格的形成；"为生存写作"，力求遵循高考作文的写作规律，解决高考作文得分不高的问题。

（一）作文教学真实的"学情"

1. 写作内容的缺失

中国有句俗话："巧妇难为无米之炊。"再能干的女子没有米，也做不出饭来。高中学生生活空间狭窄，课业负担沉重，还有一些学校实行封闭式管理，三点一线的生活使得原本有限的接触社会的时间少，空间更为逼仄，因而生活实践少，导致作文无内容可写。更有甚者，根本不关心社会，视野不宽，思路单一，其作文文辞贫乏，内容干瘪，也就不难理解了。

阅读的缺失，导致必要的知识素材储备匮乏；不注重对材料的收集和积累，或手中材料过于陈旧贫乏，写作时就会感到无话可说、无内容可写，即使拼凑出来，作文内容也是平淡、枯燥，满篇假、大、空。

缺少练笔，不利于学生语言思维的形成和表达能力的培养。很多作文，语言基本无锤炼可言，甚至连语言表达的基本要求都难以做到，在文采上就特别地表现出一种不自信和少追求。文章语言幼稚，滥用修辞；文字晦涩，语体不合；空泛陈述，重复啰唆，导致了思想枯萎。但丁说过："语言作为工具对我们的思想之必要正如骏马对于骑士，既然最好的马适合于最好的骑士，那么最好的语言就适合于最好的思想。"语言是思想的载体，而考场作文因其评价的特殊性，似乎更"功利"地渴望思想与文采的相互辉映。很多同学将作文语言视为难以逾越的"高峰"，常发"奈何"之叹而生"难为"之感。很多老师也经常用"语言这个东西不是一天两天就可以学好的"来吓唬学生。长此以往，越来越多的学生在心理上形成了提高作文语言水平的"难为"心结，其中不少人进而将心理上的"难为"转变为行动上的"不为"。因此，味同嚼蜡的语言表达并不鲜见。

2. 写作思维的僵化

在"应试教育"影响下，作文教学走入了一种僵化的训练模式。从小学到中学，作文教学忽略平时的观察、积累、思考，不是鼓励学生用富有个性的语言表达自己的思想，而是让学生生硬地背范文，按照一定的模式去套改作文。如记叙文写作，很多学生不重视叙述角度的选择问题，一味追求故事情节，导致作文呈现出僵化单一、平淡陈旧的不良状态：或提笔便抒"我"情怀，第一人称一统天下；或叙述事件角度单一，事件表现力弱；或主题定位死板，导致文章千人一面；或叙述空泛，缺少波澜；或视角空泛，缺失特点；或切入老套，缺乏新意。基于这种现状，写记叙文要想胜出，就要学会选择恰当的叙述角度，这样便可以扭转一篇文章的乾坤，也会让你的文章脱颖而出。

从某种意义上说，文章是思维的结晶，思维能力是认识事物、确立文意、构思谋篇的武器。无论写什么文体，观点或主题不深刻，内容不丰富，结构不完整或不合逻辑，都是思维能力不够所致。如果不提高思维能力，即使有了非常生动的素材你也认识不了它，即使有了丰富的写作材料你也驾驭不了它。而具备了较强的思维能力，就能从小事情中发现大道理，从已成定论的事物中发现新问题，就能在驾驭复杂的材料时游刃有余，构思谋篇时滴水不漏。思维能力是写作的内功，是提高写作水平的根本。

这种僵化还走向另一个极端，那就是盲目创新。为了追求观点的新颖，教师给学生传授了很多思维方法。其中影响学生最大的恐怕是所谓"反弹琵琶"的"逆向思维"。于是不少学生将其奉若神明，随意歪曲，让人啼笑皆非。例如，高考作文"诚信"话题，有些学生就善于反弹琵琶，来个《且慢讲诚信》。文章写道："诚信"害死人，俗话说，兵不厌诈，诸侯争霸时宋襄公讲诚信，结果落得身死国灭，为天下笑。又列举在今天讲诚信吃亏的例子，试图证明"诚信"未必真需要，这种所谓的"反弹琵琶"让人感到强词夺理，甚至怀疑考生的世界观有问题。确实，事物都具有两面性，看待事物需要用一分为二的眼光，但这种执着一说的写法，看似新颖，如果立场不正确，恐怕就要弄巧成拙。

3. 写作情感的麻木与虚假

人常说"感人心者，莫先乎情"。作文若想打动人，就要抒发内心深处的真情，情感的流露给人以真实感、真诚感，也就是在文中有"我"的存在，真正做到"以我手写我心"。有些同学有一个认识上的误区，认为作文讲究"贵族化"。比如：典丽精工的语言、反复打磨的句式、细心罗织的材料、刻意安排的结构、玄妙深刻的哲理……"语不惊人死不休"，似唯有此才能算是好作文。不错，好文章离不开方方面面做足功夫，但如果缺了最宝贵的一样——源于生活发自内心的真情实感——那作文充其量也只能是一具没有灵魂的僵尸。日常作文中，抒发真情，写出自我的作文实在不多，很多作文感情失真，缺少自我。具体表现为：人云亦云，随波逐流；无限拔高，空喊口号；情感泛滥，令人生厌；故弄玄虚，无病呻吟；编造情节，矫揉造作。因此，如何让思维在情感的河流里流动，让语言在情感的波浪里生花，让灵魂在情感的激荡中净化，是解决考场作文"情感失真"问题必须思考的内容。

还有一点，文化底蕴的缺失导致情感缺失的现象普遍存在。作为高中学生，理应有对生命和生活较为深入的认知，有一定的文化底蕴，但真正日常写作，很难见到充盈着文化光华的作文。缺少文化意味，或伪饰或恶俗倒成为常态，具体表现为：极尽伪饰、缺少真知、强行拔高、牵强附会、以丑为美、价值缺失、修养不足、是非不明等。如精心编造自认为或精彩或感人，但实际上脱离生活本真状态，充斥着虚伪、矫情的故事情节；大量模仿或抄袭所谓的好词好句、精彩语言片段，以看似精彩的外表掩饰苍白无物的内在；或翻拣他人的陈词滥调，改头换面，冒充深刻；或囿于生活表象，缺少文化领悟；或哗众取宠，为了所谓的个性，不顾基本的文化价值取向，轻浮而甚或美丑不分……诚然，作为对生活进行再现的文学作品，形式的载体影响着表达的效果和审美体验，但一味追求外在的技巧，不免有喧宾夺主之伤。缺少文化意义层面的内涵，外表无论如何华美，都是干瘪的。

4. 训练体系和批改的泛化

缺少系统的三年一贯制的训练体系。教师布置作文随意性大，往往是今年高考考了哪种类型的作文，就练哪一种类型，甚至还会受到统考、学业水平考试作文命题的影响，导致学生难以形成有效的作文思维体系。

作文批改周期长，批语套路化，作文讲评缺少针对性。写作能力是一种综合能力，它的形成和发展有一个循序渐进的过程。因此，作文教学必须立足于实际，制订一个翔实的计划，以便分阶段分步实施。这个计划应包括整个中学阶段作文教学的全程训练目标，包括每学期的阶段目标以及每堂课的训练重点和要求。这个计划还要以教育学、心理学为依据，要符合学生的认知能力和写作能力的发展规律。

图 2-7　与初中老师分享作文教学经验

（二）"学情核心"作文教学倡导处理好三个关系

作文写不好，不得其门而入，首要的是认识问题。但不少人认为主要是写作方法问题，其实是糊涂观念。在写作问题上，应该认清三个基本关系，唯有如此，才能走上写作的正途。

1. 吸收与输出

作文的过程就是把自己的情感和思想以文章的形式表达出来的过程。表达就是输出，输出之前必须先有输出之物，输出之物不是凭空而来的，而是从生活中吸收而来。吸收是条件，输出是结果。没有吸收，就没有输出；吸收甚少，输出必寡；吸收甚多，输出必丰。吸收是内化过程，输出是外化过程，内化加外化，就是写作的全部转化过程。写出来的文章是外化的结果，其质量高低，从根本上说取决于内化的程度。所以，要想获得良好的外化结果，就必须重视内化；如果仅仅在怎么写这个外化领域上下功夫，那么无异于舍本逐末，缘木求鱼。

从何处吸收？从阅读中吸收，从生活中吸收。

先说阅读。"读书如销铜，作文如铸器"，"劳于读书"，才能"逸于作文"。古人的这些见解生动地揭示了读书与作文的辩证关系。阅读，可以长知识、开眼界、启思维、拓思路、明道德、怡性情、知章法、学技巧，这一切都是作文之所必需。要想提高写作水平，首先就要养成良好的阅读习惯。

有三大领域的书籍不可不读。一是文学精品，二是科学著作，三是哲学著作。不要把这些书看得太神秘，读文学精品并不一定是为了当文学家，而是为了美化情感，陶冶情操；读科学著作也不一定是为了当科学家，而是为了丰富知识，增长智慧；读哲学著作当然也不一定是为了当哲学家，而是为了启迪思维，提高认识事物的能力。如果能够学会用文学的情感去感受生活，用科学的眼光去认识世界，用哲学的头脑去思辨事理，那就会大大提高内化的档次、外化的结果——文章也自然会有相应的提高。

再来说生活。生活是写作的源泉，写作必须和生活一体化。离开生活实际去编造，绝不会写出什么好文章，即使是联想、想象式的作文，也必须以生活实际为基础，必须合乎生活的逻辑，不能胡思乱想。学生有自己的生活——家庭生活、学习生活、各种活动、处理师生关系和同学交往，物质生活如衣食住行，精神生活如读书看报、文化文娱活动——这一切都是生活，每一个学生都在亲身参与、亲身实践。而且，学生也在通过各种渠道或直接或间接地接触着社会，如世界风云、国家大事、社会思潮、热点话题，对这些也有着或多或少或深或浅的了解与感受。这一切都是写作的源泉，一切写作材料、写作内容都只能而且必须从这个生活源泉中来。

有的学生，书也读了，生活也经历了，还是没的写，写不好。其罪不在读书，也不在生活，而在自己，在于没有在读书和生活实践中实现应有的内化，书上的营养还在书上，生活中的珍宝还在生活中，并没有转化成自己写作的有机成分。怎样实现内化？最根本的一条就是，在阅读与生活的实践中获得体验，产生感悟。体验是基础，是起点；感悟是深化，是升华。用自己的眼睛去观察，用自己的情感去感受，用自己的头脑去思考，力求观察有所发现，感受有所体验，思考有所领悟，唯有如此，书才不会白读，生活才不会白过，才会在读书和生活的实践中真正有所得。这有所得，才是内化，才是吸收，才是写作的内容。

2. 情意与文章

有了一定的阅读和生活积累，有了相当数量的写作素材，许多情况下仍然写不

好作文，甚至有时还觉得没的写，这是因为，文章是表情达意的，并不是素材的简单罗列，如果没有"情"和"意"来统帅驾驭这些素材，它们都将失去灵魂和血性，显得苍白无力而又杂乱无章。可以说，无情无意无文章，少情寡意淡文章，深情厚意才有好文章。所以，要想写好作文，还必须在冶情炼意上下功夫，否则，就会出现"为山九仞，功亏一篑"的结果。

究竟冶什么样的情，炼什么样的意？简言之，就是真挚健康之情，正确独到之意。

首先是"冶"真挚健康之情。真挚，就是发自内心的真实而执着的情感，或憎或爱，或悲或喜，或贬或赞，毫无虚假做作之态，完全是内心情感活动的真实反映。唯有真挚之情才能感人。但是，真挚之情却未必都是健康之情。如孤芳自赏、顾影自怜、空虚失落、无端惆怅、牢骚满腹、消极颓废等，即使很真挚，也绝非健康之情，这不是我们所需要的。我们需要的是积极饱满的生活热情，高雅不俗的审美之情，正确而强烈的爱憎之情，崇尚正义、献身事业的忘我之情。人们的情感尽管丰富多彩，而且具有鲜明的个性，但是总有高低雅俗之分，健康与否之别，不论你的情感色彩多么有个性，不论你的情感表现形式多么与众不同，上述四种高雅健康之情都应是你培育情感的方向，决不应该把"真挚"当作排斥高雅健康之情的挡箭牌。

具备了真挚健康之情，才可能对生活和阅读材料产生高度的敏感，做出健康的反应，进而产生写作的冲动，从而"情动于中而形于言"，写出感人的好文章来。一切成功的作品都在昭示着这样一个真理：要想写好作文，就一定要高度重视冶情，冶真挚健康之情。

在冶情的同时，还必须炼意。什么是"意"？"意"是作者对写作材料认识的结果，而不是写作材料本身。写作材料又是来源于生活和阅读的，所以，从根本上说，"意"又是对生活和阅读对象认识的结果，这种结果表现在文章中就是"意"。许多同学，作议论文观点模糊，作记叙文主题不明，虽有素材但也感到无话可说，没词可写，缺的就是"意"，少的就是对写作材料的认识。要做到有"意"，就要在进行阅读、参与生活的同时，在体验、感悟的基础上认真地思考，深入地认识，实现从感性到理性的过渡，从而获得一定的思考和认识的结果，形成一定的思想。思想是"意"的灵魂。

好的"意"，一是正确，二是独到。

　　要做到正确，就不能单凭"我觉得""我认为"，而需要在两个基本的方面用心"修炼"——一方面是树立正确的思想观点以掌握伦理的钥匙，如幸福观、苦乐观、生死观、价值观、审美观、人生观、世界观等；另一方面是学习辩证唯物主义以掌握思维的武器，提高思维能力。两个方面结合起来的结果就是，能够在正确的思想观点的指导下，做到本质地看问题（透过现象看本质，通过个性看共性，通过偶然看必然）而不是表面地看问题，联系地看问题而不是孤立地看问题，全面地看问题而不是片面地看问题，发展地看问题而不是静止地看问题。倘能如此，就会获得许多正确而深刻的认识，文章之"意"就自然会保证其正确性。

　　文章之"意"的正确性是基本要求，"独到"则是较高要求。文意独到者方为上品。所谓"独到"，并不神秘，人人都可以做到。"独到"，并不是刻意求新，以奇取胜，专门追求与众不同。真正的"独到"是张扬个性，深化层次，选择角度。有一点需要特别强调，就是无论怎么"独到"，都必须努力做到道人心之所有，说人口之所无。意思是，你思考的结果符合人们的共识，只不过别人思考的还不那么清晰、明确，你的思考则比较清晰、明确；别人还不能用恰当的语言表述，而你则能够用比较恰当的语言表述。这样的独到才算得其真谛，才是独到的正途。

图 2-8　精心修改学生作文

3. 作文与做人

"文如其人"，一个人的做人原则、生活态度、思想观点、气质人品、情感作风，都必然地要反映到文章中来。"从水管里出来的都是水，从血管里出来的都是血"，做人是事关做"水管"还是做"血管"的问题，而怎么往外流则是表达的问题。大家必须承认这样一个事实：作文，或传播一种知识，作者必须首先具备这种知识；或阐明一个道理，作者必须首先明白并相信这个道理；或抒发一种情感，作者必须首先具有这种情感；或褒扬一种情操，作者必须首先具有或崇尚这种情操……一句话，做好人是作好文的先决条件之一。学作文不像学习自然学科知识那样，只要记住了有关的知识、掌握了相关的技能技巧就能解决问题。作文绝不仅仅是个知识问题、技能问题，在写作知识和技能技巧的背后起支配作用的，是人的思想、品质、作风、情感等人文因素，这些因素只能在学做人的实践中才能获得，否则，将不会得其门而入。

高中阶段是青少年世界观、人生观和价值观的形成期，也是其生理和心理上的动荡期。随着社会发展，中西方文化的冲突与融合，各种社会思潮、人生价值标准都在频繁而矛盾地影响着中学生，使他们在思想上具有进取性和探求性的优势，但在认识上也带有偏激性和片面性的缺憾。而形式相对自由的练笔能比较全面而自然地反映出他们思想认识的各种变化。因此，我们对学生提出了要求：学作文必须先学做人，做好人是写好文的先决条件。我们引导学生用自己的眼睛观察，用自己的头脑思考，热爱生活，体验和感悟生活，最大限度地实现内化，并以这种体验和感悟为凭借，进一步认识社会，认识各种矛盾，提高自己的思想修养，使作文与做人同步发展。

图 2-9　与北京师范大学校训合影

（三）"学情核心"作文教学的理论依据及内涵阐释

转化教学论认为：语文教学的核心重在"转化"，"转化率"是指语文知识、语文能力、与语文相关的人文素养转化为学生自己的语文素质的比率，这是提高语文教学质量、全面提高学生语文素质的核心。写作的过程也是一个转化过程，学生广泛阅读，大量吸收，丰富自己的资料储备，学习他人的写作技巧，是一个内化过程；学生深入生活，用心观察，在生活中获得体验、感悟，也是内化过程。将阅读所获、生活所得写成文章，则是一个外化过程。内化和外化必须并重，有机结合，才会有的写，写得好；如果只是着重于一点，或者既不重内化又不重外化，都是违背写作规律的做法，转化率自然无从谈起，学生作文无话可说，或者空话连篇也就不足为奇了。基于此认识，我以转化教学论为依据，对高中写作教学进行了全方位改革，构建起"为生命写作"与"为生存写作"双线并行训练体系，收到了很好的效果。

"为生命写作"，意味着写作是一种生命的表达，在内容向度上以学生真实的生活实践为载体，在情感向度上以表达真实的生命感受为关键，在表达向度上以"以我手写我心"的自由写作状态为纽带，让写作成为学生生命存在的一种形态，让写作成为学生不断满足和提升生命的需要。从这个意义上讲，教师需要将作文教学思考的视野从学生的写作领域转变到生命领域，将作文教学发展的目标由写作层次提升到生命层次。这意味着作文教学是生命与生命之间的交流与对话，意味着写作教学的目标需定位成培养语言交际能力，培养生命意识，健全学生人格，用写作让更多的孩子找到自信和价值，用作文来讴歌生命。

"为生存写作"，从广义上讲是一种为了"交流""交际"的写作，目的在影响外界，比如科学家写论文，告诉大家新发现、新成果，比如记者写报道，告诉别人事实、事件。从狭义上讲就是各个学段以升学为目的的写作，就高中而言，主要指高考作文。高考作文是不自由状态下的写作，作文教学不得不考虑高考，考虑高考就不得不想到特殊的评价标准，这就是"应试作文"教学的特殊性，也是"最不自由状态下的写作"形成的原因。绝大多数情况下，"为生存写作"都是不自由的，高考尤甚。这意味着教师在高考作文指导上，必须考虑适应这种"主观命题，主观阅卷"的特殊性。因此，"为生存写作"是高中作文教学必须面对的问题。

如果做一项调查，我相信绝大部分高中教师会发自内心地选择让学生"为生命写作"。但是，绝大部分教师又必须"面对现实"，不得不考虑生存，不得不考虑让学生在高考作文中拿一个高分。可见，"为生命写作"与"为生存写作"存在矛盾，理想和现实之间的矛盾是客观存在的，一味地对高考作文口诛笔伐只能是一种情感的宣泄，"镣铐"客观存在，但千万不要忘记自己是一个"舞者"。我们需要建设，需要探索，既要追求理想，也要考虑生存，在"为生命写作"和"为生存写作"之间寻找一个"平衡点"。我构建"为生命写作"与"为生存写作"双线并行训练体系，目的也是寻求这个"平衡点"。

图 2-10　在线为学生讲授高考作文的备考

（四）"为生命写作"训练体系

"为生命写作"的主要呈现形式就是学生"自由练笔"。人们常说"在游泳中学会游泳"，与此相似，只有在写作实践中才能提高学生的写作能力。

练笔内容要取材于身边人、身边事。亲身经历、耳闻目睹、同学交往、师生关系、邻里往来、街谈巷议，都可入文。即使是热点话题、国家大事、世界风云，也要从身边人、身边事的角度写，力避假大空。

扫码观看《醉了》

我认为，写作能力是学生在自练自改中逐渐形成并提高的。因此我摒弃了精批细改或写程式化批语的老办法，代之以重交流，重讲评的新办法。重交流，一是师生交流，老师在练笔本上或赞赏成功之处，或鼓励后进之人，或指点迷津，或商量讨论，要言不烦，务求中的。二是同学间交流，或展览优秀练笔，"奇文共欣赏，疑义相与析"；或同学双方自愿，互看练笔，看后写感受，写批语，笔谈交流。这种师生之间、同学之间的多层次、多角度、多渠道的交流，有利于个性发展，也有利于取长补短。重讲评，一种是个别问题个别指点，另一种是共性问题适时讲评，既讲评思想观点、认识方法，又讲评章法结构、表达技巧，始终把握好作文与做人紧密结合的大方向，始终把握住来自生活、发诸真情的大方向，始终把握住对生活的热爱、体验、感悟这三个基本点。将写作指导变为传道授业解惑的重要渠道，变为师生精神领域高层次交流的人文俱乐部活动。

但对大多数学生来说，刚开始会将生活的点滴感受记录下来，但随着时间的推移，慢慢又会没的可写。这种情况出现的原因有二：其一是学生对生活的观察发现不够，其二是学生阅读不够。而这两点恰恰是写作的源泉所在，正是学生内化成自己的知识背景的"量"的缺乏，创作灵感和素材日益枯竭，那么，相应的外化也就谈不上了。因此，这就需要教师适时引导学生观察生活，去"发现"写作素材；指导学生广泛地阅读，积累写作素材。这两点解决了，写作的热情又会高涨起来。这样，有了内需力，内化和外化循环往复，写作能力也就呈现一种螺旋式上升的状态。

1. 从不断变化发展的社会生活中，从周围的人和事中发现积累素材

社会的发展，时代的前进，生活一天一个样，人们的观念在变化，新生事物不断涌现，在我们身边，时时处处都在发生着变化，教师要特别强调让学生做"生活的有心人"，培养观察思考的习惯，留意周围的人和事，从生活的现象里抓住生活，了解生活，找到足以表现生活本质的材料。而身边事，身边人，都折射出社会的某些光点，反映出时代的某种特征，体现人们的某种精神状态，本身就是一个丰富的材料库，让学生对周围的人和事有目的、有计划地进行观察，由点到面，由校内到社会，从现象看本质，品味人生苦乐，领悟生活哲理，就会为自己写作搜集积累大量富有时代特征和生活气息的材料。以这类素材写成的文章在学生的练笔中占重要地位。

在具体实践中，每周给学生印发时事材料，让学生写时评。如我曾给学生下发如下材料：

> 四川达州八旬老人李某到成都看病，但只买到达州到营山的座位。到南充后，被刚上车的女大学生"请"了起来，老人女儿恳请能否挤一挤，被拒绝。老人被搀扶着往后走，后面两排年轻人也没有起身让座。大约 5 分钟后，前面一中年男子为老人让了座。老人女儿说："年轻人啊，应该多学学。"结果遭到女大学生的反击："坐自己的座位有错吗？"双方争执起来。

这则材料具有真实性、矛盾性、争论性、思辨性的特点，材料中包含着规则与道德、遵守契约与弘扬美德、张扬个性与弘扬公德、遵守契约与道德绑架、"情"与"理"，"礼"与"利"、青年、中年与老年等多重关系，学生要抓住事件的本质，有所感悟，有所思考，就能写出具有思辨性的文章。

扫码可获取两位同学的自由练笔。

扫码观看《底线之上的高度》

扫码观看《今天我们如何面对"结构性冲突"》

由学生的自由练笔可见，丰富的现实生活，能为学生提供丰富的写作素材，也是保证学生对练笔保持热情的重要策略。

2. 从教材中挖掘练笔素材，完成读写链接

教材是一个丰富的素材库，只是学生缺少读写链接的意识。我们不妨给学生提

图 2-11 为参加"叶圣陶杯"全国中学生新作文大赛的学生做赛前辅导

供一个"抓手",使学生能将阅读中汲取的养分有机地迁移、转化为可感可见的写作实践,为阅读和写作架起一座桥梁,使读和写、汲取和表达有机结合。

例如,学习人教版必修一第一单元后,我为学生提供了以下"抓手":

(1)将下列诗句扩写成一篇小散文。

看万山红遍,层林尽染;漫江碧透,百舸争流。鹰击长空,鱼翔浅底,万类霜天竞自由。

(2)以"丁香""雨巷"等为意象,写一篇关于江南小巷的短文,要求有文采,不少于 300 字。

(3)比较徐志摩的《再别康桥》和另一首离别诗《沙扬娜拉》。写一篇赏析文,不少于 500 字。

沙扬娜拉
——赠日本女郎

最是那一低头的温柔/像一朵水莲花不胜凉风的娇羞,/道一声珍重,道一声珍重,/那一声珍重里有蜜甜的忧愁/——沙扬娜拉!

这样,学生彼此激发,课内课外互补,每个学生在"发现素材→提供素材→应用素材"的切实体验中,解决了写作素材贫乏、视野太窄、生活单调的问题。

图 2-12　在康河旁，曾深情朗诵《再别康桥》

学完了《黄鹂》，我让学生完成"读写链接"，可以写读后感，也可以写小评论，目的是加深对课文的理解。扫码可获取学生的自由练笔一篇。

扫码观看《极致》

3. 从广泛的阅读中积累素材

报纸杂志、中外名著，是人类社会的百科全书。多读，可以陶冶自己的性情，培养高尚的品德，同时也能拓宽学生的思路，弥补生活的缺憾，帮助自己更全面地观察生活，对生活做出客观评价，还能搜集到历史和现实中的更广泛、更有说服力的材料。

例如，《红楼梦》的整本书阅读，我布置的一项重要的任务就是写读书笔记，以自由练笔的形式完成，文体上不做限定，自由写作。

扫码可获得一名同学阅读《红楼梦》之后的自由练笔。

扫码观看《逝去的
红颜——林黛玉》

图 2-13　学生在作文大赛中的获奖证书

（五）"为生存写作"训练体系

也许有人会问：课外练笔能使学生"为生命写作"，成为自由的"舞者"，那么，如何解决"镣铐"的问题呢？高考作文是"为生存写作"，学生适应了"为生命写作"是否就无法面对这个"镣铐"呢？为解决这一问题，我设计了适应高考作文需要的以三年为一个完整周期的"为生存写作"训练体系。

1. 训练体系

高一记叙文、散文写作体系。高一第一学期训练内容包括：复杂记叙文的写作，写出人物个性，写出事件波澜，记叙文横式结构，记叙文纵式结构，记叙文双线结构，记叙文对照式结构，记叙文日记体结构，记叙文书信体结构，记叙文之领悟式，记叙文之设置悬念。

图 2-14　给学生上作文指导课

　　高一第二学期训练内容包括：写景抒情类散文，写人记事类散文，叙事散文"红线串珠"，叙事散文"事议结合"模式，说理散文之"即点辐射"，说理散文之"即事成理"，说理散文之观形思神，文化散文场景组合式，文化散文游感结合式，文化散文之诗词串联式，小小说。

　　高一写作体系主要抓住记叙文、散文的文体特征训练。经过一年的写作，学生能够准确把握相关文体的写作规律，熟练地掌握记叙文、散文的写作技巧。

　　例如：捕捉瞬时风景，抒发恒久真情——写景抒情类散文的写作。

　　在作文指导课上，教师要明确这类文体的特点以及写作注意事项。

　　写景抒情散文是指融写景与抒情于一体的散文。此类散文的写作缘起可能是游览胜迹、故里寻根、失意遣怀等。它所描绘的景和抒发的情不是简单地结合在一起，而是情景交融，呈现出"情由景生，景因情美"的和谐关系。

　　那么，怎样写好写景抒情类散文呢？教师通过具体的案例说明写景、抒情的方法。

　　（1）写景要有顺序

　　人们观赏景物都有一定的规律：或定点环顾，或边走边看。描写时也应该"顺其自然"。例如，老舍先生的《济南的冬天》一文，描写济南城周围的环境时写道：

"小山把济南整个儿围个圈儿，只有北边缺点口儿。这一圈小山在冬天特别可爱，好像把济南放在一个小摇篮里。"景物描写与作者的定点鸟瞰相吻合，自然清晰，形象准确。又如丹妮的《野景偶拾》一文，按照沿途所见，依次描写绕村的溪流、山梁的小路、盆地的高粱、山坡的谷穗、旷野的幽静、落日的霞光、宛如绸带的河流和公路、华美如贝雕的田野和山林。移步换景，有如移舟前进，时过"景"迁，景观随之改换，给人一种身临其境之感。

（2）写景要有选择

写景时应要有所取、有所弃，抓住最能代表彼时彼地特征的景物加以描写，其他的景色则略写或不写。老舍先生的《在烈日和暴雨下》，为了突出天气变化的过程，就着力描写了杨柳的动态：一点风也没有时——枝条一动也懒得动；有一点凉风时——枝条微微动了两下；风大起来时——柳条横着飞。通过杨柳的动态，显示了风的从无到有、由小到大，而对暴风雨降临时其他景象的变化，作者做了简略处理。这样，抓住特征，既形象地表现了天气变化的过程，又避免了描写的呆板重复，使得文字准确而精练。

（3）写景要有情致

人们观赏景物总是会带有某种感情的。因此，描写时也应该将这种感情一起表达出来，做到寓情于景，情景相映。鲁迅先生的《故乡》一文，反映旧中国农村衰败萧条，日趋破产的悲惨景象时，笔下的景色是"苍黄的天空下，远近横着几个萧索的荒村，没有一些活气"，而脑海中闪现出少年闰土的美好形象时，则为"深蓝的天空中挂着一轮金黄的圆月"。景物描写之中渗透着作者爱憎分明的思想感情。以景促情，情景交融，有力地深化了文章的主题。

这类文体，对抒情有哪些要求呢？

（1）要真挚自然

对表现的事物，要有深切的感受，情感要发自内心，这样的抒情，才是真挚的、诚恳的，也才能是深沉的、感人的。感情要自然地流露出来，抒情最不能作伪。虚假的、矫揉造作的东西是最要不得的，那种抒情，不仅不能感染读者，而且只能使人产生厌恶的情绪。同样是写北平，老舍的《想北平》淳朴亲切，表现的是他作为北京人对家的依恋，郁达夫的《故都的秋》清静悲凉，表现的是文人忧郁而优美的情怀。真挚自然的情感令散文呈现出迷人的个人气质。

（2）要健康向上

我们抒发的感情，必须具有健康的情趣，用健康的、朝气蓬勃的思想感情去打动读者。那种低级、消极、颓废等不健康的感情，我们要坚决反对。

（3）要融情于景

善于渗透是指巧妙地将情感融入景物的描写中，借用景物来抒发感情、描绘心态。当作者借用景物作为抒情对象时，景物因情感而形成了美的意境，而情感透过景物直达人心，含蓄而隽永。譬如郁达夫《故都的秋》，"清""静"既是对客观景物特点的描写和总结，又是作者内心的感受，两者融为一体，意味隽永。

了解了以上基本情况后，教师展示文题，让学生进行审题立意的训练。

【文题】请以"窗外那一抹绿色"为题写一篇写景抒情的散文，不少于800字。

经过讨论，同学们得出以下结论。

"窗外那一抹绿色"，是一个富有诗意和美感的题目，能激起人无尽的想象和思考。放眼窗外是前提，"那一抹绿色"是写作的重点。"那一抹绿色"是一个宽泛的概念，"绿色"具有象征意义。所以，这个文题贵在写出那一抹绿色的深意以及带给人的主观感受及心灵的净化和启迪。

推开那一扇窗，窗外的世界尽收眼底。窗外的世界是广大的，是空旷的，是精彩的，是迷人的。窗外的世界需要我们扇动着心灵的双翼飞出去探索，在探索中，感悟那绿色的美、那绿色的魅力、那绿色的启迪。

推开屋子的窗户，辽阔的蓝天，悠悠的白云，远近的高楼，浓荫的绿树，装点着窗外的风景。窗外世界的阔大，让我们的心为之敞亮；窗外那一抹绿色，带来了生活的生机与活力。它冲破了房间的狭小，让人放眼世界，开阔了视野；它突破了房间的单一色调，带来了五彩斑斓靓丽的风景；它没有了房间的沉闷气息，让人呼吸到屋外清新的空气……更重要的是它在带来美景，弥漫着淡淡清香的同时也给人以智慧的思考。大自然永远是人类的老师，是人类宝贵的财富。探究自然，能让我们于其中参悟到人世的哲理。从自然的角度入手，可以由物及理，在感受美的同时思考真理。

窗外的世界让我们惊叹，窗外的那一抹绿竟然是如此深刻和催人深思。一抹绿便是一个世界，一个美丽又充满魅力的世界。它激荡着我们情感的波澜，触发着我们遥远的思维，用异彩纷呈的生命形式流淌智慧。让我们尽情感受那生命的一抹绿色，让它镌刻在我们沉思的天空，带给人类整个绿的海洋。

作文指导课，就是解决写什么和怎样写的问题。一般而言，指导课布置的题目由学生课下完成。教师评阅学生作文，根据本次作文的"学情"，有针对性地上好作文讲评课。

扫码可获得一篇优秀作文。

扫码观看《窗外那一抹绿色》

高二议论文写作体系。高二第一学期训练内容包括：读后感，杂感引申类议论文，阐述类议论文，社会生活评论，文学评论，论辩类议论文；议论文之并列辐射，逐层推进，引议联结，起承转合，正反对比，类比推理。

高二第二学期训练内容包括：比喻论证，归纳论证，对比论证，因果论证，假设论证，归谬论证；如何从材料中提炼观点，论据的选择与运用，如何翻新俗常论据，课文素材的巧妙运用，多种论证方法的综合运用，议论文的辩证分析，议论文中的情感因素，议论文的审美要求，议论语言要靓丽多彩，议论文的创新技巧。

高二写作体系的重点是议论文。训练内容按照文体特征、结构模式、论证方法、综合运用四个层次展开训练。因为高考作文中百分之八九十的学生会选择写议论文，所以高二年级的体系围绕议论文各种要素展开，这也是高中"为生存写作"训练的重点。

例如，怎样写好阐述类议论文？必要的写作指导完成后，我布置了这样的题目。

【文题】阅读下面的材料，根据要求写一篇不少于800字的文章。（60分）

王国维在清华国学院任教时，要求他的学生做到"六不"：不放言高论，不攻击古人，不议论他人短长，不吹嘘，不夸渊博，不抄袭他人言论。

王国维的这"六不"在今天看来，依旧有很强的现实意义。你读了之后，有何感想？请谈谈你的看法和理解。

要求选好角度，确定立意，明确文体，自拟标题；不要脱离材料内容及含意的范围作文，不要套作，不得抄袭。

学生上交作文后，陈亚琼同学提交了下面的作文，这篇作文显然有硬伤。

礼兮泱泱修吾身（初始稿）

陈亚琼

子曰："非礼勿视，非礼勿听，非礼勿言，非礼勿动。"礼如牵引木偶的扯线，一举一动尽在礼的掌控范畴。礼标榜着行为的底线，它让野兽蜕变成君子。

国学大师王国维在清华国学院有"六不"训诫，其内容恰与孔圣人的"四非"相得益彰，究其本质，其实是做人最基本的修身、修礼。

钱穆《论语新解》中有言："《论语》最重言仁。然仁者人心，得自天赋，自然有之。"仁礼乃个人修养的一部分，融合在身体各处，外在表现即为温润有礼，一举一动皆为绅士。一代演艺名角、戏剧大师梅兰芳先生，虽名声在外，但从不因此而沾沾自喜。他表演虞姬剑法上的缺漏被一无名老者指出，他没有勃然大怒也没有置若罔闻，而是去虚心求教，提升自己。在梅兰芳先生看来，人无完人，名声不是自我夸耀的资本。新文化运动的倡导者胡适，作为知名学者和文化运动的领袖，他以礼待人，温和谦逊，丝毫不摆架子，以致"我的朋友胡适之"一度成为闲谈的口头禅。除此之外，胡适还以德报怨，将儒家的仁礼发挥得淋漓尽致，他曾被上海"左翼"作家攻击得一无是处，可他不计前嫌，热心帮助许广平出版《鲁迅文集》。

古言道："腹有诗书气自华。"我说"心有礼仁气自温。"不断的修身养性让自身品行升华，举手投足之间皆是礼。孟子曾说："穷则独善其身，达则兼济天下。"以个人之礼影响一国，可谓礼乐社会。

经济的发展让礼缺失。近年来发生的"老人倒地扶不扶"事件让人痛心，道德的沦丧体现出社会对正能量的需求。《世说新语》里的苟巨伯在胡人兵临城下之时重义轻生，最终以仁义感动了胡人，使小城得以保全。古人尚且如此，何况今人？梁启超说："天下兴亡，匹夫有责。"不单是兴亡的大事，就是修身的小事，都是每一个国民的责任。香港 TVB 创始人邵逸夫先生资助不少大陆的教育机构和中小学。很多人看来，他只是出资而已，但是他的高尚品德影响了他资助的下一代，让很多学生成人成才。教育是实施礼乐教化的过程，一代学子德行的培养本就是礼仪社会建成的保障。

修身养性，修身养国，当我们把小我之礼上升到家国之礼时，社会上道德败坏的不良事件就会大大减少。古时儒士以礼为则，以礼为任，我们当代人也应在文明进程中践行修身养性的自我完善追求。若人人怀有礼仁之心，我礼仪之邦的风范定会源远流长。

礼，泱泱兮修吾身。礼，浩浩兮治吾国。

针对这篇文章，我让大家展开讨论，同学们形成共识。

第一，中心论点不明确。全文围绕修身展开，行文中"修身""修礼"两个概念界定不清，且时有替换，中心论点的不清晰导致论点游移，论述思路不清晰。中心论点不明确源于两方面：一是材料中的"六不"是针对学生提出的，写作时可从学生这个群体拓展到更广泛层面，把人在修身养性方面的取舍得失作为重点。二是对材料内容含意的导向理解不准确，立意切入点选择失当。建议他以修身为核心从"是什么"或"怎么办"角度去谈自己的认知和分析。

第二，论述过程中没有设置明晰的分论点。分论点是支撑全文的骨架，它会使文章从微观看有论点支持，不混乱；从宏观看有视角发散，不狭窄。如果文章没有设置分论点，加之文章层次间缺少必要的过渡，那么文脉就会有断裂感，给人思路不清之感。文章本论部分停留盘桓在修身的重要性上，没有从不同层次、角度对中心论点展开论说，导致论点挖掘不够，论述视角狭小，没有体现思维的广度。

陈亚琼同学根据作文讲评课上同学和老师的意见，做出了修改。

礼兮泱泱修吾身（修改稿）

陈亚琼

江河汤汤千年不息，华夏漫漫万古长存。铁马金戈终成往事，丰功伟绩化作抔土。唯有礼，串起散落的历史碎片，彰显礼仪之邦的大德大仁。

国学大师王国维的"六不箴言"让人印象深刻，孔子曰："非礼勿视，非礼勿听，非礼勿言，非礼勿动。"二者互为表里，相得益彰。因此，千年之礼是修身之根本，以礼修吾身，浩浩兮未央。

修礼养仁乃谦逊为人，不夸耀，不自得。饱满的稻穗总是低垂着头，有修养的人不会因为取得的成就沾沾自喜、自得自大。戏剧大师梅兰芳先生，技艺精湛，名声在外，可他表演虞姬剑法上的缺漏却被一无名老者指出。梅兰芳没有恼羞成怒，也没有置若罔闻，更没有为自己辩驳，他选择虚心求教，提升自己。在他看来，人无完人，谁都没有自我夸耀的资本，谁都不能自以为是、故步自封。一代大师，风华绝代，却能做到谦逊有礼，可谓德艺双馨。相比之下，海派清口相声周某面对观众的意见和批评，处理方式就欠妥。他非但不能理性对待，谦逊接受，反而反唇相讥，甚至破口大骂，他如此高调而固执地回应别人对自己的负面评价，给观众留下了不良印象。这不仅使其人气骤减，而且让观众对其在修身做人方面的涵养产生质疑。

修礼养仁乃宽容处世，不记过，不饰非。孔子有言："己所不欲，勿施于人。"恕乃礼的外在，宰相肚里能撑船，宽容是修身的进一步深化。新文化运动领袖胡适，作为一名德高望重的文坛大师，他待人温和，不摆架子，"我的朋友胡适之"一度成为上海人谈资中的口头禅。身为运动领袖的胡适一度被"左翼"作家攻击得身陷囹圄，焦头烂额，但当许广平为出版《鲁迅文集》发愁时，他却不计前嫌，慷慨解囊，伸出援手。胡适的宽恕把儒学的礼仁发挥得淋漓尽致。钱穆《论语新解》有言："《论语》最言重仁，然而仁者仁心，得自天赋，自然有之。"仁礼融于一体，恕汇于各处，才能得以谦谦君子，温润如玉。

修礼养仁乃兴国旺民，不私己，不独世。常言修身，齐家，治国，平天下。可见家国理念乃儒家之根本，古时诗人寒窗苦读十载，目的就在于以自身之修为奉于国家。孟子曰："穷则独善其身，达则兼济天下。"钱穆不可不为代表，他为"故国招魂"，抒写历史沧桑巨变，以一己之力力挽传统文化的狂澜。两弹一星元勋于敏更是在艰苦时期投身于无边荒漠，创造中国氢弹奇迹。梁启超说过："天下兴亡，匹夫有责。"我们作为当代受到东西文化精粹熏陶的新世纪青年，更应以国为重，平以天下。

戏台之上，一曲京剧，体味中国仁礼之仪的千古绝唱；戏台之下，为人处世，践行中华传统文化的修齐治平。翻阅中华积淀五千年的仁义礼智，扬其益处，彰显根本。掩卷沉思，愿吾辈能谨记践行：礼泱泱兮修吾身，礼浩浩兮治吾国。

与初稿相比，升格后的文章，中心论点鲜明，分论点设置合理、清晰，援引事例典型，叙议结合，说理透彻，是一篇理想的议论文佳作。

高三作文训练体系。高三第一学期训练内容包括：命题作文，半命题作文，寓言类材料作文，名言类材料作文，诗词类材料作文，解词（释意）类材料作文，现象（事例）列举类材料作文，调查结果类材料作文，抒情议论类材料作文，新闻类材料作文，图画类材料作文，多则材料作文。特别是根据考情的变化，重点训练任务驱动型作文、情境化作文。

高三第二学期训练内容包括：如何准确审题，选择最佳立意角度；如何使文章结构合理，思路清晰；感情真挚，思想健康；如何使文章内容充实，中心明确；如何使文章文采斐然；结构技巧（拟题、开头、结尾、篇章）；如何使文章深刻；如何使文章形象丰满，意境深远；创新技巧。

高三写作体系的重点是考场作文的应试技巧。第一学期根据材料性质，训练不同材料作文的审题立意，布局谋篇。第二学期按照高考作文评分标准切分，以专题的形式进行针对性训练。

一次模拟考试，我命制了这样一个作文题目。

【文题】阅读下面的材料，根据要求写作。

民为贵，社稷次之，君为轻。——孟子《孟子·尽心下》

君，舟也；民，水也；水能载舟，亦能覆舟。——李世民《贞观政要》

我的脚下沾有多少泥土，心中就会沉淀多少真情，要心系群众，带着一颗真心助力群众脱贫。——央视走基层宣传语

要求：围绕材料内容及含意，选好角度，确定立意，明确文体，自拟标题；不要套作，不得抄袭；不少于800字。

为什么命这样一道题目？近年来，高考作文坚持"立德树人"，坚持弘扬社会主义核心价值观的命题导向未曾动摇。高考作文命题积极主动地呼应国家总体战略和宏伟蓝图，倾心倾力地凸显战略决策，反映热点话题，坚持服务大局，打造思想高地，引导考生从世界看中国，从历史看当下，正确把握国家的历史坐标、个人的时代坐标，也向整个社会传递正能量，传播好声音。因此，我们称"家国情怀""时代精神""青年担当"类材料作文为"宏大主题"作文。

但是，抒写宏大主题，很多考生满足于围绕主题进行评说，这就容易在不知不觉间掉入假话、大话、套话、空话里，甚至呈现出虚伪人格和"伪圣化"习气，这恰恰反映出作文教学及学生思想存在的问题。除此之外，写作技法也至关重要。

于是，在讲评时，我从写好这类文题的"化大为小""化虚为实""文中有我""明确任务"四种技法入手进行指导。学生修改自己的文章，大部分能将自己的作文升格为一类文。

重民·利民·爱民

李慕群

千年的中华文明史如一曲长歌，总有些音律时时响起，却历久弥新。或许其中之一便是为政者应如何对待生长于脚下这方热土的黎民。我们始终在思索与实践中前进，并逐步走进其"真义"。

早在那个春秋大义为阴谋权术让路、"天下为公"为"天下为私"取代的乱世。先贤孟子便规劝为政者将目光投向黔首，将"民"置于社稷与君王之上。此种朴素的民本思想为当世君王提供指引，更为数代为政者指明方向。从此，"重民"的思想根植于我们的文化土壤，并生根发芽，结出政治文明的璀璨果实。"重民"，乃为政者对待百姓的首要原则。然而，亚圣的构想只是一幅美好的蓝图，一条宝贵的准则，而少了一点实用性。但这条准则，将由千年的政治实践逐步完善。

或许秉持这条准则的历代明主中，将其发展完善的典范，便是将百姓视若载舟之水的唐太宗。充分认识到百姓于社稷安危之重要作用的他励精图治，将"利民"作为目标和原则，为百姓谋利最终赢得百姓拥戴，开创海晏河清之盛世。他为儒学先哲的告诫提供新的注脚：重民之要在于利民，为政之要在于民心。于是，数代明君以此为范例，致力于民生，以使留给百姓的天下再好一点点。利民，乃为政者对待百姓的关键。然而，时代限制下的"利民"终究难以接近民本之真义：改善民生之终极目的在于巩固统治。"利民"之实质在于利君，其言其行已属进步之举，然仍需时代发展推动其完善，方可得民本之真谛。

所幸历经千年的探索与改善，传承与创新，我们终于明了其中真义。当代为政者秉持"从群众中来，到群众中去"的原则，心为民所系，情为民所牵，以对人民群众的热忱为出发点行利民之事。当代人的利民之举，以爱民为基础，不再掺杂权谋私利，不再服务专制独裁，乃为民众谋福祉之正途。爱民，乃为政者的终极关怀，唯有以真情对待群众，与民心相通，才能真正赢得百姓的支持拥戴，形成健康的干群关系，甚至进一步形成国家与公民的健康关系。如此则可上下一心，共克时艰，共谋复兴，共享成果，国富民强亦可计日而待。

时代是出卷人，我们是答卷人，今天的我们，亦当秉持先辈"重民"的态度，"利民"的方针，"爱民"的信仰，为民谋幸福，为国谋发展。前路或许坎坷，但我们步履坚定。

经过修改，一篇构思精巧、立意深刻的佳作就呈现在我们面前。文章的主体行文部分，作者从纵向展开深入的探讨，揭示话题在不同时期的不同内涵。与此同时，论述主题部分，每一自然段又结合时代背景，畅谈话题的利与弊，从而引发对社会现实的思考，具有很强的思辨性。语言简洁深刻，逻辑严密。

"为生存写作"训练体系有指导课、讲评课、升格（修改）课三种基本课型。每次训练都要让学生树立审题意识、文体意识、成品意识和升格意识，也就是说，珍惜每一次写作，每次必写成一篇完整的应试作文。每次作文，既要贯彻综合训练的精神，又要突出训练重点，以全面保证每个"成品"的质量，力争收到事半功倍之效。

2. 具体要求

抓材料（题目），审题全面准确。审题，就是学生根据命题者提供的信息全面审查题意，也就是弄清楚命题者打算让你写什么，干什么。审题就像盖房子打地基，"万丈高楼平地起"，"一招不慎，满盘皆失"绝不是危言耸听。审题的实质就是一种思维训练，良好的思维品质包括思维角度、思维深度、思维的广度和思维的创新度。鼓励学生发散思维——筛选写作的角度，还要求学生聚敛思维——选择"十环"的角度，保证作文"切合题意"。

找角度，立意深刻新颖。深刻，不是唱高调，说大话；新颖，也不在于刻意地标新立异，剑走偏锋。关键是根据题意，选择自己感受最深之点，再根据现实需要确定写作重点，真正以自己的生活经历、体验、感悟为基础，以现实需要为原则，形成自己的认识、自己的思想，融入自己的情感，采用自己擅长的表达形式。要坚信，符合实际的便是深刻的，有个性的便是新颖的。

明结构，谋篇合理有序。谋篇，实际上就是绘制文章表达的蓝图。文章要写成什么样式，安排什么样的结构，各部分间怎样联系，都需要一番谋划。合理，指的是合乎事理，合乎逻辑；有序，指的是次序安排有一定的标准（如时间、空间、逻辑、情感等），体现一定的思路。谋篇时，思路为神，结构为形，力求做到神通形美。谋篇的基本操作方式是列提纲。提纲，既是审题、立意的结晶，又是实施写作的依据。依纲写文，才不至于"跑偏"。一定要养成列提纲的习惯，提高列提纲的能力。

熟悉表现手法，表达充分有力。善于围绕中心，突出重点。如写一篇记叙文，要做好三点：讲述一个故事，突出一个主旨，反映一种思想。写议论文，一定要做到观点和材料的统一，也就是说，选择的例证一定要能够证明你的中心论点。要综合运用各种表达方式。记叙文中，恰当运用各种描写方法，可使文章血肉丰满；恰当的议论，可以收到画龙点睛、加深文意之效；恰当的抒情，可以增强感染力。议论文中，恰当的叙述描写可以增强文章的形象性、生动性；各种修辞方法的运用，可以增添文采。如此等等，都是表述充分有力的重要条件，切忌"单打"，切忌一味地平铺直叙。

锤炼语言，力求优美生动。就大多数同学而言，要注意以下三点：一是要强化修辞意识，养成修辞习惯，有意识地使用常见的修辞方法；二是强化灵活选用句式的意识，养成选用句式的习惯，特别要注重多用短句，整散结合，这最符合汉语的特点；三是强化措辞意识，养成措辞习惯，要得体，要注重使用成语和四字词语，这也是汉语的重要特点之一。

勤练字，书写整洁美观。一定要写得规范、工整、醒目，在此基础上力求美观。卷面要干净、规范，修改处要合乎规矩，不可随意涂改。卷面是语文素质的一种体现，不可视若等闲。

练书写速度，操作快速敏捷。考场作文限制因素很多，时间因素必须考虑。每次训练力求做到限时完成。一般地说，15 分钟左右完成审题、立意、谋篇，50 分钟左右完成表达书写。既要写快，又要写好，速度中求质量。

上述内容，每一次写作练习都要全面贯彻，立足于整体效益。

（六）"为生命写作"与"为生存写作"的结合

1. "为生命写作"与"为生存写作"均遵循写作规律

"为生命写作"的课外练笔体现了写作规律，高考"为生存写作"毕竟也是写作，既然是写作，就必然体现写作的规律。遵循规律就很少出现失误。先提高学生的写作兴趣，拓宽写作的空间，激活学生的才思，自然会"以不变应万变"——"不变"的是经过自由练笔之后提升的写作能力，"万变"的是高考作文的命题。

2. "为生命写作"奠定了"为生存写作"的基础

写作过程是一个充分发挥个性与创造性，并且极具自我教育功能的过程。"为生命写作"的过程融合了学生的情感、态度、价值观、思想、意志、智力、知识、兴趣、性格、情绪、精神等智力与非智力因素，是一种"自我"教育。"为生命写作"能够起到对自身的教育功能，不仅有助于提高学生的语文素养，而且更可贵的是能够提高学生的人文素养与自身的"非智力素质"。而这些又与高等院校选拔人才的标准一致，与高考作文的选拔功能一致。

从教育发展的观点看，"为生命写作"，提倡作文个性化，真正重视学生的个性体验和真实表达，促进学生个性和谐发展，提高学生的语文素养与人文素养，是作文教学的出发点和归宿，是由作文教学的本质决定的，同时也是作文教学改革与创新的必由之路。这一点又和"为生存写作"的达成目标一致。

课外练笔是提高学生的思想认识水平、丰富情感因素、养成良好思维品质、学习章法语言的过程，而这些，哪一条不是高考作文需要具备的能力呢？戴上了镣铐不一定禁锢思想，增加了"规矩"并不一定扼杀自由。"为生命写作"奠定了"为生存写作"的基础。

3. "为生存写作"激发学生"为生命写作"的兴趣，也是对"为生命写作"成果的检验

著名心理学家和行为科学家维克托·弗鲁姆的"期望理论"认为，人们之所以采取某种行为，是因为他觉得这种行为可以有把握地达到某种结果，并且这种结果对他有足够的价值。换言之，动机激励水平取决于人们认为在多大程度上可以达到预计的结果，以及判断自己的努力对于个人需要的满足是否有意义。在高中阶段，并非每个学生都对"为生命写作"产生强烈的兴趣，但受到家庭、学校等环境及自身发展需要等因素的影响，这部分学生迫切认识到"为生存写作"的重要性，也就是都力图在高考中取得好成绩，如果教师善于运用"期望理论"，让学生意识到"这种结果（考高分）对他有足够的价值"，而"为生命写作"是实现这种价值的基础性工作，他就必然会意识到"为生命写作"的重要性，并产生兴趣，将这种兴趣转化为有效的写作行为。

从学生终身发展角度看，"为生命写作"的终极目标也许短时间内无法达到。短期目标是可以验证的，平时考试的作文是一种检验，但检验的权威性需要"为生存写作"承担，因此，高考作文取得好成绩，就是对"为生命写作"训练结果的短期目标的最佳验证。学生有了写作兴趣，会激发其写作热情并付诸行动，有了量的积累，写作能力的提高则是一种必然结果。

高中作文双线并行训练体系要统筹安排。高一，以体验生活、感悟生活为主，引导学生坚持作文与做人紧密结合，不断提高人文素养，养成良好的写作习惯，解决作文"无得可写""无米下锅"的问题；高二，训练各种文体的章法结构、表达技巧，完成从"写不好"到"写得较好"的转变。高三，加强创造力的培养，升华练笔成果，增加高考作文训练的内容，更加强调训练的针对性，完成"为生命写作"提升人文素养、涵养情感、发展个性的任务，也实现高考作文"考高分"的"为生存写作"的目标。

四、"学情核心"阅读类题目备考策略

高考备考，阅读板块复习普遍效率不高。很多老师感叹学生各类文体知识储备不够，文学素养不高，复习方法低效；同时，也有一些老师秉承多年不变的"答题模板"，让学生机械套用，力求提高得分率，但又效果甚微。其实，以上问题的症结就在于复习备考忽视了"学情"。

如何构建高考复习的高效课堂，提升阅读题目的复习效率？我认为，要在坚持"学情核心"、探究高考"考情"的基础上，采取有效的应对策略，让学生在"读懂"上下功夫，强化细致审题的意识，构建起答题专有的话语体系，达到从根本上解决问题的目的。

（一）学生解答阅读题目的"真实学情"

1. 读不懂文章

2020 年全国 I 卷文学类阅读第 8 题，题干是"两人在喝完酒离开客栈前有一段一再相约的对话，请结合上下文分析对话者的心理。（6 分）"本题目设题区间在题干中就有所体现。

【原文】

尼克双肘撑在桌上，乔治往墙上颓然一靠。

"也许我们再也没机会滑雪了，尼克。"乔治说。

"我们一定得滑，"尼克说，"否则就没意思了。"

图 2-15　高三备考策略讲座

"我们要去滑，没错。"乔治说。

"我们一定得滑。"尼克附和说。

"希望我们能就此说定了。"乔治说。

尼克站起身。他把风衣扣紧。他拿起靠墙放着的两支滑雪杖。

"说定了可一点也靠不住。"他说。

读懂原文是基础。审题时要高度重视"一再相约"。"一再"是指对相约再见的强烈愿望和不舍分开的心情；"相约"是美好愿望，这一愿望难以实现而引发惆怅之情，这种"难见"是理性预期。这样，就可寻得答案：（1）两人一再相约表明他们对此有强烈的愿望；（2）分别之际一再相约表明依依不舍的情感；（3）但已经感到了这一愿望的不能实现，心情惘然。

从评分标准看，第一点两人相约的强烈愿望可以表述为"对相约的期待向往，憧憬渴望"等；第二点，答出不舍、不忍分别、依依不舍，均可得 2 分；第三点，答出失落无奈、悲伤惆怅，均可得 2 分。

本题答题存在的最大问题是因为读不懂原文，导致主旨把握不准。看一名考生的答案：

表现了二人不甘于现实，在尼克的鼓动下，二人把对消费者的爱和友谊变为现实；表达出二人相信分裂终将过去，一定能实现的信心。

本题得 0 分，因为读不懂文章，不能准确把握主旨，也不知题干在问什么；答题不知所云，答案有语病。

2. 审不清题目

2020 年全国 I 卷信息类阅读第 6 题，题干是"我国重点投资支持新基建与抗击疫情有什么关系？请结合材料简要分析。（6 分）"这是一道信息整合类题目，设题区间分散于"材料二"和"材料三"。

【材料二】推进新型数字基础设施建设是我国对冲疫情影响、优化投资结构、刺激经济增长的有效方法。

由此我们可以概括：推进新型数字基础设施建设是我国对冲疫情影响的有效方法。

【材料二】疫情期间线上需求的集中爆发，展现了人工智能、物联网、大数据、云计算等新兴技术带动社会经济整体发展的潜力，客观上也打开了新基建的窗口期。

由此我们可以概括：疫情期间线上需求的集中爆发，客观上打开我国新基建的窗口期。

【材料三】这一金额看上去是天文数字，但以中国的标准而言不足为奇，这表现出的更多是审慎。考虑到至少最近一年经济形势和疫情的不确定性，中国政府没有匆忙将资金注入经济。

由此我们可以概括：我国重点投资支持新基建，是针对最近一年经济形势和疫情不确定性的审慎选择。

本题共有三个要点，每点 2 分。第一点中的"对冲疫情"可以表述为"应对""缓解"等词，这一点也可表述为"新基建可以帮助国家摆脱疫情引发的危机"。第二点亦可表述为"疫情为新基建提供的机遇"。第三点答出新基建是针对经济形势（下行、危机等）的选择（客观需要）得 1 分；答出新基建是针对疫情的不确定性的选择得 1 分。

从答题情况看，主要的"学情"表现为：一是不审题，问题意识不强。既然是在问新基建和疫情的关系，就应围绕这两个词在原文中找谈二者关系的句子。有的考生根本不看题干要求，想当然找句子，盲目组织答案。二是不会提炼合并，不会抓关键词和关键句，只会抄原句。三是答案列了很多条，但有些要点是重合的，组织答案太啰唆。

且看一名学生的答案：

（1）为抗击疫情提供强大的科技支持，从而加快对疫情的防控。

（2）利用先进的科学技术制造出先进的产品，有利于对疫情早发现，早治疗。

（3）实现在我国抗击疫情的同时，保障财政收入，以确保为疫情提供物质支撑。

（4）全面兼顾，在防控疫情的同时做到经济稳步发展。

本题得 0 分，因为没有"新基建"出现，没有明确"新基建"与"疫情"二者之间的关系。最根本的原因是没有审清题干要求。

3. 机械套用"模板"

2020 年全国 I 卷文学类阅读第 9 题，题干：海明威的"冰山"理论将文学作品同冰山类比，他说："冰山在海面移动很庄严宏伟，这是因为它只有八分之一露在水面上。"本小说正是只描写了这露出水面的八分之一。请据此简要说明本小说的情节安排及其效果。（6 分）

本题题干中的"冰山"理论是关键点。本小说的"情节安排"，就是"小说显性情节八分之一＋小说隐性情节八分之七"。小说显性情节八分之一：两人越野滑雪及在小客栈的逗留。小说隐性情节八分之七：两人在滑雪之外的种种生活场景。七远大于一：从已有情节安排，推测出更为丰富的内容，大量留白，引人遐思，丰富了文章的内容。

由此我们可以概括出答案要点：（1）小说情节是两人的越野滑雪及在小客栈里的逗留，这是露出水面的八分之一；（2）通过小说情节安排可以推测出其背后隐藏着的更丰富的内容，尤其是两人在滑雪之外的生活，这是剩下的八分之七；（3）这种情节安排使小说大量留白，引人遐思。

从评分标准看，答出"滑雪"得 1 分；答出"客栈活动"得 1 分，"丰富的内容"可以表述为身后的友谊、挑战自然、热爱滑雪、向往自然等；"留白"表述为空白，留下空间，引发想象，引人遐思，也可表述为引人深思等。看一个考生的答案：

（1）从尼克角度多次描写两人滑雪情形，交代了主人公的兴趣与对滑雪的喜爱，紧扣主题；（2）从滑雪的动作与环境描写的寒冷与冒险，以小见大；（3）通过对话

使情节场景变化，两次对话，对比情节的转折；（3）注重环境描写，以客栈与山间作比，表明小说氛围的转折，突出主人公将要分别的不舍；（4）从空间顺序描写，主人公从山坡到林间、小河、大路与松林，描写两人滑雪的路程，完整、顺畅；写出了滑雪的最高潮，通过两人的约定与遗憾的心情，写出了二人分别的不舍。

从人物、主题、情节、环境答了个遍，却得了0分。主要原因是不审题，不分析题干，尤其是不分析冰山理论，想到哪答到哪。从根源上讲，就是机械套用所谓答题模板。备考时老师会给出一些模板，例如，文学类阅读如果考到作用类题目，就从人物、主题、情节、环境几个角度作答。该考生没有读懂文章，没有审清要求，机械僵化用"模板"答题，这也是很多考生备考时常犯的错误。

这里要补充一点。有些思路较新的试题越来越重视情境的探究性和设问的开放性，允许学生从多角度思考，对同一问题或现象得出不同的结论，使学生能够从标准答案的束缚中解放出来，增强创新意识。如2019年全国Ⅲ卷实用类文本阅读第6题要求考生对"单车猎人可以看作'新型'的志愿者"的说法进行分析。但"'新型'的志愿者"这一说法并未直接出现在材料之中，是命题结合生活实际而设定的特殊问题情境，考生必须结合生活实际才能理解考查内容。全国Ⅱ卷实用类文本阅读第6题"为什么说今天的中国桥梁已经成为体现国人自信心的一张名片"也引导考生从材料中迁移出来，结合中国当代的伟大成就来深刻理解考查内容。这些试题设置都着力于引导考生在更广阔的视野中探究问题，在更开放的情境中解决问题，为考查和提升考生的语文学科素养拓展了更大的空间。

4. 不会组织答案

2019年全国Ⅰ卷第15题，题干是"诗的尾联有什么含意？从中可以看出诗人对这幅画有什么样的评价？"本题是以主观题的形式考查理解诗句和诗人的观点态度，形式上采用"连续问"，因此简答即可，不必展开阐释。第一问"诗的尾联有什么含意"，只要写出最后一联的诗意"这幅画蕴含诗意，但无法用语言表达"即可。第二问"从中可以看出诗人对这幅画有什么样的评价"，从上面几联对画面的描写可以看出：这幅画意境深远，韵味悠长，令人玩味不已，留给人丰富的想象空间。本题难度适中，但看下面一个考生的答案：

尾联表现了诗人对这幅画的概括，突出了诗人对这幅画的敬佩之意。从颔联和颈联"向来万里意"和"众木俱含晚"更体现出作者对这幅画的喜爱和赞美之情。

与其形成鲜明对比的还有"今在一窗前""孤云遂不还",表现了画作栩栩如生以及诗人心中的内涵,说明作者对这幅画可圈可点,赞叹评价如此之高。

考生本题的最后得分为 0 分。该考生的答案折射出的"作答无条理、无层次"的问题具有代表性和普遍性。

以上便是笔者根据多年的教学实践经验,把握的真实"学情"。简要归纳,学生解答高考阅读类题目主要存在以下问题。

不了解高考试题的命题特点。高考各类阅读题目命题的选材、赋分、题干设置、参考答案等方面都暗含着命题者清晰地命题意图与考查指向,考生如果一味"刷题",缺少深入思考和探究,必然会产生效率不高、得分不高的问题。

本体性知识和条件性知识的欠缺。一是读不懂文,对文章内容理解不到位,这是最主要的丢分原因;二是审不对题,没有弄清题干问的是什么,不清楚关涉的考点,更不能深入思考命题暗含着的答题指向,导致答非所问、抓不住要点、丢失要点等问题;三是说不好话,有的考生能基本读懂文章,也能审清题干要求,但因为没有建立起解答阅读题目的专有的话语体系,不知道如何规范答题,导致词语使用不当、鉴赏术语堆砌等问题。

(二)基于"学情核心",寻求应对策略

1. 明确阅读类题目的命题特点

高考的考查内容由核心价值、学科素养、关键能力和必备知识组成。这在近年阅读题目命题上得到充分体现。

(1)选材突出核心价值与学科素养,强调"考试育人"

近年来,将重大的社会生活事件有机融入试题,是语文命题的应有之义。如2020 年全国Ⅲ卷实用类阅读材料《对话〈钟南山:苍生在上〉作者》、全国Ⅰ卷文言文阅读材料《宋史·苏轼传》等都体现出可贵的担当精神和家国情怀。如论述类文本阅读中的"家庭伦理与'孝'"(全国Ⅰ卷)、"《古文观止》"(全国Ⅲ卷)、"中国历史地理学"(新高考Ⅰ卷),语言文字运用中的"殷墟甲骨文"(全国Ⅱ卷)、"中华文化"(全国Ⅲ卷)、"中华文明史"(江苏卷)等,都从不同方面,反映了中华优秀传统文化在当代的创造性转化和创新性发展,也生动诠释了中华民族的创造精神、奋斗精神。

2018 年全国三套试卷分别选取唐代李贺七言古诗《野歌》、宋代陆游的七言古风《题醉中所作草书卷后》（节选）和唐代王建的七言古风《精卫词》。李贺的诗可以给正处于青春期的考生以强烈的情感共鸣和深刻的人生启迪；陆游的诗使考生在艺术审美中体验中华民族世代相传的爱国主义精神；王建的词引发考生对"精卫填海"故事及内涵的联想，可谓言外有意，韵外有旨。2019 年全国三套试卷分别选取宋代陈与义的五言律诗《题许道宁画》、唐代杜荀鹤七言律诗《投长沙裴侍郎》和唐代刘禹锡五言古风《插田歌》（节选）。《题许道宁画》重"美"，考查审美素养；《投长沙裴侍郎》重"德"，感受诗人立身刚直、不卑不亢、高洁耿介的品格；《插田歌》重"劳"，歌颂了劳动之美。

（2）试题突出考查关键能力与必备知识，强调"读懂"

如 2020 年信息类阅读选材，表达方式以论述为主，内容分别是全国Ⅰ卷《"孝"作为家庭伦理的意义》 （1072 字）、全国Ⅱ卷《实物的回归：美术的历史物质性》（1125 字）、全国Ⅲ卷《谈谈古文观止》（1087 字）。选材具有亲和力（相关内容并不陌生，或是虽然陌生但容易理解）、问题性（孝在当下的意义、审美、经典传承）和学术性（均为学术论文）。2020 年实用类文本阅读除全国Ⅲ卷外，均为"非连续性文本"。（全国Ⅲ卷是关于钟南山的人物访谈）从题目涉及的信息区间看，仍然延续近几年"注重材料比较阅读"的特点。

从考查能力看，信息类阅读的设题定位清晰明确，除考查考生把握基本论证结构和手法的能力外，重点考查考生对"高浓度信息"的快速阅读理解与分析综合、概括提炼的思维能力，设题定位是以"信息转述"为核心的。这里所谓"转述"，是指将文本中的信息转化为选择项（客观题）的语言变化形式。

第一种转述方式：信息等值转述。等值转述形式有等值概念替换、单复句互变、长句与短句互变、因果倒置、条件与结果转换等。

2020 年全国Ⅰ卷。【原文】"孝"成为一种家庭伦理规范，并进而成为社会的伦理制度，必有其哲理上的根据。

【选择项 1A】中国自古以来注重家庭伦理，把家庭伦理规范置于比社会伦理制度更重要的位置。

从信息转换形式看，这是不等值转述，所以本选项是错误的。

第二种转述方式：信息压缩转述。信息压缩转述就是概括性的转述。从选择项的语言形式上看，是从文本中一大段文字或一个长句子中抽取关键词语，重新组织，整合成一个相对短小的句子。

2018年全国课标Ⅰ卷。【原文】"照着讲"与"接着讲"二者无法分离，从逻辑上说，任何新思想的形成，都不能从"无"开始，它总是基于既有的思想演进过程，并需要对既有思想范围进行反思批判……进而言之，从现实的过程看，"照着讲"与"接着讲"总是相互渗入……"新子学"应追求"照着讲"与"接着讲"的统一。

【选择项2D】文章论证"照着讲""接着讲"无法分离，是按从逻辑到现实的顺序推进的。

原文阐述的基本观点是："照着讲"与"接着讲"二者无法分离。为了论证该观点，作者以"从逻辑上说""从现实的过程看"两个角度进行分析。考生只要读懂原文，厘清作者说理的顺序，对这个选项就能做出正确的判断。

第三种转述方式：信息组合转述。原文中距离较远的两句话组成选择项，判断逻辑关系是否成立。

2020年全国Ⅲ卷。【原文】《古文观止》的编选体例也有它的好处。《文选》分很多门类，烦琐不堪；《文章正宗》古文部分分辞令、议论、叙事三类；《古文观止》不分类，按时代先后排列，从中可看出古代文章演变的迹象。这个选本得以广泛流传，跟它的篇幅也有关。康熙命令编选《古文渊鉴》，称为御选，用皇帝的名义来刊行，却不能广为流布，这跟它的体例有关，也跟篇幅有关，它有六十四卷，篇幅太多了自然不易推行。

【选择项1C】《古文观止》在体例和篇幅上的特点，一是选文按照时代先后排列，不另分类；二是篇幅较为适当，并不浩繁。

原文的信息量较大，命题者设置本选项时，采用了信息组合式的转述方式。将原文中的"《古文观止》不分类，按时代先后排列""这个选本得以广泛流传，跟它的篇幅也有关"两句话进行组合，构成选择项。

再如，近年的古典诗歌命题，从考点覆盖看，均属于常规考点，但对"理解诗句"内容的考查明显加大比重。如2019年全国Ⅰ卷C项说"诗人透过一扇小窗远距离欣赏这幅画作"显然有误，因为"一窗间"并非指具体的窗，而是指画作；2019年全国Ⅱ卷D项是错误项，"诗人表达了自己对待恩惠的态度，不随便接受别人的恩惠，受恩必报"是对尾联"男子受恩须有地，平生不受等闲恩"的理解偏差；

2019 年全国Ⅲ卷 B 项是错误项，"诗人举目眺望，能看到远处田埂在粼粼的波光中蜿蜒起伏，时隐时现"，是对"田塍望如线，白水光参差"的理解偏差。三道题目设置错误的点均是理解词句。

由此我们能重点把握"读什么"和"考什么"的问题，为备考奠定基础。

2. 理解是鉴赏的基础，把理解放在首位

（1）学会以"已知"解决"未知"

"已知"是学生的知识贮备，"未知"是阅读材料中不理解的内容。要解决"未知"，就需要"唤醒"，需要"迁移"。

如 2018 年全国Ⅰ卷的 14 题，设置的考点是理解词句。B 项"不得不接受生活贫穷的命运"有误，错在对"男儿屈穷心不穷"中的"穷"字的理解。"穷"有缺乏财物、处境恶劣、达到极点等义项，在古文中最基本的解释为"不得志"，如《滕王阁序》中的"阮籍猖狂，岂效穷途之哭"。所以"穷"就是指有才志而不能施展，选项中的"生活贫穷"显然错误。如果学生掌握了"穷"字的常见义项，并能将《滕王阁序》中的释义"唤醒"，并"迁移"到本题，就能很顺利地做出判断。

（2）要掌握"读懂文本"的方法

如信息类阅读，应遵循"宏观把握，微观推敲"的整体阅读思路。

第一，宏观把握。通读全文，要思考下面四个问题：①文本的核心概念（中心话题）是什么？②作者的基本立场、观点是什么？③本文依照怎样的顺序布局谋篇、组织文章，其段落之间的关系如何？④作者阐述观点运用了哪些材料？

具体方法是"旁批"与"勾画"。旁批，就是在每个语段的旁边用最简练的语言概括本段的要点。勾画，就是要将原文中的核心概念、观点句、阐释句、结论句，还包括把表明逻辑关系的关联词重点标示出来。

第二，微观推敲。一要审清题干要求，界定答题区间。从选择标准上看清是选说法正确的还是不正确的。然后界定每道小题的答题区间。二要养成逐段或逐层概述文意和细读细评的习惯。细读关注两点，第一，关注逻辑关系，了解几种常见的复句，如因果、假设、递进等，再注意行文所用关联词语；第二，关注精度问题，如"部分"与"整体"、"已然"与"未然"、"原因"与"结果"等。三要复位对照。就是将各题中的选择项与信息区间内的相关语句进行比较，看看信息转述过程中发生了什么变化，是等值转述还是不等值转述？哪个词换了、删了？句间的逻辑关系是否发生了变化？四要了解一些设置错误项的角度。"信息转述"中，命题者设计的"不等值转述"就是错误项，"不等值转述"有以下几种情况：偷换概念，以偏概全，无中生有，因果倒置或强加因果，等等。

又如文言文阅读，是全卷最稳定、变化最小的一道题目。选材体现了全国卷一贯的特点：一是出自"正史"，二是所选传主能够展示传统文化中的优秀品德情操，也就是说传主身上所体现的精神品质一定要符合当下主流的道德观、价值观。文字量控制在 600 字左右。

阅读人物传记类文言文，要根据写人记事的特点，建立模板意识，采用分步骤、分层次的阅读方法。阅读时，可以考虑从以下三个步骤入手。

第一步，关注开头，初识主人公形象。人物传记一般在开头段落都要总体介绍人物的基本情况，如姓名、字号、籍贯、家庭背景、学识、性情、任职等，阅读第一步就是掌握这些基本信息，对所写人物有个大体的了解。

例如，2020 年山东卷开头就是对传主基本情况的介绍：

左光斗，字遗直，桐城人。万历三十五年进士。除中书舍人。

第二步，抓时间、地点、官职和事件，把握主人公经历，概括事件所反映出的传主的精神品质。

人物传记大多以时间为线索来记述人物在某地所任官职，所做事情，因此，可以抓住时间、地点和官职等词语，把握文章结构层次，理清文章思路，整体把握人物经历及事件大概。基本要素：某时＋某地＋某事＋某种精神。

2020 年山东卷【原文】（左光斗）选授御史，巡视中城。捕治吏部豪恶吏，获假印七十余，假官一百余人，辇下震悚。

某时：担任御史期间；某地：京城，巡视中城；某事：整肃史治；某种精神：为人刚直。弄清这几点，就能对选择项做出正确判断。

【选择项12A】左光斗为人刚直，大力整肃吏治。他的字为遗直，正与他的性格相符；他担任御史时，捕治吏部恶吏，起获假印，揭露假官，引起极大震惊。

第三步，巧借内容概括分析题，扫清阅读障碍。文言文概括分析题的四个选项，基本上是按文章行文的先后顺序而设置的。每个选项对应的是文章的一个层次，在读文中难免会遇到一些生僻的、难懂的字词造成阅读障碍，从而造成阅读"卡壳"，此时可先读概括分析题的四个选项，将每个选项中的每句话在原文中找到对应，通过一一比对，既可以破解一些难懂的字词，快速疏通文义，又为解答分析综合题找到了信息比对区间，为准确解题找到了依据。

再如，古典诗歌鉴赏，可以从标题提取有效信息，从注释揣摩暗示信息，由作者把握相关背景，抓情感词把握情感，看意象把握特定含意，找典故理解情感指向，看尾句明确卒章显志，等等。如 2018 年 II 卷陆游的《题醉中所作草书卷后》（节选），读懂了题目就能判断出 14 题 A 项"这首诗写诗人观看自己已完成的一副草书作品，并回顾它的创作过程"是正确的；又如 2017 年 II 卷第 14 题，题目聚焦典故这一个命题点提供五个选项，涉及了全诗的思想感情、人物形象、创作目的、表达分寸诸方面，通过不同层级的选项设置客观地测试出考生理解典故内涵和作用的不同水平。原诗下面第③条注释：唐代李揆被皇帝誉为"门地、人物、文学皆当世第一"；后来入吐蕃会盟，酋长问他："闻唐有第一人李揆，公是否？"李揆怕被扣留，骗他说："彼李揆，安肯来邪？"考生只要读懂注释，理解唐代李揆的典故，就能对选项做出正确的判断。

（3）用"群文阅读"丰富储备

例如，古典诗歌的"群文阅读"，可以按照古典诗歌的题材——山水田园诗、咏物诗、爱情（闺怨宫怨）诗、边塞诗、羁旅诗、送别诗、咏史怀古诗等，进行"集约化"的阅读，目的是"触类旁通"。如边塞诗，常见的意象有大漠、烽烟、黄沙、孤城、飞雁等，常见的手法有借景抒情、对比、比喻、用典、渲染等，常见思想感情有以身许国、思亲怀远、反战厌战等。"边塞诗"的"群文阅读"，使学生能够在短时间内掌握一种类型，从而丰富相关的"储备"，在考试中遇到边塞诗鉴赏时，就能快速地调集相应储备，读懂诗歌，准确答题。

3. 谙熟"话语体系"，强化答题规范

（1）构建阅读类题目的话语体系，重在积累

例如，古典诗歌阅读。首先，要建立诗歌鉴赏的"知识树"，结合具体诗句弄清概念的内涵，如描写、抒情等表达方式的不同，常见的修辞手法及其作用与效果，诗歌的结构技巧，常见的意象，等等。其次，要强化诗歌鉴赏的语感。语感是比较直接、迅速地感悟语言文字的能力。提升语感需要大量阅读。笔者曾经给学生印发很多古典诗歌的赏析文字，让学生反复朗读以培养语感，从而构建诗歌鉴赏的话语体系，收到很好的效果。

（2）审清题目，规范答题

强化答题规范并非套用"模板"，而是在"读懂"文本的基础上认真审题。审题，就是弄清题干问的是什么，明确考查的考点，还需探究题干暗含的答题指向。

2019年全国Ⅰ卷实用类文本阅读第6题，题干：请结合材料，分析毛里求斯想要修复的档案文件的受损原因。（6分）这是一道信息整合类题目，设题区间在"材料三"。

【材料三原文】

毛里求斯是非洲一个岛国，位于赤道南部的西印度洋上，气候湿热多雨。毛里求斯拟修复的档案文件，形成于18世纪，文件纸张为破布浆机制纸，字迹材料为酸性烟黑墨水，双面手写。以手感鉴别，柔韧性极差，几乎一触即碎。通过测试数据可知，文件纸张严重酸化。应毛里求斯大使馆的要求和委托，国家图书馆图书保护组和图书修整组的技术人员，对部分档案文件进行了实验性去酸和修复。

题干中的关键词是"受损原因"，答题区间在"材料三"。明确了这些，就需要对相关信息加以整合，形成答案：①毛里求斯档案文件形成年代久远或18世纪。（只要答出"时间久"就给2分）②毛里求斯的档案文件纸张严重酸化。（如果概括不出酸化，也可在"字迹材料为酸性墨""纸张材质帆布浆纸""双面的书写工艺"中任选一个并且出现柔韧性差或易碎等特点，也可以得2分。）③毛里求斯气候湿热多雨。（必须答出气候的特点湿热多雨，只答气候不得分。）（3条，每条2分）本题难度不太大，但如果审题不准，不能准确界定答题区间，就会丢了"时间""酸化"等关键点。

2019年全国Ⅰ卷文学类文本阅读第8题，题干：鲁迅说："我们从古以来，就有埋头苦干的人，有拼命硬干的人，有为民请命的人，有舍身求法的人，……这就是中国的脊梁。"请谈谈本文是如何具体塑造这样的"中国的脊梁"的。（6分）

本题的参考答案：①形象描写。将禹及其随员描写为"乞丐似的大汉"，写出艰苦卓绝的实干家形象。②言行描写。文中的禹坚毅寡言，一旦说话，则刚直有力。③对比手法。始终在同众大员的对比中塑造禹及其随员，从而凸显其"中国的脊梁"的形象。

本题考查塑造人物形象的方法，关于塑造人物的方法，按常理，考生知识储备足够丰富，很容易作答。但仍有很多考生存在答题不规范的问题。看一个考生的答案：

　　本文描写了各大官员的形象，各位官员认为华夏人口太多，少一点也无妨，体现了官员对人民的轻视。为了反对禹的改革，官员们用孝悌之道和禹的父亲给禹施压，然而禹仍然反对其"湮"的主张，主张对待人民要用"导"，表达了禹为人民宁愿违背父亲主张，表现了禹爱护人民，以人民为重的中国式脊梁的美好品质。

　　该考生本题为0分。最大问题是没有弄清题干问的是什么，题干明确指向"谈谈本文是如何具体塑造这样的'中国的脊梁'的"，很显然"中国的脊梁"就是"禹"。但该考生却回答了"各大官员的形象"，这是典型的"文不对题"。再者从答题的规范性考虑，最好分条作答。再看一个考生的答案：

　　（1）由官员们在人民危难之际举行宴会与禹在外面与人民共患难形成对比，塑造了大禹以民为重注重实干、与民众共患难的中国脊梁形象。（2）由禹在查地形、征民意、看实情后采用"导"法来治水，体现塑造大禹注重实际、勇于突破旧规、创新改革的中国脊梁。（3）由从官员对人民生命财产安全的无视，以及墨守成规文件的腐朽，与大禹以人民利益安全为己任，勇于创新，塑造当官为民，以民为本的众人形象。

　　该考生列举了三条，有分条答题的意识，但是忽视了题干中"如何具体塑造"的关键信息提示，也就是说没有弄清命题人暗含的答题指向——手法问题。只说形象，未明确"方法"，只给3分。

　　2019年全国I卷文学类文本阅读第9题，题干：《理水》是鲁迅小说集《故事新编》中的一篇，请从"故事"与"新编"的角度简析本文的基本特征。（6分）

　　本题让考生"从'故事'与'新编'的角度"分析。题目的指向性很明确，但答好不容易：一是要准确理解"故事"——大禹治水的"故事"于史有据，选择这个故事是有历史韵味的；二是要抓住"新编"——作者的手法，如虚构细节，运用现代词语，运用杂文笔法，等等，作者以"想象"完成创作；三是要明确本小说的"特征"——对"故事"进行"新编"，既观照历史，又观照现实，使得小说具有深刻的思想性。且看一个考生的答案：

　　故事：（1）大禹治水是古代传说，是大家耳熟能详的故事。（2）作者以其为载体，使文章具有古朴复古的特征。（3）指向性明显，禹是上古治水的英雄，以其为载体，作者将文本指向为民着想以及不关心民生疾苦的官员。

新编：（1）本文不依照大禹治水的实况，而是对其进行重新编辑加工。（2）本文具有新颖的基本特征，文章以新情节展开叙述，新颖且引人入胜。（3）本文具有强烈的当下意义和现实意义，作者以文中人物影射现实，引起人们对这一现象的审视与反思。（4）旧与新相互生发，使文章具有趣味性、教育性、引人深思。

该考生围绕"故事""新编"答出共七条答案，要点都已具备。但最大的问题是答题规范性不强，缺少对要点的整合，尽管也得了6分，但无疑太占用宝贵的答题时间了。

再如2018年Ⅰ卷古典诗歌鉴赏第15题，题干：简要分析诗中最后两句"寒风又变为春柳，条条看即烟濛濛"的含义。我们审读题干："简要分析"，意味着不必充分展开，但要点必须具备；"最后两句"界定了关涉的范围；"含义"意味着句子的浅层含义与深层含义。我们可以做出判断，本题是以主观题的形式考查理解诗句和鉴赏诗歌情感的能力。那么这两句诗的浅层和深层"含义"是什么呢？浅层就是理解诗句——凛冽的寒风终将过去，和煦的春风拂绿枯柳，缀满嫩绿的柳条好像轻烟笼罩一般摇曳多姿；深层含义是指诗人的感情——虽然感叹不遇于时，但诗人仍有不甘沉沦的乐观和自勉。

又如2019年Ⅱ卷诗歌鉴赏第15题，题干：诗歌的颈联（垂纶雨结渔乡思，吹木风传雁夜魂）描写了两个具体场景，与其他各联直抒胸臆的写法不同，这样写在情感表达和结构安排方面有什么作用？"诗歌的颈联"指明了重点审读的对象；"与其他各联直抒胸臆的写法不同"，暗含了"借景抒情"的提示；"在情感表达和结构安排方面有什么作用"则是界定答题的方向。本题考查学生把握诗歌表达技巧及其作用的能力。"垂纶雨结渔乡思，吹木风传雁夜魂"，描写了"渔乡隐居"（垂纶，垂丝钓鱼，指隐居）和"风中鸿雁鸣叫"两个场景，"隐者"和"鸿雁"都是孤高耿介的意象代表，形象化地表达了诗人的情怀。所以，情感表达的作用为"所写场景是作者孤高耿介情怀的形象化表达，可使读者更加直观地感受到诗人的心志"。再看结构安排方面的作用，其他三联直抒胸臆，明确表达了自己的情感态度，感情激烈；颈联在诗歌中间描写两个具体场景，使得全诗的节奏变得舒缓，可归纳"结构安排"的作用为"舒缓诗歌全篇的节奏，使整首诗歌有委婉从容之致"。

提高高考阅读板块的复习效率，需要坚持"学情核心"，将"考情"与"学情"

图 2-16　参加教育教学研讨会

相结合。那就是先明白学生对阅读类题目掌握了什么和没有掌握什么，让学生明确阅读类题目的命题特点和考情变化，站在"学什么"和"怎么学"的背景下去设计或规划阅读类板块的备考。

走进课堂

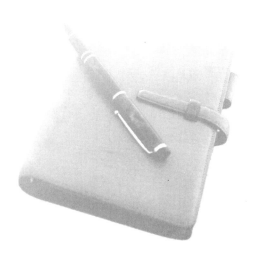

一、万水千山总是情

——《沁园春·长沙》教学案例

（一）背景描述：系好第一粒扣子

《沁园春·长沙》是高中语文部编教材必修上册中的第一篇课文，是学生升入高中后学习的第一篇课文。

俗话说"万事开头难"，对于处在"恶劣生存环境"中的语文学科来说，更是难上加难。或许，这篇课文处理得好与坏将会影响学生对于高中语文的态度。所以如何上好这开学第一课，从整个语文学习过程来看，就显得尤为重要。

第一单元的学习任务明确了单元学习目标，本单元的作品可以"从'青春的价值'的角度欣赏作品，并且结合自己的体验，敞开心扉，追求理想，拥抱未来。同时，要理解诗歌运用意象抒情的手法，体会诗歌的独特魅力，学会从语言、形象、情感等不同角度学习欣赏作品，获得审美体验"。我的理解是，需要学生能够与作者共情，这种共情一方面来自对诗文中情感的真正体味，另一方面来自对诗文中手法的鉴赏。

从诗歌的教学来看，如何在教学中把诗歌的阅读心理状态、基本文体特点、鉴赏方法等传授给学生，如何从文字中读懂青年毛泽东的特征印记，如何感受一位青年革命家的博大胸襟，这些都是备课中应该考虑的问题。

在上课之前的自习中我布置了本首诗的预习作业，从预习作业中我得到了学生最真实的学情：第一，因为缺少相应的训练，学生普遍缺少质疑意识；第二，因为知识储备的欠缺，诗歌鉴赏能力不强；第三，时代差异导致无法深入理解诗文；第四，标签化、概念化理解问题严重。这些问题中，有些是初高中衔接不适应的问题，有些是个人语文学习长期形成的顽疾。最终的学情现状就是无法与作者共情，所以单元学习目标完成起来有很大难度，而要呈现自己心中的理想语文学习状态更有难度。

（二）教学设计：不是春光胜春光

【目标定位】

（1）感受词中所蕴含诗人的情感，体会诗人青年时代的伟大抱负和革命情怀。

（2）品味词的语言和意境，借助联想和想象完成对诗歌鉴赏的"二度创作"，提高形象思维能力。

（3）提高诗词的朗读能力。

（4）感受语文课堂上发现问题、解决问题的思维快乐，为逐渐由兴趣转变成习惯、提升为能力的学习过程做积累。

教学策略是以赏带读，以读促赏。反复诵读，着重体会富有表现力的语言，进而具体地感受词的意境，学习诗人宽广的襟怀和昂扬的革命精神。

【教学流程】

1. 初读

（1）新课导入。古人写秋多怨秋、悲秋，"秋"是中国古典诗歌中的典型意象。"自古逢秋悲寂寥""风急天高猿啸哀""萧瑟兮草木摇落而变衰""秋风秋雨愁煞人""多情自古伤离别，更那堪冷落清秋节""已觉秋窗秋不尽，那堪风雨助凄凉"等诗句，都给人一种孤寂悲凉、愁绪满怀的感觉。同样是写秋天，毛泽东同志的《沁园春·长沙》却洋溢着一种"不是春光，胜似春光"的蓬勃向上的昂扬气势。为什么会出现如此的审美差异呢？我们赏读这首词会得到答案。

（2）学生读这首词。提出要求：读准字音，读清句读，要能初步传情达意。

（3）教师针对学生读的情况适时点评。

①纠正读音。

②介绍读词与读诗不同。一般来讲，律诗每两句是一个表义单位；而词是一个韵脚为一个表义单位，也是一个较长的停顿单位。那么，这首词的韵脚都是哪些字呢？上阕：头、流、由、浮。下阕：稠、遒、侯、舟。在这些韵脚处，停顿要长。每一个停顿单位内部要"声断气不断"。另外，大家注意"看"和"恰"字，它们从语义上领起后面多个句子，这在词中叫"领"字，一般在诵读时，应在领字后稍作停顿，由此形成顿挫与流利相结合的音乐感。

③解决传情达意还不到位的问题。之所以读不出感情，是因为学生对这首词

"炼字"的妙处，对这些词所描绘的形象，以及对词中所传达的诗人的思想感情理解不够透彻。

2. 赏读

质疑问难，理解鉴赏。赏读适时穿插进行。

（1）了解学情。

通常教师备课，主观性比较强，讲什么、怎么讲都来自课前预设，这可能会造成教师教学与学生所需不对等的问题。在"学情核心"教学过程中，学生通过预习作业反映他们在"素读"文本时的最真实学情，教师要根据预习所得和质疑问难两个板块来了解学生对文章的掌握程度，记下学生提出的共性问题，并将这些问题归类。之后要根据这些问题对教案、授课目标定位、课堂流程等进行补充调整，提高课堂效率。

整合学生预习中"质疑问难"板块的共性问题如下：

①这首诗的创作背景是什么？诗人的生平不了解。

②为何进行了大量的景物描写？

③景物描写很美，作者为什么会"怅寥廓"？

④作者为什么发出了"苍茫大地，谁主沉浮"的疑问？

⑤上片写景，为什么下片写青年书生意气，表达了什么情感？

⑥为什么要回忆峥嵘岁月？青年们有什么样的特点？

⑦结尾为什么写到"中流击水，浪遏飞舟"？有何特殊含义吗？

⑧本词运用了哪些修辞手法？

⑨作者为什么会有如此的豪气？作者是怎么让我感受到的？

⑩诗眼是什么？领字是什么？

（2）教师备答。

①背景介绍。

这首词写于 1925 年。当时正值北伐战争的前夜，国共第一次合作。全国各地反对军阀统治的工农运动风起云涌，如火如荼。毛泽东同志直接领导了湖南的农民运动，先后建立了 20 多个农民协会，创建了湖南农村第一个党支部——韶山支部。1925 年 10 月，他奉命前往广州创建农民运动讲习所。途径长沙，重游橘子洲。长沙是当年毛泽东同志学习、生活、战斗过的地方。今天，故地重游，面对如画的秋色和大好的革命形势，回忆过去战斗岁月，不禁心潮起伏，浮想联翩，写下了这首动人的词作。

②赏读上阕。

独立寒秋，湘江北去，橘子洲头。

交代了人物、时间、地点。其中"独""立"二字很传神，描绘了作者卓尔不群的高大形象。

诗境描述：在深秋一个落霜的日子里，一个人独自站在橘子洲头，望天看水，仰观俯察，纵览秋色。一个"独"字，与滔滔而进的湘江水，与连绵不尽的山峦构成了一幅壮阔苍茫的图景。一个身材魁梧的青年人，昂首挺胸，凝神远望。面对滚滚而去的江水，胸中顿生万千感慨。

迁移：通过与陈子昂《登幽州台歌》中"念天地之悠悠，独怆然而涕下"、毛泽东《沁园春·雪》中"俱往矣"独领风骚的豪气的对比，感受到一个具有革命先觉、胸怀天下、特立独行、舍我其谁的青年毛泽东的傲然身影。

看万山红遍，层林尽染，漫江碧透，百舸争流，鹰击长空，鱼翔浅底，万类霜天竞自由。

补充关于"诗眼"知识：一首诗或某联某句中最精练传神的，最能体现作者思想观点、情感态度、诗歌意境的，具有概括性、生动性、情趣性的，能笼罩全诗、全联或全句的字词句。诗眼分为两类，一种是一首诗内容、思想的凝结点，提示诗的主旨，有统摄全诗的作用，这是诗中眼；另一种是诗句中最精练传神的字或词，这是局部的诗眼，叫句中眼。

补充关于"领字"知识：领字又名虚字、领句、领调、领格字、豆字；单字领字又名一字豆、二字领字又名二字豆、三字领字又名三字豆。豆，就是逗，表示这个字在句中稍有停顿的意思。

担当领字（虚字）的有副词、动词、连词、介词、形容词等。领字多为一字、二字、三字，三字以上的较少。其位置主要在句首，但也有的放在句中、句尾。领字所领句子有领一句的，领两句的，领三句的，最多领四句。

从文学语言方面而言，领字在唐宋词中有提挈下文或承上启下的功能。由于慢词篇幅较长，语言的表现力较小令有了很大的增强：可以不必按照时间和空间的顺序来展开叙述，而使用转折、跳跃、回想等方式打破时空的界限，将虚与实、今与昔、此与彼交织相间，使表情达意功能更集中、更强烈。因此，领字用来提挈一组分句，将一串互有联系的意念连缀起来，使情感的表达达到更大的深度。同时，领字还可以关合上下两层意思，以显示时空的推移和转换。

领字的产生是源于合乐歌唱的需要，在一段音乐的开头，起着发调定音、跌宕转折的作用；同时兼有语法上的功能：在慢词长调中，片与片之间需要衔接，或于一个或一组句子的开头，提起下文；或于句子中间词意转折处，转接过渡，联合前后语意。

鉴赏重点备答（重点解决预习作业中"为什么本诗豪气冲天"的问题）

领字：如上阕的"看"字，从"看万山红遍……"一直"看"到"万类霜天竞自由"，一气读之，有一种壮阔自由奋发气势；下片的"恰"字，从"恰同学少年……"一直到"……粪土当年万户侯"，一股接涌而来的当年情景，一股奔腾激扬的少年岁月，因为这领字，给我们带来的这种感觉更为强烈。（注重读中体会）

主观的意态：与《诗经·大雅·旱麓》的"鸢飞戾天，鱼跃于渊"比较。

击：把雄鹰在天空中奋力搏击的气势和力量写活了，"像争取自由似的活动着"。

翔：如鸟飞翔，自由自在的情态。（若改为"飞""游""跃"同原句表达有何不同？）

浅：清澈可见。（《小石潭记》云："潭中鱼可百许头，皆若空游无所依。"）清澈见底疑"无水"，清澈"无水"犹如阻力最小的空气。既然让鱼像鸟一样自由飞翔，干脆让它像鸟在空中那样自由、毫无阻拦地任其遨游，任其飞翔！

红遍：红，动化，处处红色。（与"春风又绿江南岸"作比较）

层、尽：无一处不红，无一树不红。

染：似被人染过。

透：江水澄碧，清澈见底，没有一点杂色。

争：千船竞发的壮观场面，突出了奋勇争先的精神。

竞：《庄子·齐物论》说："有竞有争"，郭象注为"并逐曰竞，对辩曰争"。《淮南子·淑珍训》："相与优游竞畅于宇宙之间。"注："竞，并也。"这里"竞"的原始义是"并"而不是"争"。此字繁体写作"競",望"形"生义，也可以看出共同、相互、一起的意思。所以此句所讲不是大家都在为了生存而争自由，而是大家在寥廓的宇宙空间里，彼此都拥有极大的生存与发展的自由。北京师范大学文学院王宁教授有很好的解读：千万座山要红就红个一遍，层层树林要染就染个一个不剩，漫江的水要蓝就蓝个透底，成百的船只在江上行驶，谁也不碍着谁；鹰飞得那么高，鱼游得那么深，谁又能干扰着谁呢？这个"交并"反映的是空间的无比开阔。

把这"竞相"与"并相"再糅在一起，亦即这不仅是万物都自由，而且是万物在比显自由，在展演、比赛谁更生机勃勃。①

小结：这六句，组成一幅色彩绚丽、动静相应的立体画卷。

远近高低，视野开阔，壮丽秋景，尽收眼底。"万类霜天竞自由"是对山、树、水、船、鹰、鱼等事物精神风貌的高度概括，是在"竞自由"，是一种平等的意识，一种自由的理想，一种对生存、发展的极情尽态的追求。

怅寥廓，问苍茫大地，谁主沉浮？

怅：感慨。心事茫茫连广宇，在心底对人类命运、革命前途等有着复杂而深沉的思考与追问，是一种以天下为己任的使命感的驱使。

江天如此自由辽阔，自然界如此生机勃勃，人间何如？苦难的中国、不幸的人类何时得"人间遍种自由花"？我们人间的苍茫大地，谁来主宰，谁来创造，何时打造出一个如"万类霜天竞自由"的新世界？毛泽东的回答当然是"我们"，只不过"怅寥廓"三句是潜在回答，即'谁主沉浮'，言外之意就是"我主沉浮"，下阕则是明确回答。

这才是青年革命家、未来的领袖毛泽东写下这"竞自由"之"万类霜天"的创作意图、深沉心境、博大思想，这才是革命家诗人的真正心迹。因此，"万类霜天"写得越自由，"怅寥廓"三句的思索就越深沉，感慨就越激昂，这正是该诗最高妙的艺术奥秘之一。

---

① 陈日亮：《〈沁园春·长沙〉的三个关键词》，载《语文新圃》，2010 年 8 期。

③赏读下阕。

携来百侣曾游。忆往昔峥嵘岁月稠。

百侣：战友。

忆：忆百侣，忆往昔。

峥嵘：原意山势高峻，引申为林木茂盛，这里喻如火如荼的革命斗争。

稠：斗争一次连着一次。

恰同学少年，风华正茂；书生意气，挥斥方遒。指点江山，激扬文字，粪土当年万户侯。

此语取自杜甫《秋兴八首·其三》的"同学少年多不贱，五陵衣马自轻肥"。五陵即长安，衣马轻肥言豪华生活；即长安岁月的少年同学，个个光鲜亮丽、气度不凡、春风得意，与毛泽东诗句作比较。

"恰"领到哪里？

风华："茂"字境界全出，风采焕发，才华横溢。

意气："挥斥"，奔放；"遒"，刚劲有力。描绘了青年们的精神气概。

作为：评论国家大事，撰文抨击时弊，视封建军阀官僚为粪土。

（"粪土"改为"怒骂"好不好？不好，因为未写尽对军阀官僚的蔑视。）

他们是怎样的青年？

才华横溢，意气风发，敢于斗争，敢于胜利的革命青年。

抚今追昔，由独游到众游，由今游到昔游，无孤独的伤感，也无儿女情长的缠绵。这几句是对革命青年战斗生活的回忆，是对"峥嵘"的具体展开，表现了时代的特点和青年们的战斗风姿、万丈豪情。

比较：有人写过这样一首词：忆往昔满腹尽为愁，想当年好友，今已星散，人事茫茫，岁月悠悠，流水无情，高山寡义，谁解此心叹独游？

这是愁腔哀调。而毛泽东回忆的是最美好的时光，是最有意义的生活，赞美的是崇高的英雄气概和经天纬地的才华，充满了战斗的激情。

曾记否，到中流击水，浪遏飞舟？

曾记否：诗人在问谁？问的是同学少年。

中流：水大流急，具有象征意义——革命斗争的大潮的中心。

击水：表现了拼搏奋斗的气概。（改为"游泳"好不好？）

遏：夸张手法，不仅敢于斗争，更敢于胜利。

引入资料，毛泽东自己的注释。陈一琴先生在其《毛泽东诗词笺析》中指出，"击水"指"游泳"，并引述了毛泽东本人于1958年12月对此词的批注："那时初学，盛夏水涨，几死者数。一群人终于坚持，直到隆冬，犹在江中。当时有一篇诗，都忘记了，只记得两句：自信人生二百年，会当水击三千里。"作者这一自注，不仅说明"击水"乃"游泳"，而且道出了青年革命家当年"到中流击水，浪遏飞舟"时奋发自信的气概。

资料补充：陈一琴《毛泽东诗词笺析》中所引的毛泽东当年在著名的《湘江评论》上所发两篇文章中的两段话，就是很好的却又未被人们注意到的资料。一段话为：

什么不要怕？天不要怕，鬼不要怕，死人不要怕，官僚不要怕，军阀不要怕，资本家不要怕。①

另一段话：

我们知道了！我们觉醒了！天下者我们的天下，国家者我们的国家，社会者我们的社会，我们不说，谁说？我们不干，谁干？②

这两段话和下片的"指点江山，激扬文字，粪土当年万户侯"及上片的"问苍茫大地，谁主沉浮"是不是如出一辙？是不是《沁园春·长沙》的散文版？以此说明当年毛泽东的气概、胸襟，是不是极妙的创作背景？一者是散文的表达，一者是诗歌的表达，这是不是很有意思的比较阅读？

谁来主宰国家命运呢？"同学少年"——新一代真正的革命者。

---

① 《创刊宣言》，载《湘江评论》，1919年7月14日。
② 《民众的大联合》，载《湘江评论》，1919年8月4日。

这样，用设问的形式，巧妙回答了上阕的提问。毛泽东青年时代就有"自信人生二百年，会当水击三千里"的鸿鹄大志，革命气概何其大也！下阕抒发了改造旧中国，担负起主宰国家前途命运大任的豪情壮志和革命情怀，所抒之情慷慨激昂。

④探究来自学情的问题。

学生问题：上下阕的逻辑联系是什么？

好的艺术品是既统一又丰富的，在上、下阕的关系中，它尤其表现在，上阕以意象为主，下阕基本上以直抒胸臆为主，二者的表现形式有很大的不同，但给读者的阅读感觉却几乎一致。

上阕在总的自由奋发感中，涉及人间社会的最后三句却隐含着人间的种种不平等、不自由，这才有"怅寥廓"的深思、感慨、激奋，才有"谁主沉浮"之天问，而下阕全为自由奋发状。上阕的自由奋发主要表现在自然界，实际是作者赋予自然界的，是作者的主体精神对客观特征的同化，或者说是作者的"感觉"，是作者的假定；而下阕的自由奋发表现在人身上，是作者内心世界的真实抒发、真实写照，是其主体精神的直接呈现。所以下阕自由奋发的表现形态呈现为更具人的主观能动性，如前所述的昂扬气概、意气风发、傲然自信。总之，全词的自由奋发都是作者主体精神的体现。

3. 美读

（1）学生读。

（2）教师配乐范读。

4. 布置作业

作者上阕描绘的壮丽秋景，给人以蓬勃向上之感。认真领会写景的特点及作者的胸怀，展开联想与想象，将这几句诗改写成一段描写的文字。

参考示例：远望千山万岭，枫林如染，像熊熊燃烧的烈火；近看漫江水碧，千帆竞发，像战场上无数奋进的勇士。抬望眼，雄鹰展翅，矫健勇猛，翱翔长空；低眉处，鱼儿戏水，自由轻快，生机盎然。

（三）课堂实录：万水千山总是情

师：同学们，今天我们一起来学习大家升入高中以来的第一篇课文……

生：《沁园春·长沙》。

师：我在想，为什么第一单元是现代诗单元，第一首选择了毛泽东的诗。后来我觉得诗歌或许更动情，更能亲近人，而毛泽东诗中的豪情自信更能引起"我们"这些年轻人的共鸣。所以，今天就让我们付出真心，带着自信来一起走进这首写"秋"的诗歌。

古人写秋多怨秋、悲秋，"秋"是中国古典诗歌中的典型意象。大家都能忆起哪些写秋天的诗歌？（学生纷纷背诵）

大家背诵得很好，但是这些诗都给人一种孤寂悲凉、愁绪满怀的感觉。同样是写秋天，毛泽东同志的《沁园春·长沙》却洋溢着一种"不是春光，胜似春光"的蓬勃向上的昂扬气势。为什么会出现如此的审美差异呢？我们赏读这首词会得到答案。

师：我们先来读一读主席的这首诗，读的时候要注意：读准字音，读清句读，要能初步传情达意。这位同学你来为我们读一下。

（学生朗读）

师：同学你觉得他读得怎么样？

生：我觉得整体还不错。就是有几个地方的读音不太准确，"挥斥方遒"的"遒"，"万户侯"的"侯"。

生：我觉得有两个地方停顿再长点就好了。

师：哪两个地方？

生："看"和"恰"。我觉得"看"字后面都是看到的景色，所以停一下起到总领的作用。"恰"字后面是回忆当年的生活，停一下也很合适。

师：你的语言感觉很敏锐，大家注意"看"和"恰"字，这是"领"字，这两个字和后面的停顿可长些。同学，你能再为我们读一遍吗？

（学生朗读）

师：虽然刚才同学们提出的意见你都采纳了，但是老师觉得你的朗读在传情达意方面还不到位，为什么呢？这是因为你对这首词"炼字"的妙处，对这些词所描绘的形象，以及对词中所传达的作者的思想感情理解不够透彻。下面我们赏读这首词，之后再来读，看看效果怎么样。

师：课前大家都完成了预习作业，把作业拿出来。前后桌结成一个小组，讨论一下在预习作业中提出的有关字词理解方面的问题，看看同学是否能帮你解决。如果还有拿不准的，提出来大家一起解决。若是产生了新问题，我们也一起来讨论

解决。

（学生开始结合预习作业中的问题相互交流，不时地做着笔记）

师：还有哪些问题需要拿出来研究一下吗？

生："鱼翔浅底"怎么理解呢？

师：字面意思就是鱼儿在清澈的水里飞翔。我猜想你的真正问题应该是鱼怎么会飞翔，是吗？

生：是的。

师：我们在这里设一个悬念，先不公布答案，等一会儿看看你能不能找到一个合理的解释。其他同学还有吗？

生："浪遏飞舟"怎么理解？我们能翻译，但不能理解这个行为，有那么大的力量吗？

师：你读过项羽的《垓下歌》吗？里面有一句是"力拔山兮气盖世"，你觉得项羽会有那么大的力气吗？

生：这都是夸张。

师：对，还有问题吗？

（学生纷纷摇头）

师：好，这首诗在字面理解上的确没有太多的障碍，很容易读懂。这位同学，你为大家简单地说说这首诗写了什么内容。

生：这首诗写了诗人毛泽东在一个深秋季节来到橘子洲，望着北去的湘江水，看着满眼秋景，不禁思绪万千，回忆起曾经的革命生活，心中产生了无限的感慨。

师：基本能读懂这首诗了。但是，我们是否能真正走进这首诗，这恐怕还是一个问题。我从同学们的预习作业中的"预习所得"板块发现了一个问题，大家对这首诗的欣赏很有些教科书的味道，似乎都在为一场语文考试拟写参考答案，却不像读了诗歌之后的独特感受。

生：我们都是按以前老师教我们的写的，很认真的。（小声嘀咕）

师：老师没有否认大家写作业的认真态度，但是，我们是否愿意感受另外一种读诗的境界呢？写出自己的真实感受呢？

（学生默然）

师：读诗不能只停留于诗句的简单理解，也不能停留于贴标签式的僵硬鉴赏，还要往更深层次去探寻,也就是我们所说的赏读,或者叫品读。这首诗里有没有能让你脑海中浮现出一幅画的语句?有没有你似曾相识的场景?有没有让你心生涟漪的句子?你能不能来为我们描绘一个值得我们驻足欣赏的风景?同学们寻找这首诗中值得驻足的风景,老师陪你一起走过风景。有谁发现了上阕中值得我们欣赏的风景,可以和大家欣赏。

生:我觉得"万类霜天竞自由"让我心里充满了万丈豪情。比如"万类",诗人看到的景色很有限,但却说整个天地都在竞自由,让人眼前的空间一下就变大了,很有气魄。

生:还有"万山红遍",同样充满生气,视野开阔,气势宏大。

生:我记得杜甫也写过红叶,"玉露凋伤枫树林,巫山巫峡气萧森",同样是在写秋天的红叶,都放在了特别广阔的视野中来写,但是在杜甫的诗中,在天地之中充满了萧瑟悲凉之意;而在毛泽东的诗里,洋溢的是壮阔热烈的气息。这明显就能让人看到两位诗人的身影,一个渺小无奈,一个高大伟岸。

师:同样的景物,因为观察者有不同的心境,所以会呈现不同的色彩。毛泽东是一位青年革命家,具有伟大的革命情怀,虽然身处肃杀的秋天,但他看到了"不是春光,胜似春光"的壮丽图景,这种蓬勃的生机就像"万类霜天竞自由"所描写的一样,万事万物在秋天呈现出的是一种自由的状态。这句话是对上阕哪些诗句的概括?

生:万山红遍,层林尽染。

师:仅仅看到了万山红遍,层林尽染吗?

生:我发现上阙中描摹景物的句子都在这个范围里。老师刚才提到"看"是领字,领起下面写景的诗句,这六句就是一幅壮阔豪迈的秋景图;"万类霜天竞自由"是总结句,是对上阕写景六句的高度概括总结。

师:说得好。从"炼字"的角度考虑,你认为哪些字眼传神?

生:我觉得"百舸争流"的"争"字好。一个"争"字写出了湘江百舸争发的场景,写出了生机勃勃的场景,而且这个字写出了诗人想要竞争的欲望。

师:能理解为想要竞争的欲望吗?

生:不能这样简单理解。我觉得这是诗人的斗争精神。

师:毛主席有句名言,与天斗其乐无穷,与地斗其乐无穷,与人斗其乐无穷。

毛泽东的一生就可以用斗争来概括。争，千帆竞发争相向前，和后面的"竞"字相互照应。

生：看出击、翔、争、竞四个字很传神。在我们的印象中，秋天是一个万物凋零的时节，就像"秋风秋雨愁煞人"一样，但是在一些诗句里我们又能看到不一样的秋景，如"我言秋日胜春朝"，在毛泽东的诗句里这种感觉更加强烈独特。而这四个字，有一种力量之美，表现出一位青年革命家的豪迈。

师：这位同学选取了四个字，一起来进行鉴赏。老师再问你，"击"换成"飞"字好吗？

生：飞，就纯属于自然的状态，一点儿气势都没有，用"击"字就有了气势，有了力度。

师：理解疏通诗意环节，一位同学问到了"鱼翔浅底"怎么理解，你能说一下吗？

生：翔，写鸟儿振翅高飞，在这里却用来形容鱼，鱼在水里像是鸟在空中飞翔一样，说明鱼游得很快。

师：单纯是快吗？

生：间接写出了水很清澈。

生：我再补充一点，我觉得写出了鱼的自由状态。

师：可以从两个角度来理解：一是写出了水的清澈，二是写出鱼的自由。大家还记得《小石潭记》中的语句吗？

生：潭中鱼可百许头，皆若空游无所依……

师：怎么理解"空游无所依"？

生：没有任何依凭地游弋，自在畅游。

师：鸟在空中飞翔本来是自由自在的，诗人在这里却化用到鱼的形象中，写出了水之清，还写出了鱼的情态，自由无所碍的状态。

（找到课堂开始时提问的那位同学，"刚才的疑惑解决了吗？"同学微笑点头。）

师：刚才提到的这四个字，有共性，都具有自由动态之美，都照应着"竞自由"。再来看看其他同学还有哪些发现。

生：刚才找到了几个动词来进行鉴赏，按照同学和老师刚才的思路，我还想来说说"万山红遍，层林尽染，漫江碧透"这三个句子。其中的"红遍""尽染""碧透"，非常有画面感。

师：详细说一下。

生：比如这个"红"字，让我想到"春风又绿江南岸"中的"绿"，有异曲同工之妙。江南在春风的吹拂下逐渐变绿，而岳麓山的枫叶在秋霜的洗礼中万山红遍。两个字都具有动态之美。

生：我觉得"层林尽染"写得好。（一学生抢答）

师：我们不是正在鉴赏这句吗？

生：老师，我很有感觉，我先说。（学生笑）"层""染"用得真好！就像我们拿来了一张宣纸，在上面用红色颜料按照水墨画的画法一层一层地晕染，有远有近，有深有浅，有浓有淡，还有你预料不到的一种红色效果，哎呀，只要你见过中国的山水画，你就会明白那种美感！

师：大自然仿佛一位高明的画家，他蘸染了浓浓的红的颜色，信手一抹，本来青翠的山峦却万山红遍，层林尽染！看似写静态，实际上包含了动态之美，看似绘丹朱，却生出了万般情态。（学生鼓掌）

师：这位同学表情一直有些凝重，你有什么话要说吗？

生：老师，我很矛盾。

师：为什么？说说看。

生：我觉得诗歌鉴赏好像不是这个样子的。我以前的诗歌鉴赏都是要得出一个结论的，比如说字词理解，写作手法，思想感情什么的。可是我们这节课就是你说我说，我似乎什么都没有记下来，下课复习什么？但是，我又觉得这样的课很有意思，我好像看见了一幅一幅的画面，沉浸在里面了。所以我有点矛盾了。

师：老师明白你的苦恼了。你感到的是不是知识与情感、应试与应情的矛盾？是不是从前我们习惯了看各种别人的评价，记在脑子里就可以了，而今天我们似乎要走进诗人的心里，走进一幅幅画面，就有点不适应了？

生：是的。

师：其实，"随心所欲"而已。（学生疑惑）这样，你对这几句诗有什么独特的感受吗？说你想说的就好。

生：漫江碧透，颜色是绿色的，而且是像水头特别足的碧玉那种绿；层林尽染，颜色是红的，是满山遍野的红色。上面是红山，下面是绿水，两种颜色搭配在一起，具有了鲜亮的对比，有层次感，生机盎然，美得尽兴。

师：非常好！你觉得这样读诗感觉怎么样？为什么自由发言时你选择了一种新的表达角度？为什么不沿用从前那种贴标签的方法呢？

生：老师，我觉得这是我的心里话。

师：太好了，孩子！诗歌是心灵的话语，所以我们要以心相许！你已经找到了欣赏诗歌的门径。祝贺你！

生：老师，我觉得这几句写景有一个问题您忽视了，您考虑过诗人写景角度的变化吗？

师：（笑）谢谢这位同学的提醒。你能不能帮帮老师？

生：有远近角度变化。"万山红遍，层林尽染；漫江碧透，百舸争流"这四句是按照从远到近的顺序写的。

生："鹰击长空，鱼翔浅底"是从高到低。

师：又可以叫作仰视与俯视结合。

生：还有由静景到动景。

师：同学们说得都很好。这六句写景，具有角度的变化、动静的变化、颜色的变化之美。

生：（一学生怯怯地举手发问）老师，我也想随心所欲地问个问题，行吗？

师：为什么如此"怯怯"？

生：我怕问得不靠谱，老师会不高兴。（学生笑，私语）

师：我觉得在学习范围内的问题允许讨论。

生："漫江碧透"应该是江水很深，"鱼翔浅底"又用浅来形容江水，不矛盾吗？

师：你的质疑精神很值得赞赏。这个问题的确是个问题，很符合生活逻辑，那么在文学中我们如何来解释这个矛盾呢？同学们有什么好看法？

生："浅"不是实际的江水浅，而是为了表达江水清澈，近似无水，这样鱼儿就可以"飞翔"，显示出它们的自由。

生：老师刚才说到这个问题很符合生活逻辑，但是我觉得不能用生活逻辑来欣赏诗歌。我们读李白的诗，上天入地，浪漫洒脱，那不是更没法解释了吗？我觉得这就是诗人心境，该碧透就要碧透，该浅底就要浅底，遵循的是自己的情感，而不是生活的逻辑，或者说没什么道理可讲。（学生笑）

师：不能说没什么道理可讲，文学世界仍然是讲道理的地方，我们可以说，要用语文的思维来理解语文的问题，在文学的世界里，情感主宰一切；我的文字世界里，我主宰一切。上阕还有哪些发现吗？

生：我觉得"怅寥廓"的"怅"字用得非常精妙。因为其本意是失意，是一种消极的情绪，但是诗人赋予它新的含义，赋予了它一种积极的情绪，成为由深思而引发的激昂慷慨的心绪，充分地表达了诗人旷达的胸襟和伟人的气魄。

师：它本来是在表达消极情感的一个词，但是在诗人的笔下却幻化出壮阔之情，这一定是与诗人的内质相一致的。

师：现在，诗人的眼前、我们的眼前出现了这样一个万类霜天都自由、比自由、万物奋发、各种生命任意表达其自由意志的寥廓江天。面对这样的自然，我们理解了诗人"怅寥廓"的深沉思索和激昂慷慨——江天如此自由辽阔，自然界如此生机勃勃，人间何如？苦难的中国、不幸的人类何时得"人间遍种自由花"？我们人间的苍茫大地，谁来主宰，谁来创造，何时打造出一个如"万类霜天竟（竞）自由"的新世界？

生：诗人的回答当然是我们，只不过"怅寥廓"三句是潜在回答，即"谁主沉浮"，言外之意就是"我主沉浮"。

师：在这里老师给大家准备了一张幻灯片，介绍一下毛泽东写此诗时的背景，正所谓"知人论世"。（展示幻灯片）

这首词写于 1925 年。当时正值北伐战争的前夜，国共第一次合作。全国各地反对军阀统治的工农运动风起云涌，如火如荼。毛泽东同志直接领导了湖南的农民运动，先后建立了 20 多个农民协会，创建了湖南农村第一个党支部——韶山支部。1925 年 10 月，他奉命前往广州创建农民运动讲习所。途径长沙，重游橘子洲。长沙是当年毛泽东同志学习、生活、战斗过的地方。今天，故地重游，面对如画的秋色和大好的革命形势，回忆过去战斗岁月，不禁心潮起伏，浮想联翩，写下了这首动人的词作。

由此，我们也就知道作者笔下的秋景为何如此壮阔，这样也就解决了同学们预习作业中的一个典型的问题——诗人为什么要"怅"。

生：老师，我有这么一种读诗的感受。你看，我们一般在发出诘问时的对象都是上天，比如说："苍天啊！谁将主宰众生？"这种问法明显有无法主宰命运的语境，所以要靠上天来安排。而在此诗中，作者是"问苍茫大地"，所以暗含了一种意思是大地上只有我毛泽东主宰沉浮，很有气魄。（很激动）

师：非常感谢这位同学的慷慨表述，你的发言同样很有气魄，很明显同学已经能够披文入情，与作者产生了共鸣。但是，老师不同意你的看法。

生：为什么？

师：寥廓、苍茫大地，是作者极目远眺所看见的辽远的大地，苍茫的天空，这是写实的，从另一个角度上看，我们结合当时的革命形势，结合毛泽东的伟大理想，这个图景、这片土地在诗人眼中已经幻化成我们这个国家、我们的民族！所以他"怅寥廓，问苍茫大地，谁主沉浮"是在说，我们这个国家，我们这个民族，到底有谁来主宰？我们脚下的这片土地，前途命运将是如何的呢？

生：这才是青年革命家毛泽东，未来的领袖毛泽东！我忽然明白，前面所写的"万类霜天"的目的。"万类霜天"写得越自由，毛泽东的"怅"就越深沉，越激昂，越有民族历史责任感。"竞自由"既是对前面景物特征的总结，又引出了"怅寥廓"的发问；而"怅寥廓"一方面把诗文从写景引入写人，另一方面，塑造出了毛泽东的伟岸身姿，同时还引发了下阕惊天豪气的回答。太高妙了！正所谓"一切景语皆情语"，不，不仅仅是情语，还……（此同学不能用语言概括自己的想法，有些语塞，但是此时同学中响起了热烈的掌声）

师：同学的掌声足以说明你的观点的可贵性、创造性。我们在进行文学欣赏的时候，很怕把文字拆碎，把一幅满赋生命力的图景变成图片，尤其是在读诗的时候，拆开了，就没有了生气，没有了灵气。这位同学很让人钦佩，他能拆得开，还能合得上，树木与森林的关系把握得非常好。

师：老师还想进行一下追问，你觉得如此的青年革命家、未来的领袖，应该站立在什么季节，什么地点？

（学生沉思）

师：小桥流水人家的春季？无边落木萧萧下的悲秋？还是莺歌燕舞、姹紫嫣红的夏季？

生："独立寒秋，湘江北去，橘子洲头"是作者最适合的出场背景。

师：为什么？

生：我们可以想象一下，假如要拍个电影，主角要出场了，首先是个远镜头，深秋季节，岳麓山下，橘子洲头，浩浩汤汤，莽莽苍苍，其次镜头拉近，一个身材魁梧的年轻人伫立在萧瑟的秋风中，极目远眺，万山红遍，他俯视脚下的滚滚北去的湘江水，心中生发出万千感慨，这时厚重的音乐响起……很像《三国演义》的片尾曲。

师：你是一个极富导演潜质的同学，你从哪里看出是一个身材魁梧的年轻人？

生："独立"，给人一种卓尔不群的感觉。诗人写景创设了开阔的大背景，这里一定要站立一个顶天立地的汉子才和谐。

师：你的分析让我想到了陈子昂"念天地之悠悠"，两者相同吗？

生：不同。陈子昂立于天地，是感叹自我的怀才不遇，与青年革命家不可同日而语！

师：说得很好。到这里，上阕的层次已经非常明晰了，可以分作……

生：三层。

师：哪三层呢？

生：第一层，前三句；第二层，写景；第三层，发问。

师："问苍茫大地，谁主沉浮"是普通问句，还是设问？

生：设问。

师：答案在哪里？

生：下阕里。

师：那好，我们一起走进下阕，看看到底"谁主沉浮"。我们先找同学来朗读一下下阕，其他同学一边听一边看看下阕里的哪句诗能回答这个问题。（找同学来读诗）

师：哪句诗能够回答"谁主沉浮"呢？

生齐答：同学少年！

师：同学少年，就是包括毛泽东在内的新一代的青年革命家们。那么，他们为什么能主沉浮呢？在预习作业中有些同学提到了这样的问题，"为什么要回忆峥嵘岁月？青年们有什么样的特点？"解决了这个问题，也就明白了为什么同学少年能够主沉浮。看看谁有什么想法。

生：指点江山，他们虽然是青年，但是他们没有躲进教室里读死书，死读书，一心只读圣贤书，而是关心国家命运，心系民族前途。激扬文字，他们用自己的笔来指点江山，来表达自己的爱国情怀。

师：这些年轻人胸怀天下，使命在肩，激浊扬清，勇敢实践。他们毕竟是书生，当他们不能拿起武器来斗争的时候，他们拿起手中的笔来战斗。就像马克思，他的贡献不仅在于直接领导了无产阶级的斗争运动，而且在于他用手中的笔写下了无数的文章，奠定了无产阶级理论的基础。

生：还有鲁迅。

师：对。（示意学生站起来发表自己的感想）

生：鲁迅先生是一个斗士，是一个战士，他的笔就是他的武器，他的思想就是他的武器，用老师的话来说就是用笔来激浊扬清，指点江山。

师：这两句写出了这些青年革命家敢于斗争的作为。继续发表自己的见解。

生：粪土当年万户侯，"粪土"两个字体现出这些青年革命家对于当时的军阀官僚的憎恶，还有淡泊。（其他学生有疑惑的表情）

师：刚才同学从这句诗里读出了憎恶和淡泊。老师在这里有一个问题，把诗中的"粪土"改为"怒骂"好不好？还是你来谈谈。

生：不好。改成"怒骂"，是一种憎恨的感觉，但是"粪土"除了憎恶外，更多的是一种不屑，一种蔑视，瞧不起他们。

师：很好，你刚才提到"淡泊"，你认为合适吗？

生：不妥。

师：当时的军阀势力很强大，可是，以毛泽东为代表的青年革命家视他们如粪土，有一种蔑视敌人的态度，有一种大无畏的精神。毛泽东的很多诗词都善用夸张的手法，体现了他的革命豪情，蔑视一切的豪气，比如《长征》中的"五岭逶迤腾细浪，乌蒙磅礴走泥丸"。

生：毛泽东是浪漫主义诗人，还是现实主义诗人？

师：哪位同学回答？

生：毛泽东最擅长用浪漫主义的情怀来表现现实主义的问题。大家想，长征那是多么艰辛的路程，但是在毛泽东的笔下却具有了一种浪漫主义的气质，让人似乎看到了一个伟岸傲然的革命者形象。

师：很好。继续发表看法。

　　生： 我想说一下"忆往昔，峥嵘岁月稠"的"稠"字。一方面这个字给下文做了一个铺垫，本词的下阕主要回忆了当年自己与同伴的革命生活，所以一个"稠"字写出了生活的丰富性；另一方面我从这个字中也看到了毛泽东的豪迈之情，骄傲之情。如此年轻之时就具有如此的革命经历，革命斗志、品质，可见不负岁月，无愧时代。

　　师： 很好，这两句把我们带进了回忆中，诗文从写眼前自己独游转为写曾经众游。峥嵘岁月稠，"峥嵘"原来指山石高峻，后来引申作林木茂盛，在这里比喻的是如火如荼的革命斗志。当年自己年轻时和同学少年参加的革命斗争一个接着一个，一个连着一个，下面诗人开始写他们是怎样开展斗争的。也正是这样，他们才能够担当主沉浮的重任。他们是怎样的一群人呢？

　　生： 同学少年，风华正茂，这是回忆当年的少年风采，气度不凡。

　　师： 其实毛泽东在这里化用了杜甫的诗句。杜甫在《秋兴八首·其三》中写道"同学少年多不贱，五陵衣马自轻肥"。不贱是说不低贱，身份高贵，衣马轻肥是说豪华生活，这两句诗就是在回忆当年长安岁月的少年同学，个个光鲜亮丽、气度不凡、春风得意，与毛泽东诗句作比较，大家感觉毛泽东的少年同学有什么不同？

　　生： 我觉得除了刚才同学所说的少年风采、气度不凡外，还似乎多了一些年轻有为、英雄气概，他们似乎是站在天地间的一群有梦想、有斗志的少年，有着经天纬地的才华。而杜甫的诗中形象是衣食无忧的贵族，少了能撼天动地的豪气。

　　师： 你看，我们做了这样的比较之后，毛泽东词中的形象马上就展现在同学们面前了。所以，与其说毛泽东回忆的是当年的同学少年，不如说他赞赏的是他们身上所展现的这种革命青年所特有的气质。

　　生： 书生意气，挥斥方遒，让我看到了这些年轻人身上光彩焕发，有一种刚劲有力的气质精神。

　　师： 到这里，我们做一个总结，为什么包括毛泽东在内的青年革命家们能够主沉浮呢？他们是怎么样的青年？"同学少年，风华正茂"说明他们——

　　生： 光彩焕发，才华横溢。

　　师： "书生意气，挥斥方遒"说明他们——

　　生： 意气风发，刚劲有力。

　　师： 指点江山，激扬文字——

生：品评国是，激浊扬清。

师：粪土当年万户侯——

生：蔑视敌人，豪情无畏。

师：这几句是对革命青年战斗生活的回忆，是对"峥嵘"的具体展开。表现了时代的特点和青年们的战斗风姿、万丈豪情，表现出革命青年的战斗风貌。

抚今追昔，由独游到众游，由今游到昔游，无孤独的伤感，又无儿女情长的缠绵。毛泽东回忆的是最美好的时光，是最有意义的生活，赞美的是崇高的英雄气概和经天纬地的才华，充满了战斗的激情。正是在这种激情的推动下，才有了最后三句的发问——

生齐诵：曾记否，到中流击水，浪遏飞舟？

师：作者在问谁？

生：问青年革命者。

师：问了什么？

（语塞状）

师：预习作业中大家在此处问题比较集中。大家看老师准备的PPT。

陈一琴先生在其《毛泽东诗词笺析》中指出，"击水"指"游泳"，并引述了毛泽东本人于1958年12月对此词的批注："那时初学，盛夏水涨，几死者数。一群人终于坚持，直到隆冬，犹在江中。当时有一篇诗，都忘记了，只记得两句：自信人生二百年，会当水击三千里。"

大家通过这段资料可以看到，毛泽东在这里使用了夸张的修辞手法，你们还记得吗？当年我们一起在湘江激流中游泳，掀起的浪花阻碍了飞快的大船，道出的是青年革命家的奋发自信气概。尤其是"自信人生二百年，会当水击三千里"更让人感受到了舍我其谁、主宰一切的豪情。

老师还找到了另外的一些资料，我们一起来看一下。陈一琴《毛泽东诗词笺析》中所引的毛泽东当年在著名的《湘江评论》上所发两篇文章中还有这样的两段话。

（展示PPT）

　　什么不要怕？天不要怕，鬼不要怕，死人不要怕，官僚不要怕，军阀不要怕，资本家不要怕。

　　我们知道了！我们觉醒了！天下者我们的天下，国家者我们的国家，社会者我们的社会，我们不说，谁说？我们不干，谁干？

　　读这两段文字，你是否有似曾相识的感觉？

　　生：我觉得第一段文字有指点江山，激扬文字，粪土当年万户侯的感觉。

　　生：第二段文字就是"问苍茫大地，谁主沉浮"的意思。

　　师：大家结合这两段文字再来看我们的诗歌，就更能感受到当年毛泽东的气概、胸襟！

　　生：哦，原来整首诗是连着的！（惊奇状）（众学生笑）

　　师：真是一个巨大的发现！（老师微笑）其实这位同学的发现的确很有价值，诗歌分为上下阕，上阕写景，发出浩问，下阕回忆，得出答案；上阕融情入景，下阕直抒胸臆。上下阕虽然形式上有很大不同，但是给读者的感受却是一样的，都是积极自由、慷慨激昂、豪情万丈。老师想问大家，在这首诗里，谁主豪情？

　　生齐答：毛泽东！

　　师：这所谓——

　　生齐答：一切景语皆情语！

　　师：前面说了这么多，最后我们还是回到诗文中，循着在这堂课上我们捕捉到的情感，按照心灵的节拍，再来读一读这首诗吧。哪位同学愿意试一试？

　　生：我试试。（班级学生为他鼓掌，朗读）

　　生：老师，我也想试试。（学生朗读，效果并不是很好）我知道我读得不如上一位同学好，但是我想说的是，在我读诗的时候心中是充满了感情的，那种豪迈之情。可能我的朗读不好，但是我是真的想用我的声音来传达我的想法的。（同学鼓掌）

　　师：最后，老师也想试一试。用我的朗读来传达我在这节课上的感受。（老师朗读）

（四）教后反思：修建通往殿堂的楼梯

这节课是我的学生升入高中后的第一节语文课，我觉得无论是在他们的语文学习过程中，还是在我这三年的教学研究经历中，这节课都有着特殊的意义。

教育，修筑的是人生的美丽殿堂；课堂，就是修建通往殿堂的楼梯的过程。学生的实际学情是这段楼梯的起点，教学的目标定位是这段楼梯的终点，课堂就是在起点和终点之间修出台阶，助学生更上一层楼的过程。当然，教师有时候会犯经验主义的错误，学情预估有了偏差，教学目标定位不准，恐怕这楼梯就成了豆腐渣工程，这殿堂也就成了空中楼阁。可见，这其中的关键在于，真正知道起点和终点在哪里。这正是我的"学情核心"教学思想要解决的问题。

这是我的一节常态课，是在我的"'学情核心'阅读教学课堂模式"思想的指导下开展的教学活动。我认为只有了解了学生的实际情况才能真正实现高效课堂。从这节课中我认识到，实际地把控学情是一个动态的过程，可分为以下几个阶段。

第一阶段，预判学情。这种学情判断是教师凭借学科本质特征和以往的教学经验进行预先判断的。比如说，学生所处学段的特点，对此类文体的文体特征、作者的行文风格等的认知应该处在何种水平上，这些方面的学情是教师可以在课前进行把握的，以此进行第一遍备课，由此形成教案。这正是我在执教《沁园春·长沙》这一课时所准备的教学设计，这个教案其实是一个资料性教案，只有课堂整体轮廓的设想，并没有详细的教学流程，因为我还不能确定学生的实际学情与我的设想预判是否一致。

第二阶段，判阅预习作业。在课前的学科自习，我给学生布置预习作业，然后收齐判阅，了解学生的真实学情，在此基础上进行教案的修订。有时真实的情况和我们预判的学情有很大差异，那么教案的修订也必须是大刀阔斧的。了解学情会促进教师提高业务水平，收到教学相长的效果。在预判学情时，我设想学生的理解难点应该在诗文的下阕，因为没有相关的时代背景，所以理解起来会比较困难。但是在判阅了预习作业后，发现学生在欣赏上阕时只是停留在参考答案式的僵化作答层面，并没有走进诗文，感受作者的豪迈之情，所以，我把教案做了调整，让学生来说说自己的真实感受。在问题设置时，我用了"说一说"这样的表述，来暗示学生卸掉包袱，说你想说的话。这只是这节课众多修订中的一例，为了说明真实学情对于教学的重要性。如果没有这样的作业，恐怕我的课堂就会南辕北辙了。

第三阶段，授课阶段。无论是预判教案，还是修订教案，它们相对来说都是静止学情的产物，而动态学情应该是在课堂过程中产生出来的，学生在沿着老师铺就的台阶攀爬时，究竟会出现什么样的状况，这个是完全不能预判的，而这又是不可回避的学情。这一点把握不好，课堂生成会出现极大的问题，甚至会出现不可控的局面。在上面的课例中，我一直是在与学生进行着对话式的交流，打破了原来课堂的"老师问，学生答"的模式，这样才能在他们高中的第一节语文课上让他们卸下曾经的铠甲，找回自己，为以后回归语文的本质做好铺垫。但这种课堂的最大难点在于灵活，不知道那一秒学生会生发怎样的想法，比如说这节课中那个表情严肃的学生。这就需要教师有广博的学识，之后结合预习中的问题做深入的挖掘，设想在课堂上可能出现的所有状况，一一做出预案。真的出现意料之外的状况，我们就需要心对心的交流，自己首先要与文章、作者产生共鸣，有所思有所获，才能做到这点。实际上，一堂好课，应该是教师融会贯通之后基于学情的交流。当然，在课堂上，学生是主体、教师是主导的原则不能突破。

第四阶段，潜移默化的渗透。这一点与其说是一个阶段，不如说贯穿教学始终，这是最困难的一个工作：从预习作业里，你可以窥视到学生对于语文的态度，不重视、机械僵化、无法构架语文体系等，所以，在语文授课过程中还要面对这样的真实学情，甚至是致命学情。靠硬性填鸭式补充，有时效果不好，所以，我就从预习作业里努力寻找刺激因素，或者是兴趣，或者是挫败，或者是课堂反转的点，等等。这样来设置课堂的纲与目，让学生找到自己与课堂的切合点，找到课堂上的兴趣点，进而能够慢慢走进语文。当然，困难重重。

这些教学思考，都是基于真实的学情。忽视了学生的学情，教学就违背了基本的认知规律，教学效果就可想而知了。

二、诚知汲善心长在

——《老王》教学案例

（一）背景描述：重品佳酿回味长

本课是应邀在张家口市第七中学举办的"张家口市初中、高中语文衔接教学研讨会"上所讲的一节公开课，课后做了"基于学情核心的初高中阅读教学衔接策略"的讲座。

《老王》是一篇初中课文。鉴于初高中语文教学的"衔接过渡"，讲授本课时，需要站在高中语文教学的角度，审视初高中语文阅读教学的不同，制订相应的教学设计。

根据初高中课程标准的不同要求，结合《老王》一课的特点，备课时我充分考虑到以下几个方面：第一，通过本课的学习，引导初中学生改变"死读书，读死书"的习惯，提升独立阅读的能力。第二，从整体上把握文本内容，厘清思路，概括要点，理解文本所表达的思想观点和感情。第三，善于发现问题，提出问题，对文本能做出自己的分析判断，努力从不同的角度和层面进行评价、质疑和阐发；根据语境揣摩语句含义，运用所学的语文知识，帮助理解结构复杂、含义丰富的语句，体会精彩语句的表现力。第四，注重个性化的阅读，充分调动自己的生活经验和知识积累，在主动积极的思维和情感活动中，获得独特的感受和体验。第五，学习探究性阅读和创造性阅读，发展想象能力、思辨能力和批判能力。能感受形象，品味语言，领悟作品的丰富内涵，体会其艺术表现力，有自己的情感体验和思考。第六，注重合作学习，养成互相切磋的习惯。乐于与他人交流自己的阅读鉴赏心得，展示自己的读书成果。

由于初中、高中的课程标准有着目标定位的不同，高中阶段的阅读目标相对于初中要有所提升，本课的教学设计应充分体现学生实际情况，展现初高中之间的教学差异。

参与本次公开课教学的学生为张家口市第七中学学生，处于初中学段。学生此前已经学过这篇课文，本节课为"旧文重读"，学生再次阅读仍然有许多困惑。这正是"学情核心"阅读教学的起点：要明确学生"已知"和"未知"的学情。对于已读过、已学过的"旧文"，更能够展现学生忽略的细节问题。

基于以上对学情的分析，本课教学以学生预习作业为基础，学生自主预习，自主查阅资料，自己总结预习所得。最关键的在于让学生提出在预习过程中遇到的问题，鼓励学生在深入思考之后，大胆质疑。在课堂上，组织学生进行小组讨论，注重合作学习，养成互相切磋、交流探讨的习惯；鼓励学生自主表达，实现从学生出发，让学生学有所得，"摘到更多果子"的目标。

（二）教学设计：幸者与不幸者错位

【目标定位】

1. 重读《老王》，在看似明白无疑的地方重新质疑问难，把握作者的情感，探究"幸运""不幸"的丰富内涵。

2. 通过对"一个幸运的人对不幸的人的愧怍"的探究，体会作者的写作目的，从更深刻的程度把握作者思想情感。

【教学流程】

1. 新课导入

重温杨绛先生的经典散文《老王》。

从学生提出的一个问题入手：课文题目"老王"可不可以改写为"王老"或"王师傅"？"老王"比较亲切，而且显得与作者很熟悉，用"王老"的话就显得是在和一位德高望重的长者交往，不符合作者原意。用"王师傅"又有疏离感。

导入问题二：七年级已经学过《老王》了，再读本文，同学们有什么感受？

这样设计，就是以激趣的形式引导学生思考。通过学生的回答，把握学生对文本所要表达情感的理解程度，即把握学生的"已知"。

2. 作者及背景简介

在那个颠倒是非的时代，知识越多被认为越反动。钱锺书、杨绛被认为是反动学术权威，是牛鬼蛇神。他们被发配到五七干校接受劳动改造。1972 年 3 月，钱锺书夫妇从干校释放回家，却遭到了住在他们家的"革命男女"的毒打、迫害，杨绛一家人受尽了屈辱和蹂躏。连女儿钱瑗，要回去看爸爸妈妈也要先把大字报贴了，说明自己跟钱锺书、杨绛在思想上彻底地划清了界限，然后才能够回到家。

3. 旧文重读，小组讨论

（1）在重读课文的过程中，再次梳理全文的结构，并进行圈点批注。

（2）小组讨论预习作业中的问题，哪些可以自行解决，那些解决不了的，由小组内选出代表在稍后的环节提问。

4. 质疑问难，理解鉴赏

（1）了解学情。

预习作业于5天前布置。教师通过"预习作业"把握真实学情，借助"预习所得"看学生掌握的基本情况；"质疑问难"了解学生再读文本的疑惑。

整合"质疑问难"的共性问题如下：

①第二段，引用老王的话，有什么样的作用？

②第八段对老王的外貌描写用了"面如死灰""僵尸""骷髅""白骨"等词，为什么要这样写？让人感到很害怕。为什么要用"镶嵌"，能不能把"镶嵌"改成"站在"？

③老王为什么能在那个特殊的时代仍然关心着作者一家？

④作者为什么称自己是一个幸运的人？

⑤在文章的最后，为什么杨绛说"那是一个幸运的人对一个不幸者的愧怍"。

（2）教师备答。

问题一：作者是怀着怎样的情感来为这个车夫撰文的呢？

"那是一个幸运的人对一个不幸者的愧怍"。愧怍：惭愧。表面上看，"不幸者"指老王，"幸运的人"指杨绛一家。

作者怎么会对一个蹬三轮的人心怀愧怍呢？那是一个幸运的人对一个不幸者的愧怍。其实，杨绛文中"幸运的人"，原先写为"多吃多占的人"，作者之所以作出这样的改动，是有她深层次的考虑。

在无疑处质疑：真的就这么简单吗？能不能从反面思考一下呢？

了解背景：适时补充相关背景。

本环节自然带出写作背景的介绍，学生可以在鉴赏文本的过程中深刻理解创作背景的重要意义，避免生硬地给学生灌输知识的高耗低效的教学模式。由于学生曾经学过本文，学生完全可以自己说出这一背景，教师只需要稍加补充。

　　问题二：这样看来杨绛一家也是非常不幸的，但她为什么认为自己是幸运的（见表3-1）？

　　作者的幸运是相对于老王的不幸来说的：老王靠三轮为生，而作者有自己的工作，有自己的创作；老王无依靠，而作者有丈夫和女儿；老王居破屋，而作者不论屋多破，因为有亲人，那就是一个温馨的家。这仅有的满足感让作者感到了幸福，这就是杨绛先生淡定和从容的人生态度啊！杨绛先生的很多作品都表现了这样的人生态度，大家可以在课下读读她的作品。杨绛先生在《干校六记》一书中，平淡地记录了她在厕所里认真地清洗便池后，坦然地看书的故事；杨绛先生在92岁高龄的时候用心写下了《我们仨》，平静地回忆着这个特殊家庭曾经的点点苦难，她就是用这样豁达、淡定的态度面对所遭受的苦难。

　　问题三：在那个时代，像杨绛先生这样的"牛鬼蛇神"，一般人躲都来不及，甚至连亲人都要划清界限，而老王为什么不躲，反而倾其所有地关心作者呢？

　　老王的善良！老王是一个善良的人，这样的善良是弱者对弱者的善良，是苦难者对苦难者的善良，让我们感到更加深沉，更加伟大。

表 3-1

	不幸者	幸运的人
浅层	难、瞎、孤、穷、苦。	有自己的工作，有丈夫和女儿，有屋子，一个温馨的家。
深层	"我"和老王心灵相隔。 同行人的恶意和"我"对老王的理解不够，尊重不够。	知识分子精神的自省，又何尝不是另外一种意义上的"幸运"呢？
反思	命运悲惨，反动学术权威。做人的尊严受到伤害。 对老王的居高临下关怀。在众生平等的原则下，她又是个"不幸者"。	虽然有那么多的不幸，但他一是靠劳动吃饭，二是保持自我的纯粹与善良，从人格尊严看，他又是幸运者，也是幸福者。

　　此处由学生在文中找依据，教师不代劳。

　　第一，走近老王。

　　提问：为什么说老王是"不幸者"？你从文中读出了哪些不幸（见表3-2）？

　　交流点拨：生活和精神上的苦。

表 3-2

靠一辆破旧的三轮车活命，"文化大革命"期间载客的三轮车被取缔，他的生计就更加窘迫，只能凑合着打发日子。	难
眼睛不好，瞎了一只眼。	瞎
哥哥死了，两个侄子没出息。打了一辈子光棍。	孤
住在荒僻的小胡同，破破落落的大院，塌败的小屋。	穷
周围人对他的态度：不愿坐他的车；叫他"老光棍"；恶意揣测他眼睛瞎掉的原因。	苦

小结：老王是"不幸者"。

此处由学生概括提取关键词。在把握学生文本阅读情况的同时，训练学生概括和提取信息的能力。

追问：经历这样的不幸，生活如此艰苦的老王身上有着一种怎样的美好品质？这种品质表现在哪些细节？

善良：①愿意给我们家带送冰块，车费减半。②送钱先生看病，不要钱，拿了钱还不大放心，担心人家看病钱不够。③受了人家的好处，总也不忘，总觉得欠了人情，去世前一天还硬撑着拿了香油、鸡蛋上门感谢。

小结：半费送冰；免费送人；病中送物，一个"送"字突出了老王的善良。送油送蛋这件事发生在老王生命垂危的时候，在这样极端凄苦的情况下，老王仍然保持着他的善良，这就是人性的光辉。

第二，走近作者。

追问：杨绛先生究竟为老王做了什么，竟然能让老王用尽最后的力量去关心她、回报她？

交流点拨：①照顾老王的生意，坐他车；②老王再客气，也付给他应得的报酬；③老王送来香油、鸡蛋，不能让他白送，也给了钱；④关心老王的生计：三轮车改装后，生意不好做，关切询问他是否能维持生活。⑤她的女儿也如她一样善良，送老王大瓶鱼肝油，治好他的夜盲症。

小结：作者对老王不仅仅是物质给予，更多的是心理的慰藉。

第三，走进主旨。

　　问题四：既然"同是天涯沦落人"，那么杨绛为什么会产生愧怍之情？我们再读课文，去文中找找原因。

　　交流点拨：若干年后，作者才明白，自己一直充当给予者，从来没有接受过老王的馈赠和无偿的帮助，这样做貌似是对老王好，却让老王始终觉得欠了人情。

　　老王生命的最后时刻，希望送一份厚礼表达感谢，作者却用钱的方式，忽视了老王的心灵状态，让老王的临终愿望落空，带着伤感和遗憾离开自己家。作者回想自己对老王理解不够，尊重不够，关爱不够，所以感到惭愧。

　　【深入研讨】作者的写作目的是什么？

　　交流点拨：作者着力表现一种人道主义精神，这是一种众生平等的原则。那么杨绛先生是以一种真正平等的原则来对待老王吗？

　　"我"所有的表达，一直强调老王是一个善良的人，"我"也是一个善良的人。但"我"表达这种善良情感最基本的方式就是"钱"。"我"秉持一种人道主义的理念，而自己却违背这种理念，从某种意义上讲，"我"又是"不幸"的。作者创作的目的在于引起更多的人对弱者的关注，呼吁大家关心弱者，奉献爱心，创造和谐。

图 3-1　执教初高中衔接课

（三）课堂实录：诚知汲善心长在

师： 今天我想和第七中学的同学们一同重温杨绛先生的散文《老王》。同学们在七年级就学过这篇课文。时过一年，大家都长了一岁，再读《老王》想必会有不同的感受。同学们都非常认真地完成了前两天老师给大家下发的预习作业。其中王夏丽同学问了一个很有意思的问题：这篇散文的题目叫"老王"，能不能把"老王"改成"王老"或者"王师傅"？

生： 不行。因为叫"老王"能显出杨绛先生一家与老王关系亲密，有亲切感。

师： 叫"老王"，你感觉非常亲切，也就是说，这个称呼背后所体现的是一种人际关系的亲近。那如果叫"王老"呢？

生： 叫"王老"的话显着疏远，因为这是尊称、敬称。

师： 对呀，一般而言，对德高望重的尊长我们才称"某老"，但老王不是这样的人，所以这样的称谓不合适。那要称"王师傅"呢？

生： "王师傅"也疏远，不够亲近。

师： 噢，就像称呼大街上那些普通的蹬三轮车的李师傅、张师傅一样，亲近感体现不足，所以，称"老王"最为恰当。那么，作者到底是如何来写老王的呢？今天我们就一同走进《老王》。

师： 我们首先讨论"预习作业"中一个重要的板块"质疑问难"。对于大家提出的问题，老师也在作业中做了点拨。下面我们分组讨论你们自己发现的问题。

（学生讨论）

师： 通过刚才的讨论，大家能解决多少问题呀？

生： 解决了一部分，还有好多问题。

师： 那你就先说说你的疑惑吧。

生： 第八自然段对老王的外貌描写用了"面如死灰""僵尸""骷髅""白骨"等词，为什么要这样写？让人感到很害怕。

师： 读完这几个句子，怕会让你们幼小的心灵受到伤害。

生： 感觉这几个词语，像……像从棺材里倒出来的。

师： 太可怕了。为什么要用这样的词语？

生： 因为这些词语写出了老王身体的瘦弱，病情的严重。

师：结合课文对老王身体状况的描写和后文的内容，还有几天老王就去世了？

生：第二天就去世了。

师：也就是说，老王给"我"送鸡蛋，是老王去世的前一天，如果我们用一个词语来概括老王的身体状态，哪个词语比较合适？

生：行将就木。

师：一个即将死亡的人，一个被病痛折磨的人，忍受了一辈子苦难：眼睛瞎了；工作不好找；拉不着活儿；居住环境那么差。这样的描写，是作者对一个走到自己人生末路者的最直接的感受。

生：写得这么恐怖，单纯是为了写老王命运的悲惨吗？

师：这一段从情节看，老王来送鸡蛋，送香油。为什么老王要给我送香油和鸡蛋呢？同学们学会自我提问，就能产生一系列问题。

生：因为杨绛先生一家之前帮助老王很多，所以老王在自己生命将尽之时来报恩。

生：这说明老王特别善良，知恩图报。

师：知恩图报的善良，概括得特别好。

生：老师，我读这篇文章，脑海里出现次数最多的字，就是"善"字。

师：对呀，对老王而言，他可能没有其他形式来报恩，只能通过亲自把香油和鸡蛋送给"我们"这种方式。自己已病重，本需营养，但他却将节省的香油和鸡蛋送给"我"，这是一种多么纯粹的善！还有别的问题吗？

生：我想问第二段，引用老王的话有什么作用？

师：看来这是个共性的问题，全班有十几个同学都问这个引号有什么作用。老师先问大家，常见的引号作用都有哪些？

生：引用。

生：直接引别人说的话。

生：特殊的称谓或含义。

生：还有一种，表达反义或讽刺。

师：我们先看一看第二段哪些内容加了引号？

生：北京解放后，蹬三轮车的都组织起来，那时候他"脑袋慢""没绕过来""晚了一步"，就"进不去了"，他感叹自己"人老了，没用了"。老王常有失群落伍的惶恐，因为他是单干户。他靠着活命的只是一辆破旧的三轮车。有个哥哥，死了，有两个侄儿"没出息"，此外就没什么亲人。

生：从第一段能看出来，"他蹬，我坐，一路上我们说着闲话"，第二段的引用是不是可以理解成作者在和老王交流过程中那些"闲话"的内容？

师：可以这样理解。那么，引用这些干什么呢？

生：体现了老王的平凡，还有老王的失群落伍的感觉，比如"脑袋'慢'没绕过来""就进不去了"，折射老王的后悔。

生：作者之所以这样引用她和老王交谈过程中的只言片语，直接说明了"我"所写的老王的基本状况，表明他常为自己的处境和生活忧虑，可见他生活的艰难。

师：突出老王生活境遇的艰难，这一点分析得很好。还有问题吗？

生：第八自然段第一句"开门看见老王直僵僵地镶嵌在门框里"，作者在后面说像"僵尸""骷髅""白骨"，开头为什么要用"镶嵌"，能不能把"镶嵌"改成"站在"？

生："直僵僵地镶嵌在门框里"，用了夸张的写法，强调了老王步履维艰、身体僵直的形态。用到"镶嵌"是因为老王的身体状况弱到一个极限，他根本站不住，就像一堆白骨。如果用"站"的话，说明他还有力气可以站，不如用"镶嵌"更能突出生命将尽之人的形态。

师：老师补充一点，文章写"我打开门"，就有一个"从里向外"的观察视角问题，因为是"从里向外"看，就会感到一个人"镶嵌"在门框里。还有其他的问题吗？

生：在文章的最后，为什么作者说"那是一个幸运的人对一个不幸者的愧怍"？

师：从预习作业看，几乎全班同学都问到了这个问题，我们逐层解决。"不幸""幸运"（板书）先说最基本的，不幸的人是谁？幸运的人又是谁？

生：不幸的人是老王，幸运的人是作者。

师：为什么说老王是不幸的，杨绛是幸运的？

生：相对于老王，杨绛先生之所以被认为是"幸运"的，是因为她的居住环境、家庭和身体都比老王更好。

师：结合课文，能否更详细说明？

生：她有工作，还有工资；她有亲人，有住房；从"让老王把冰搬到楼上去"

看，她的居住条件肯定要比老王那个塌败的老屋好得多。所以单纯从物质条件的对比能够看出，杨绛先生认为自己相较于老王，是个"幸运"的人。

生：老王是一个贫穷、瘦弱、有病的人，所以他是不幸的。再看杨绛一家，生活条件明显优于老王，她是一个幸运的人。

师：文章写老王的不幸，集中在哪些段落？

生：前四段。

师：对。那么关于老王的"不幸"，你能不能用一些关键词来概括？

生：没有亲人。

师：没有亲人，我们称之为"孤苦伶仃"。我们用一个"孤"字来概括。

生：老王靠什么来生活呢？蹬三轮车。而到后来，三轮车还被取缔了，老王失去了工作，用一个什么形容词概括的话，我觉得是"难"！

生：还有一个，我想到的是"瞎"。老王一只眼是瞎的，另外一只眼是夜盲症，身体残疾。

师：再往下看，第四段写的老王什么？

生：居住环境简陋，突出其"穷"！

师：难、孤、瞎、穷，是在写老王的"不幸"，似乎人类所有的不幸都集中在他身上。

生：老师，我觉得这几个词还是浅层次的，还有深层次的。

师：说说看。

生：老王深层次的不幸还在于人们不愿意坐他的三轮车，鄙视他，不愿意关心他。

师：对一个人而言，最大的悲，最大的悲苦在于精神上的折磨。别人因为他眼睛的问题，不愿意坐他的三轮车。坐车的人越来越少，他的生活就会越来越艰难。老王深层次的精神上的不幸，还有什么？

生：老王的不幸还在于他人的诋毁。比如，"这老光棍大约年轻时候不老实，害了什么恶病，瞎掉一只眼"，这就是恶意诋毁！

师：瞎眼不但让他没了乘客，而且还招致了别人的诋毁。你怎么能看出这种揣测是恶意的？

生："大约"，就是不确定，说明这是乱猜疑，"什么恶病"，是人们的猜想。

师：分析得很好。老王除了要忍受独眼、独身、独户的不幸之外，还要忍受"更深的不幸"，那就是做人最起码的尊严被践踏，人格被欺侮、被凌辱！

生：还有，在文章最后，作者拿钱侮辱老王。

师：作者是拿钱侮辱老王吗？

生：作者要拿钱给老王，老王觉得是一种侮辱。

师：注意措辞。同学们找一找原文中相照应的话。就是最后一段，"我"的反思，同学们自己放开声音，读一读最后一段，找一找刚才这位同学所涉及的关键词。

（学生朗读）

师：哪句话呢？

生：我想他是知道的。但不知为什么，每想起老王，总觉得心上不安。因为吃了他的香油和鸡蛋？因为他来表示感谢，我却拿钱去侮辱他？都不是。

师："侮辱"一词就在这句话中，作者态度到底是什么？

生：作者否定了"侮辱"之说。但老王内心觉得是侮辱。

师：那我们得先从老王为什么送鸡蛋说起。老王什么时候送的鸡蛋？临死的前一天，老王此时了解不了解此时自己的身体状况？

生：了解。

师：在老王的一生当中，他认为特别需要感谢、特别需要依赖的人是谁？

生：是杨绛先生一家。

师：老王感谢的方式是什么？

生：送香油和鸡蛋。在物质条件特别匮乏的背景下，这些比金子还贵重。

师：作者用什么方式回报他？

生：用钱。

师：用钱。从众生平等的角度，老王是一颗真心，根本不求回报，作者却选择像往常一样，用钱来回报，来置换。这是一种平等的交换吗？

生：老师，我谈一下自己的观点。老王知道自己行将就木，他之所以拖着"直僵僵"的病体，最后一次来到杨绛家，很显然有他内心的考虑，弥留之际要向"我"一家做最终的告别。然而，他的苦心最终遗憾地为杨绛所误解，使其成为一场简单的经济交易。

（学生鼓掌）

师：说下去。

生：老王与杨绛一家毕竟来自不同收入的家庭，杨绛与老王之间内心深处的隔膜显而易见，双方对他们之间交往的理解存在着巨大的差异。由此可见，对老王精神上的打击是"被误解""被拒绝"。

（学生再次鼓掌）

师：我们不否认，作者对老王这样的底层劳动者有着一种深切的怜悯与同情，但是这种同情与怜悯又是居高临下的！还有其他发现吗？

生：他的不幸我觉得还有他的姓名，全文只提到了"老王"，只是他名字的一个代称，好像没有人能记得他的名字。

师：好像没有人记得老王的名字，作者只用"老王"来代称他的真名。这折射出什么问题？

生：一是老王社会地位低下，二是作者和老王在文化上、心理上有着无法逾越的鸿沟，他们之间有一堵墙。

师：就仿佛迅哥和闰土之间隔着一层——

生：厚障壁！

生：我还发现一个人物，那就是老李！

师：老李与老王关系如何？

生：老李不仅是老王的"同院"，而且还代他传话给作者，大概是关系较为亲近的了。

师：是的。老李对老王是什么态度？

生：面对老王的死，老李的口气非常冷漠。由此我们可以推断，他们虽然是同院，但是平时在感情上还是很淡的。从这个角度看，老王生前还受到人际关系的精神折磨。

师：是的，鲁迅先生提到过"看客"，老李作为一个普通百姓，从某种意义上说，也是一个"看客"，也是一个"旁观者"，同一身份的人对老王的这种态度，只能令人更加痛心和叹息。

师：根据以上分析，我们可以得出结论——老王是个不幸的人！同学继续深入思考，老王，真的不幸吗？

生：我觉得老王不是真正的不幸。他的精神十分可贵，他善良、厚道、朴实，为他人着想，知恩图报。在艰苦的环境中保有这份纯粹，不是一种幸运吗？

师：老王虽然在精神上受到别人的欺凌，但是老王人性中的最本质的东西没有丢掉，的确是"幸运"的！

生：我认为还有两点。第一，老王不偷不抢，靠自己的本事蹬三轮车吃饭，这是幸运的。第二，老王在艰难困苦中遇到作者一家，得到善良的回报，这也是幸运的。

师：非常好。在那样一个特殊的背景下，老王靠劳动吃饭，遇到善良的作者一家，有一种精神的寄托，保持着自己的纯粹和善良。从人的尊严，从人的人格价值的实现来看，老王又是"幸运"者。第二个问题，作者杨绛先生幸运吗？

生：幸运。

师：刚才我们已经解决这个问题了，相对于孤苦伶仃的老王而言，她有一个相对圆满的家庭，她有房子住，她有工资，生活相对稳定。从这个角度来讲，作者是幸运的。那么请同学们思考，幸运的更深层次的东西是什么？

生：在那个年代，文化人一般都会受到别人的排挤和迫害。但老王待她特别真诚，并愿意帮助她，这是深层次的"幸运"。

师：也就是说，她的生命中遇到了老王，老王的所作所为在精神上给"我们"带来了巨大安慰。为什么呢？在那样一个人性异化、人情异化的环境中，一个陌生人，用这样一种真诚的态度来对待"我"，对于"我"而言，这是一种多么巨大的精神安慰啊，所以"我"是幸运的。

生：第十自然段，老王在自己临终之前第一个想到的就是杨绛夫妇，说明老王已经把杨绛夫妇当作亲人一样看待了。他把自己最好的东西都给了杨绛夫妇，说明还有人关心着杨绛夫妇。这体现出了杨绛夫妇是幸运的人。

师：这也是深层次的幸运。也就是说在那样一种艰苦的条件下，被人信任、被人当作亲人，是幸运的。我们继续思考，杨绛觉得自己是一个幸运的人，她真的幸运吗？

生：她不是真的幸运。

生：从作者对老王的态度看，她没有做到真正意义上的平等待人，这可能是她的一种"不幸"。

师：的确，作者极力传达的是人道主义的精神，是一种众生平等的原则。她是以一种真正平等的原则来对待老王吗？不是。作者在文中一直表达"老王"是一个善良的人，"我"也是一个善良的人的观点。但作者向老王表达善良的基本的形式就是钱。由此看来，作者虽然秉持一种人道主义的理念，但自己违背了，从这种意义上讲，这又是一种"不幸"。哪位同学就今天这堂课的收获做一个总结？

生：我的最大收获是要有大胆质疑的精神。读到文中一句话，看到作者得出一个结论的时候，还需要追问一个"为什么"，这样对课文的理解就会更深刻。

生：我最大的收获是人与人的交往，不必过多考虑阶层差异，而是要抓住两点：一是平等，二是善良。

生：我觉得善良是一种双向的交流。这篇文章的"善良交换"就体现在两个同样幸运又同样不幸的人之间的一种双向的交流。所以，作者所说的"我"对老王的"愧怍"同样值得怀疑。

师：这篇文章无处不在体现着一种对人性、道德以及社会制度的深切关怀与反思。杨绛的"愧怍"是对社会责任缺失的一种自我反省，也是对整个社会道德现状的忧虑和批判。应该"愧怍"不仅仅是杨绛的一个"小我"，每一个比老王相对幸运的人都应该"愧怍"。

师：杨绛在《走到人生边上》中写道："每个人回顾自己一生的经历，会看到某事错了，某事是不该的。但当时或是出于私心，或是出于无知，或虚荣，或骄矜等等，于是做了不该做的事，或该做的没做，犯了种种错误。而事情已成过去。灵性良心事后负疚抱愧，已追悔莫及。"面对老王的"不幸"，人们做了些什么？应该怎么做？这应该是杨绛先生在《老王》中"愧怍"的真正内涵！

师：好了，这节课我们就上到这里。给大家布置一个任务，请你根据课文的内容，把故事改写为一个 300 字的《老王小传》。

（四）教后反思：摘到更多的"果子"

本课是为更好地完成初中与高中语文教学过渡衔接工作而专门准备的。从目标达成情况看，基本完成了教学设计过程中的主要环节。但由于时间关系，没能让同学们充分地提出问题，共同研讨问题和解决问题的现象，这是本课的最大遗憾。

本课设计符合"学情核心"的学理依据。教，是为学服务的，学，才是根本。在语文教学过程中，应该尊重认知规律，从不知到知，从不会到会，从低层次到高水平，都是一个转化的过程。本次教学，面对的是完全不同的学生层次——以往更为熟悉的，是高中学段的学生特点，而这一次是面对初中学段的学生。因此，在制订教学计划、方案时，对于学情的把握更为重要。学生自主预习，我明白了学生的"再读收获"，也明确了学生再读时发现的新问题，清楚地把握"学情"，设计教学能够做到有的放矢。

充分了解学情，站稳教学设计的逻辑起点。《老王》这篇课文是学生们已经学过的，"旧文重读"，学生可能会觉得自己都知道了，都理解了。但实际上学生对文章的认知仍停留在浅表层面。这便是学习中最大的问题——发现不了问题。因此，本次讲授《老王》，我没有重讲学生已经知道的，而是要指导学生"无知不解处见疑""似知似解处有疑""已知已解处生疑"。这样做的最大价值，就在于培养学生的发现意识，养成学生的发现习惯，提高学生的发现能力。无论学生的基础如何，只要坚持这样做，就会在自己原有的基础上有所收获，得到提高。

教学流程始终突出"学情核心"。课堂上，学生小组交流切磋，取长补短，尽量达成共识；全班交流，小组代表发言；全班讨论，辩难，自由发言；对存在的仍未解决或有争议的问题，教师与学生共同探讨。这一过程，是把质疑、释疑的权利交给了学生，使学生通过交流、探讨，尽可能完成自我理解、消化的过程。

搭建阶梯，让学生摘到更多的"果子"。教师的介入节点很重要，就学生问题进行解答固然可以使学生有所得，但容易出现"头疼医头，脚疼医脚"的简单解决问题的现象。我一直鼓励学生进行深层次思考，不在看上去"正确"的肤浅空泛的结论上停留。如对于老王"不幸"的理解，对杨绛先生"幸运"的理解，教师层层追问，直达文本内核。这个过程如果在学生认知水平发展的较高阶段进行，完全不需要教师的层层追问，学生自己就可以完成"追问"。但由于本次面对的是初中学段的学生，需要结合学生实际理解能力及时调整，在教师的不断鼓励下，在课堂的最后阶段，学生的发言水平越来越高。

执教《老王》，实现了以学情为核心的教学目标，切实做到了每一个要点，让每个学生在自己已有起点基础上，尽己所能，摘到更多的"果子"，各有所得，各有所获。下课后，学生普遍反馈"意识不到上课时间的流逝"，"原来语文课也可以这样有意思。"

三、走近痛苦而高贵的灵魂

——《登高》教学案例

（一）背景描述：用诗歌养人

1. 单元目标

《登高》是部编普通高中教科书《语文》（必修）上册第三单元的第 8 课。教科书对本单元的教学目标描述为：学习本单元，要逐步掌握古诗词鉴赏的基本方法，认识古诗词的当代价值，增强对中华优秀传统文化的传承意识。要在诵读和想象中感受诗歌的意境，欣赏其独特的艺术魅力；感受诗人的精神世界，体会诗人对社会的思考与对人生的感悟，提高自身的思想修养和文化品位；尝试写作文学短评。这是我设计本课教学的第一个根据。

2. 文本特征

《登高》是杜甫于唐大历二年（767 年）秋天在夔州所作的一首七律。前四句写景，述登高见闻，紧扣秋天的季节特色，描绘江边空旷寂寥的景象。后四句抒情，写登高所感，作者围绕自己的身世际遇，抒发了穷困潦倒、年老多病、流寓他乡的悲哀之情。《登高》一诗可以说是杜甫一生血泪铸就，诗人将对个体生命的忧患意识融入由深沉的社会历史感、宏大的空间感和悠远的时间感交织在一起的立体结构中，形成了其沉郁顿挫的诗歌风格。针对这一特点，设计本课必须补充时代背景。

3. 学情预判

初中阶段学生学过不少古典诗歌，已经掌握了鉴赏诗歌的基本手法，再加上杜甫已经是学生们非常熟悉的一位诗人，学生在鉴赏本诗时已经具备了一定的基础。但是学生对杜甫及其诗歌的感知易停留在"诗圣""诗史"这些表面印象，再加上杜甫的诗歌语言凝练丰富、意蕴深远，学生理解起来会有一定难度。加之本诗创作于诗人人生的最后时期，杜甫的人生经历了各种挫折坎坷，情感复杂，学生对杜甫的经历与诗歌情感没有深切的感知，如何让十几岁的学生产生"共情"，这是预设教学必须考虑的问题。

4. 真实学情

本课是 2020 年 12 月在湖南长沙举行的"寻找中国好课堂·第三届中国诗词教学大会"上执教的一堂公开课。我提前把"预习作业"模板发给雅礼中学的语文老师，让学生们提前完成。我到长沙后，语文老师把学生完成的"预习作业"交给我。但学生完成"预习作业"质量不高，缺少问题意识，除了个别学生外，很多学生提出的问题价值不高，还有学生的"预习作业"是一片空白。既然我要在课堂上落实我的教学理念，我便整合了"预习作业"的相关内容，获得真实学情，并以此作为我构建课堂的逻辑起点。

（二）教学设计：多重悲意趋沉郁

【目标定位】

（1）通过知人论世，理解诗意，理解本诗所绘之景、所抒之情及绘景、抒情之法。

（2）通过反复诵读，指导学生运用联想和想象，创设情境体会诗歌意境和情感；通过小组合作探究的方法，让学生掌握更多的诗歌表现手法，培养独立鉴赏诗歌的能力。

（3）感受杜甫心系苍生、情寄邦国、忧国忧民、兼济天下的博大情怀。

【教学流程】

1. 前置学习，完成预习作业

提前要求学生预习诗歌，自己查阅资料，了解诗歌创作背景、诗人生平，结合注释理解诗句，将在自读过程中遇到的问题写出并上交老师。

2. 抒情导入，营造课堂氛围

767 年，一个秋天，九月初九重阳节前后。夔州，长江边，大风呼啸，吹得江边万木凋零。树叶在天空中飘飘洒洒，漫山遍野是衰败、枯黄的树叶。江水滚滚翻腾，急剧地向前冲击。凄冷的风中，孤鸟在盘旋。远处还不时传来几声猿的哀鸣。这时，一位老人朝山上走来。他衣衫褴褛，蓬头垢面，老眼浑浊。老人步履蹒跚，跌跌撞撞。他已经满身疾病，甚至"右臂偏枯耳半聋"。

重阳节，是登高祈求长寿的节日。可是这位老人，一生坎坷，穷困潦倒，似乎已经走到了生命的冬季。而且此时，国家正处在战乱之中，他远离家乡，一个人孤独地在外漂泊。面对万里江天，面对孤独的飞鸟，面对衰败的枯树，老人的百感千愁涌上心头……

3. 整体感知，解决鉴赏背景

（1）创作背景。这首诗歌写于唐大历二年（767年）秋天，是杜甫寄寓夔州时所作。诗人从唐玄宗天宝十四年（755年）开始挈妇将雏，流浪漂泊，备尝生活的艰辛。767年，虽然"安史之乱"已经结束四年了，但是地方势力为了争夺地盘，扩大自己的势力范围又乘机而起，社会仍然是一片混乱。这时，杜甫已经是一位漂泊受难、饱经沧桑的五十六岁老人了。他目睹了"安史之乱"给唐朝带来的重重创伤，感受到了时代的苦难、家道的衰败，也感受到了仕途的坎坷、晚年的孤独和生活的艰辛，心中百感交集，写下了这首慷慨激越、动人心弦，被称为"杜集七言律诗之冠"的《登高》一诗。

（2）学生读。老师提出的三点朗读要求：读准字音，读清句读，能初步地传情达意。师生点评学生朗诵情况，订正读音。

（3）教师范读。老师读完后，要求学生再读，交流这首诗的"原始阅读收获"。

（4）检查预习中学生对作者基本情况、文本背景资料的搜集整理情况。教师做相应补充。

4. 疏通诗意，扫除理解障碍

本环节采用学生提出疑难问题，师生共同研讨解决问题的形式，主要解决学生自学过程中存在的诗句理解方面的问题。

【教师备答】

猿啸哀：猿鸣凄切，有《巴东三峡歌》云："巴东三峡巫峡长，猿鸣三声泪沾裳。"一个"哀"字，不仅写出了猿鸣的特点，而且也传达出了诗人心中的浓浓哀愁。

渚清："渚"是江中的小洲，站在高处朝下看，水中的沙洲显得既小又空，在萧瑟的秋风中，给人一种凄清的感觉。

落木萧萧："木"仿佛本身就含有一个落叶的因素。它使读者更多地想到了树干，而很少想到叶子；"木"还暗示了它的颜色，可能是透着黄色，在触觉上它可能是干燥的而不是湿润的。于是"木叶"就自然而然有了落叶的微黄与干燥之感，它带来了疏朗的清秋气息。至于"落木"，则比"木叶"显得更加空阔。"木叶"中

"叶"带有绵密的意思，"落木"则连"叶"这个字所保留的一点绵密之意也洗净了。"萧萧"写落叶之声。纷纷飘落的黄叶，不能不让人联想到人生的短暂。

滚滚来："滚滚"写出了江水的滔滔气势。永不停息的江水，不能不让人联想到时间的永恒。

作客：此处指寄居他乡，而寄居他乡的人，难免会有思乡之情，这种思乡之情，在秋天会更加浓烈。"作客"和现在的"做客"不同，这里的"作客"是客居他乡的意思。杜甫这里是漂泊他乡、流浪他乡的意思。而且，杜甫此时是在兵荒马乱的年代。这种情是长久的，不断的。

艰难：国家艰难，连连战乱，社会动荡；个人艰难，颠沛流离，坎坎坷坷。

苦恨：恨，一为遗憾，另一为痛恨，可理解为极度遗憾或极度痛恨。

5. 合作学习，鉴赏感情手法

（1）赏情感。反复读，品味全词诗情感，走进诗人的内心世界。

预判问题一：从诗中找出最能体现诗人情感的一个字？"悲"。

预判问题二：分解"悲"的原因，本诗写了哪些"悲"？

【教师备答】

寂寥秋景：秋风正劲，长天高远，猿猴哀鸣，飞鸟盘旋，天地间阔大苍茫、凄凉清冷的景象，皆传达出秋之凄冷。

生命暮年（岁月慨叹、感叹命运）：这首诗写于767年，诗人56岁，就是诗人去世前三年。落叶是衰老的象征，他感叹自己的生命也到了晚秋，面对滚滚长江，永恒的自然更令人感叹时光飞逝，生命短暂。

忧国伤时：战乱虽已平定，但盛唐景象不再，国事颓败，触动了诗人忧时伤世之感。

壮志难酬：想为国事尽力而不能，想借酒浇愁而不得——让杜甫悲愁郁结，不得排遣，更是悲上加悲！

总结：宋人罗大经评"万里，地之远也；秋，时之惨凄也；作客，羁旅也；常作客，久旅也；百年，暮齿也；多病，衰疾也；台，高迥处也；独登台，无亲朋也。十四字之间含有八意，而对偶又极精确"。千愁万绪集于一端，八重悲意层层叠加，一字一悲，一句三叹，情感更趋沉郁，诗意更见悲慨。

（2）赏手法。预判问题：这排山倒海、重重叠叠的"悲"情，诗人是怎样表现的?

【教师备答】

情景交融:前四句重在写景,后四句重在抒情,但无论是写景还是抒情,都是情景交融,景中含情;每一句各有偏重,在写法上又有错综之妙。

典型意象:首联选取风、天、猿、渚、沙、鸟六种意象的形、声、色、态,均只用一字描写,却生动形象,精练传神。颔联选取"落木""长江"两个意象,让人感到整个画面气象万千,苍凉悲壮,气势雄浑壮观,境界宏阔深远。

对仗工稳:其四联句句押韵,皆为工对,且首联两句,又句中自对,可谓"一篇之中,句句皆律,一句之中,字字皆律"。更为重要的是字字含"悲"情。

多重对比:天地之广阔与个体之渺小、自然之永恒与生命之苦短、"常作客"与"独登台"均构成对比,在对比中,"悲"情立现。

6. 学生美读,外化拓展赏析

(1)学生归纳鉴赏收获。

(2)学生自己朗读。充分表现出诗中蕴含的情感。

(3)学生自主鉴赏下面这首诗,写一篇不少于300字的文学短评。

江　汉

杜　甫

江汉思归客,乾坤一腐儒。

片云天共远,永夜月同孤。

落日心犹壮,秋风病欲苏。

古来存老马,不必取长途。

【附】板书设计

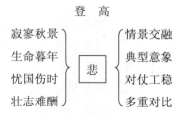

图 3-2　在长沙执教《登高》课堂上

（三）课堂实录：走近痛苦而高贵的灵魂

师：同学们好！老师先做一个自我介绍吧，老师来自于遥远的塞外山城张家口，2022 年和北京一起举办冬奥会的城市。老师用一个词来概括来到长沙最大的感受，那就是"温暖"！一方面是长沙的天气很温暖，老师早上从张家口出发的时候，温度是 −18℃。另一方面，到了长沙以后，组委会的老师、我们的老师和同学表现出来的热情让我感到温暖。老师想先给同学们读一段文字，需要跟同学们强调的是，这不是一段让人愉悦的文字。我希望同学们在听的过程当中，能够把听到的内容转化成视觉的画面，我也相信在座的各位同学都是非常高明的摄影师，我们一定能很好地完成这个任务。

一千多年前的一个秋天，九月初九的重阳节，在夔州的长江边上，大风在凛冽地吹，吹得江边万物凋零，满山遍野都是衰败枯黄的落叶，江水滚滚翻腾，急剧地向前冲击。在凄冷的风中，有鸟儿在江面上盘旋，远处还不时地传来猿的哀鸣，这时一位老人走上山，他衣衫褴褛，老眼昏黄，蓬头垢面，步履蹒跚。他已经是满身疾病，有肺病、有疟疾、有现在被称为风湿症的"风痹"。老人已经右臂偏枯耳半聋。面对着万里江山，面对孤独的飞鸟，面对衰败的枯枝，老人百感千愁涌上心头，写下了被称为古今七言律诗之冠的《登高》："风急天高猿啸哀，渚清沙白鸟飞回。

无边落木萧萧下，不尽长江滚滚来。万里悲秋常作客，百年多病独登台。艰难苦恨
繁霜鬓，潦倒新停浊酒杯。"

今天老师就和各位同学，一同走进这位伟大爱国诗人的内心世界，走近痛苦而高
贵的灵魂。老师已经提前给同学们发了预习作业，在预习作业中有"预习所得"，还有
需要同学们"质疑问难"的内容，同学们完成得很好，先看两位同学的"预习所得"。

屏幕出示：

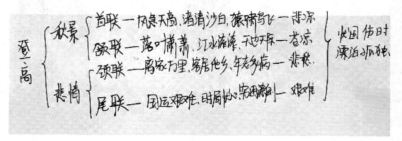

图 3-3　学生预习所得 1

师：同学们看这位同学的"预习所得"，前两联写秋景，后两联抒悲情，每一联
的内容，包括所包含的感情，都列得非常清楚，概括得非常好。我们再看一位同学的。

屏幕出示：

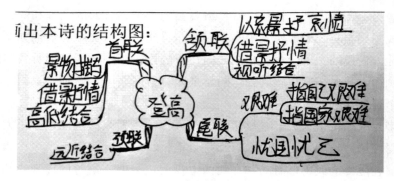

图 3-4　学生预习所得 2

师：这位同学的结构图采用"树状结构"形式，中间是登高，然后四个分支，
把诗歌四联中的最主要的表现手法都概括出来了。这证明了什么呢？我们同学的自
学能力非常强，完成得非常好。我们称为原始的阅读收获、阅读感受。除了"预习

所得"之外，同学们在"质疑问难"中还发现了好多好多的问题。老师就想以咱们同学所发现的这些问题，串起我们这堂课的主要内容。同学们知道，在读一首诗的时候，首先要解决什么问题？

生：要知人论世。

师：是的，我们看看有哪些同学提的与此相关的问题呢？

屏幕出示：

知人论世

杜甫是在什么境况下写下这首诗的？（杨涵宇）

写这首诗时的背景？（杨曼妮）

作者为什么要登高？（成嘉骏）

诗人为何以登高为题写自己的凄惨？（殷希媛）

师：这几位同学的问题都与诗歌创作背景有关。关于本诗的创作背景，同学们预习的时候了解了哪些？

生：从题目看，本诗写于重阳节。

生：本诗创作于诗人的晚年，从"百年多病独登台"就可得知。

生：此时的诗人过着颠沛流离的生活，从"艰难苦恨""潦倒"等词语可以看出。

师：同学们答得很好。老师做一个补充，它其实是一个拐杖，能够帮助我们同学更好地来理解这首诗。

屏幕出示：

此诗是作者在代宗大历二年（公元767年）九月重阳节登高时所作。当时杜甫身居夔州，已经56岁，长期颠沛流离的生活，加之心情抑郁忧愤，致使诗人身患重病。此时"安史之乱"已结束4年，但地方势力乘机争夺地盘，国家仍是一片混乱。加上好友李白、高适、严武相继辞世，让诗人更为孤独！

为了排遣心头的郁闷，杜甫抱病登高，但悲凉萧瑟的江峡秋景反倒使他增添了新的悲哀。

读一首诗的时候，首先了解作者的基本情况，了解创作的背景，这就是"知人论世"。接下来请同学们自由朗读。

（学生自由读诗）

师：有哪位同学自告奋勇？来展示一下！老师提基本要求：读准字音，读清句读，能够初步的传情达意，把预习所感受的情感最大限度地表现出来。

（男生读）

师：读得怎么样？同学们的掌声其实能够说明了一点，但有没有问题呢？

生：感觉缺少一点情感。

师：老师刚才提的三条要求中的"能够初步的传情达意"，还有点欠缺，还有提升的空间。老师始终相信这样一句话，声音其实是有色彩的，朗读诗歌其实是一种对原诗的二度创作，是走进一颗伟大心灵的过程，也是自我生命的提升过程。大家也知道，要想真正读好一首诗，要了解这首诗写的是什么，诗中包含了什么样的感情。接下来默读，关于诗句，理解层面还有没有问题？

（学生默读）

屏幕显示：

> 朗读，理解疏通诗意——理解是鉴赏的基础
> 还不能完全理解全诗的含义？（杨曼妮）

师：杨曼妮同学提出了这样的一个疑问，请问哪些地方还不理解？

生："渚清沙白鸟飞回"中"鸟飞回"我们是能够理解的，但是"渚清沙白"有点不理解。

师："渚"是什么？

生："渚"是所看见的东西吧。是水中小块陆地。

师：对。那么清和白？

生：形容词。

师：懂绘画的同学可能知道，"清""白"是什么色调？

生：冷色调。

师：给人一种什么感觉呢？

生：很凄清悲凉的感觉。

师：好，请坐。还有问题吗？

生："艰难苦恨繁霜鬓"的"艰难"怎样理解？

师："艰难"是指谁的"艰难"呢？

生：我觉得是个人和国家。

师：对，既有自己的艰难，也有国运之艰难。那么诗人的艰难和国运之艰难是什么逻辑关系？

生：有相关的联系。他自己想要报国，然后他觉得自己心有余而力不足，所以他觉得自己这个很艰难，然后又看到国家遭遇"安史之乱"，他又对国家担忧。

师：诗人有满腔报国热情，但报国无门，所以才"艰难"。国运之艰难是因，诗人的艰难是果。好，再看一看同学们在预习作业中理解层面的问题。

屏幕出示：

养成质疑的习惯：不知不解处见疑，似知似解处有疑，已知已解处生疑

预习作业问题整合：

1. 何为"猿啸哀"？

2. 为何不用"落叶"用"落木"？

3. 为何是"作客"而不是"做客"？

4. 何为"苦恨"？

5. 为什么是"浊酒"？

师：哪位同学选择问题回答？

生：我回答第三个。"作客"，作为一个客人四处漂泊，如果用"做客"，漂泊之意没有那么浓烈了。

师：作客，是客居他乡、漂泊不定的意思，而做客，就是去别人家当客人。

生：我回答第二问，我觉得"落木"有一种声势浩大的感觉，更增添他的痛苦悲伤。

师：用"落叶"就不能增加悲伤吗？

生：因为落叶太轻了。

　　师：有一篇课文《说"木叶"》，谈的是关于诗歌语言的暗示性的问题，其中提到了关于"落叶"和"落木"。"木"仿佛本身就含有一个落叶的因素。它使读者更多地想到了树干，而很少想到叶子；"木"还暗示了它的颜色，可能是透着黄色，在触觉上它可能是干燥的而不是湿润的。于是"木叶"就自然而然有了落叶的微黄与干燥之感，它带来了整个疏朗的清秋气息。至于"落木"，则比"木叶"显得更加空阔。"木叶"中"叶"带有绵密的意思，"落木"则连"叶"这个字所保留的一点绵密之意也洗净了。

　　生：我想回答，何为"苦恨"。国难当头，仕途坎坷，疾病、忧愁使诗人须发皆白，此为苦恨。

　　师："苦"在这里用做副词，很、极、非常的意思。"恨"，一是遗憾，另一是痛恨，可理解为极度遗憾或极度痛恨。你认为哪一种理解更合诗情？

　　生：我认为都可以。极度遗憾，是因为诗人有一腔报国之情，但是没有报国之门。如果要解读成怨恨的话，比"遗憾"的这个程度要更深。

　　师：两种理解均可。但从"恨"的词义看，解为"遗憾"更确切。

　　生：我解释"猿啸哀"。猿啸的声音暗示杜甫自己内心的哀愁，这首诗写于安史之乱之后，"猿啸哀"就突出了凄清、哀苦的内心情感。然后与风急天高，构成的一种因果关系。

　　师：你分析得很好。想一想还学过用猿鸣表达哀情的诗句吗？

　　生：巴东三峡巫峡长，猿鸣三声泪沾裳。

　　生：其间旦暮闻何物，杜鹃啼血猿哀鸣。

　　师：所以在古典诗歌中，经常用猿鸣来表达苦情、愁情、悲情。还有一个问题：为什么是"浊酒"？

　　生：浊酒是浑浊的，并且诗人喝酒是很频繁的，说明他的内心愁苦很多。借酒消愁愁更愁！

　　师：浊酒是没有过滤的酒，是劣质酒。背后所包含的是什么？

　　生：诗人晚年生活的悲惨和窘迫。

　　师：很好。理解是鉴赏的基础，疏通了诗意，理解了诗歌内容，同学们再读诗歌，看看是否比初读有进步。

　　（学生再读诗歌）

　　师：要想读得更好，需要进一步把握情感。下面我们鉴赏走向深入。

屏幕出示：

　　赏读，鉴赏情感和手法

　　全诗表达了何种思想？如何表达的？（罗亮）

　　此诗看似无奇，多品有意，情感深沉，写了什么情？怎样品？（黄恬）

　　本诗有多重悲。悲从何来？有几种悲？（张逸凡）

　　全诗有多重悲，具体有哪些？（彭同学）

　　诗人悲在何处？（甄雯）

　　八重悲是哪八重？（涂莉莉、刘铭宇等）

　　诗中运用了哪些抒情手法？（刘同学）

　　本诗的表现手法？（孙博璐）

师：要想把鉴赏走向更深入的话，我们需要进一步探究这首诗歌的情感与手法。同学们预习作业中的疑惑点，很多都与情感和手法有关。

屏幕显示：

　　八重悲是哪八重？（涂莉莉、刘铭宇等）

　　宋代学者罗大经《鹤林玉露》分析第三联……这一联还有八层"悲"情，试着用自己的语言归纳。

师：八重悲情是哪些呢？

生："秋"，时节的悲伤，因为秋天在古代诗歌里面常表达悲伤的情感。

师：春，万物萌生；秋，万物肃杀。凄凉的秋景让诗人感到内心之悲。

生：刚刚介绍背景的时候，说到他的亲朋好友全都相继离世，这是无亲朋之悲。

师：从这一联中的哪个字看出？

生：客。

师：作客，客居他乡。还有？

生：独。孤独之意。

师：据说杜甫本来约了他的一个远亲一同登临，但远亲因事给推掉了，所以诗人是独登台。"独"也是一重悲情。

生：多病。体弱多病当然会悲。

生：百年。

师：这百年是什么？

生：晚年。指诗人到了生命的暮年。

生：万里，有远离故乡，离家思乡之悲！

师：诗人是漂泊在外，他的晚年几乎都在动荡中度过的，远离自己的故土，所以万里之遥，想回乡而不得，所以悲从中来。

生：还有"常作客"。说明诗人漂泊时间之久。

师：漂泊，也就是他的生活的动荡。同学们说得挺好的，我们看一看罗大经是怎么说的？

屏幕出示：

万里，地之远也；

悲秋，时之凄惨也；

作客，羁旅也；

常作客，久旅也；

百年，齿暮也；

多病，衰疾也；

台，高迥处也；

独登台，无亲朋也。

师：为什么"台"有悲情呢？何为高迥处呢？

生：我觉得是高处，迥，就是离家乡远，诗人眺望远处家乡的方向。

师：很有道理。同学们想象，这是一幅怎样的画面？

生：苍茫的天底下，非常突兀的山，诗人站在山顶，看到了"无边落木萧萧下"的迥远的景色，也看到了"不尽长江滚滚来"的苍茫。

师：如果绘一幅画的话，人与景的比例如何？

生：景物阔大，人物渺小。

师：那么，诗人为什么会悲？

生：因为自己太渺小了。

师：长江的永恒和生命的短暂，宇宙的阔大和自我的渺小，是不是形成特别强烈的反差？我们把悲情进一步归类。

屏幕出示：

　　万里，地之远也；

　　悲秋，时之凄惨也；　　　清秋之凉

　　作客，羁旅也；　　　　　羁旅之思

　　常作客，久旅也；

　　百年，齿暮也；　　　　　暮年之叹

　　多病，衰疾也；　　　　　疾病之痛

　　台，高迥处也；

　　独登台，无亲朋也。　　　孤独之愁

师：我们再接着看前两联，又包含什么情感？

屏幕出示：

　　诗的前两联，描绘了怎样的图景，感情基调如何？（张亚楠）

师：哪位同学能帮张亚楠同学回答这个问题？

生：我觉得描绘了一幅苍凉的秋景图。风在很急地吹，天地高远，猿在旁边哀鸣。水中有一个陆地，水非常清，沙非常白，鸟在急风中飞舞盘旋，看不见边际的落叶在秋风中摇落，没有尽头的长江滚滚而来。

师：这幅图景具有什么样的特点？

生：凄凉，萧索。

师：感情基调如何呢？

生：感情基调就是悲伤。

师：怎么从前两联中看出悲伤来？

生：前两联中有猿啸哀，有落木，这些给人以凄凉的感觉。诗人选取了典型的意象，营造意境，从而传递感情。

师：除了落木和猿哀鸣外，还有哪些意象？

生：急风、天高、鸟飞回、渚清、沙白、长江。

师：这些意象怎样渲染情感，能否举例说明？

生：如急风，猛烈的风。

师：如果说和风行吗？

生：没有急迫感。

师：诗人此时有什么感觉？

生：秋天，正好处在江口之处，风特别大，吹到身上是凉的。

师：这种凉单纯的是身体凉吗？

生：还有心凉！

师：很好，继续。

生：鸟飞回，说明它无处停息。

师：如果画一幅画，"鸟飞回"是画一群鸟还是画一只鸟？

生：画一只鸟。这样更能体现诗人的心境，又表达出漂泊感和孤独感。

师：杜甫别的诗歌中有写到孤鸟的吗？

生：《旅夜书怀》中有："飘飘何所似，天地一沙鸥。"

师：很好。水天空阔，沙鸥飘零；人似沙鸥，转徙江湖。诗深刻地表现了诗人孤苦无依、漂泊不定的感伤。因为时间关系，就不让大家一一赏析了。

屏幕显示：

诗的前两联，描绘了怎样的图景，感情基调如何？（张亚楠）

凄凉秋景图

急风：使人身心俱冷。

天高：反衬人之渺小，孤单。

哀猿：悲凉的心境更添一层。

鸟飞回：它无处停息，比喻孤独无依。

清和白：冷色调，更显环境的冷清和凄凉。

落木：落叶飘零，暗示走到了生命的晚秋。

长江：一泻千里，比喻时间的流逝。

屏幕出示：

诗的尾联，包含了哪些悲情？（刘锦晴）

师：同学们看一看刘锦晴同学的问题。最后一联包含了哪些悲情呢？

生：我觉得最后诗人非常直接地用一些字词，将自己的苦还有悲情全部表现出来。他终生郁郁不得志，在晚年生命将近之际，想起了自己以前的事情，内心更加痛苦。再加上生病，苦上加苦，最终连酒都喝不成。

生：报国无门，忧国忧民。

师：好，我们看一看刘锦晴同学是怎么分析的？

屏幕出示：

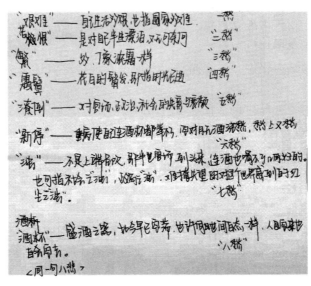

图 3-5

师：刘锦晴同学根据颈联，也概括了尾联的八种悲情，特别值得大家学习。个别的地方可能有点偏差，但是老师认为这种探究的意识，这种善于思考的习惯弥足珍贵。此处应该有掌声！

（学生鼓掌）

屏幕显示：

> 为什么这首诗被胡应麟称为"古今七言律诗之冠"？（刘同学）
> 千古哀情
> 悲秋绝唱
> 手法各样

图 3-6

师：如此浓重的悲情，真是"这次第，怎一个愁字了得"！那些层层叠叠、排山倒海、接踵而来的忧愁，虽然真实存在，但毕竟过于抽象。我们虽然看不见，摸不着，但又能真切地感受到。那么，诗人是怎么样来表现这种"愁情"的呢？大家分组讨论，一会儿每组选一名代表阐述本组的发现。

生：情景交融。前四句重在写景，后四句重在抒情，情景交融，景中含情。

生：选取典型意象，营造意境，表达情感。

生：这首诗，格律上非常严谨。正如课后思考题中所说的"一篇之中，句句皆律，一句之中，字字皆律"。

师：同学们总结得很好。不知同学们发现没有，这首诗还有多重的对比，都有哪些对比呢？

生：用天空高远来反衬自己在这世间的渺小。

师：天空的高远和个人的渺小构成对比。还有吗？

生：长江奔流与人生的短暂。

师：长江绵绵不绝和人生的苦短之间是不是也有对比？其实第三联中的是不是也包含一个对比？

生："常作客"与"独登台"构成对比。

师：对，正是在这几层对比中，"悲"情立现。

师：好的。这首诗我们基本上学完了。我想请刚才的这位同学再读一遍这首诗。

（第一位朗读的同学再次读诗）

师：相较于第一遍，老师感觉出他的变化。第一，节奏放缓，更适合表现悲情；

第二，一些重点的词语给予强调，如"百年多病独登台"的"独"。我们应该给予鼓励，也希望同学记住：朗读是学习诗歌的重要方法！

师：我们总结一下今天的内容。

屏幕显示：

图 3-7

师：杜甫的一生都被流亡，被生活放逐，又被苦难追赶。他甚至还不曾抓住盛唐的最后一缕余光，就被离乱的秋风，吹往落木萧萧的江畔。安史之乱已经结束，但地方割据势力仍在混战。他继续"漂泊西南天地间"，在"何日是归年"的叹息声中苦苦挣扎。时代的艰难，家道的艰辛，个人的多病和壮志未酬，再加上好友相继辞世——所有这些，像浓云似的时时压在他的心头，他为了排遣郁闷抱病登台。他仍是老迈不减忠诚，落魄不改忧国，潦倒不忘苍生。我们触摸到了一个诗人心灵的震颤，看到了他的全部痛苦与高贵，这才是千秋诗圣杜甫！

布置作业。用今天我们鉴赏这首诗歌的方法，同学们课下自己鉴赏《江汉》这首诗。因为这个单元的训练重点是尝试着写文学短评。大家写完后交给我们老师。

屏幕出示：

> 自主鉴赏下面这首诗，写一篇不少于 300 字的文学短评。
>
> **江　汉**
>
> 杜　甫
>
> 江汉思归客，乾坤一腐儒。
> 片云共天远，永夜月同孤。
> 落日心犹壮，秋风病欲疏。
> 古来存老马，不必取长途。

图 3-8

师：好，这堂课我们就上到这里，下课！

（四）教后反思：让主角把戏演好

《登高》这堂课是按我坚持多年的语文教学主张——"学情核心"阅读教学法构建的。

图 3-9　课后说课

本课包含五个教学环节。

第一环节，由学生进行"前置性"学习，自读《登高》，课前完成预习作业，提出问题，我认真批改。关注"预习所得"，明确学生的"已知"；高度重视"质疑问难"，将学生提出的问题按照一定的逻辑顺序归类。这两点是设计教学的逻辑起点。

第二环节，课堂导入，整体感知。目的是扫清鉴赏的障碍，解决阅读背景。这既是对学生预习情况的检测，也是完成鉴赏的基础。

第三环节，疏通诗意。重点解决"理解"问题，师生共同探讨解决问题。

第四环节，鉴赏诗歌思想感情和艺术手法。这是课堂的重点。《登高》写于767年，是杜甫的人生最后时刻，学生明白这是悲秋之作，但很难对于杜甫的人生之秋，个人与国家之悲有更深刻的理解与感悟，让学生尽力感知杜甫个人与国家艰难是我教学的重点。在课堂预设和生成上我主要让学生以"悲"为核心，探讨景、境、情的关系，通过自主、合作、探究进行学习，深入理解诗歌的思想和情感。

《登高》的诗眼在于"悲"字，这个很好找到，在学生的预习作业中，大部分学生通过预习已经准确找到诗眼"悲"，难点在于学生不理解"悲"的具体内容，更无法与杜甫之"悲"产生共情。我就围绕"悲"字将学生的预习作业问题串起来，引导学生找到问题并解决问题。文章开篇由写景入手，借景抒情和直抒胸臆这两种写作手法学生已然非常熟悉，开篇景物都是"悲秋"的典型意象，学生需要通过这些意象进一步理解诗中意境。写景的诗句，尽量让学生自行总结。本次授课中，学生将以前的知识进行了有效的迁移，这一点值得赞赏，说明他们已经开始有了知识系统构建意识。而在后两联的赏析中，仍然是以学生"预习作业"中的疑难问题作为切入点，突出学生的主体作用，学生可以自行解决的尽量让其自行解决，提升其解决问题的能力。在教学过程中，不以教师的审美体验代替学生的审美体验，鼓励学生的个性化阅读。同时绝不脱离文本，对诗人展露的情感进行过度拔高，而是引导学生深入文本体会细节，收获最真实的感动。这一环节有一个亮点，那就是刘锦晴同学在"前置学习"中对尾联的分析，她借鉴颈联的"八重悲情"，创造性地分析了尾联也包含了"八种悲情"。重点展示、分析刘锦晴同学的见解，也为其他同学树立"标杆"，从而鼓励大家养成大胆质疑、大胆表达自我主张的意识。

第五环节，拓展探究。我在日常教学中，本环节包括两个方面：一方面是以文本为基础的拓展性探究，提出层次较深的问题，或研讨，或迁移，或比较，或引申，其目的是触类旁通，举一反三；另一方面是以文本为基础的读写链接，如把诗歌改写成散文，就某一诗句展开联想写一段抒情文字，也可以就相关诗人的情况写一篇小论文等。这堂课，我选择了杜甫的《江汉》作为拓展阅读材料，一是要求学生根据本堂课学习的鉴赏诗歌的方法，完成《江汉》的自主鉴赏，二是根据这个单元的训练重点，要求学生尝试着写文学短评。

在构建课堂时，我还突出了一点，那就是"以读带赏，以赏促读"，用"读"串起课堂，还课堂读书声。其中，一名男生开始的朗读与下课前的朗读，构成前后对照，由此让学生明白，要读好一首诗，必须理解诗意，把握感情。

教学永远是遗憾的艺术。本堂课虽然基本上展示了我的教学主张，但因为"异地上课"的特殊性，我不了解学生真正的学情，学生也不熟悉我"学情核心"的教学方式，所以在实际授课中存在一些问题。一是学生完成"预习作业"质量不高，缺少问题意识，除了个别同学外，很多同学提出的问题价值不高，还有同学的"预习作业"是一片空白，这样，直接影响了我对"真实学情"的了解与判断，而"学情核心"教学主张最重要的一点就是把握真实学情；二是课堂推动中，大部分问题还是来自"预习作业"，课堂生成的新问题或质疑性问题不多，学生的质疑能力、主体意识没有充分展现。

四、舌灿莲花定乾坤

——《烛之武退秦师》教学案例

（一）背景描述：还原文言文的醇香厚味

中学文言文教学常常处于很尴尬的境地，一方面高考的考查，强调对字词的理解和句式的把握，注重基本知识层面的认知；另一方面课程标准则要求通过文言文教学，让学生领会民族的文化积淀，探寻精神的根。于是，在学术领域，关于文言文教学的"文"与"言"的争论从来就没有停止。而从教学实践角度看，分为两类：一类重视对文言课文意义的理解、情感的体验、思路的分析、技法的鉴赏和文化的熏陶；另一类侧重于对文言课文形音的认读、词义的理解、词法的掌握、句法的分析和翻译的训练等。其实，争论的焦点就是"文言文教学"的定位问题。如何把"文"与"言"恰当地兼顾，并且自然融合在一起，让学生从知识的层面升华到文化的层面，从而还原出文言文的醇香厚味，让悠远的历史和璀璨的文化像一股潺潺的溪流，通过课堂，通过教师的设计，从历史的深处流淌而出，注入每个学生的心间，这显示出教师的智慧，更是我们教学追求的境界。

语文课程更加强调以核心素养为本，语言建构与运用是语文学科核心素养的基础。有了这个基础，学生的其他素养就会在个体言语经验发展过程中得以实现。《烛之武退秦师》是部编普通高中语文必修下册第一单元的第2课。教科书对本单元的教学目标描述为：学习本单元，要在理解文意的基础上，整体把握经典选篇的思想内涵，认识其文化价值，思考其现代意义。……阅读史传文，要注意其叙事曲折有序、写人生动传神的特点，尝试理性评价历史叙述中体现的思想、观念，认识历史人物和历史事件。这一表述中，"理解文意"显然与核心素养中的"语言建构与运用"扣合，而把握"叙事特点"，对作品"理性评价"等，也必须以"理解文意"为基础。

《烛之武退秦师》是《左传》中非常典型的作品，是我国古代文学的典范，该作品既善于刻画人物、重视记录外交辞令，又记事条理清晰、叙述精确、详略得当，还充满了人生智慧和积极向上的正能量。这些都值得学生去挖掘和学习，并且对学生做到学以致用也是大有裨益的。这不仅可以提高学生的写作技巧，拓展他们的知识面，而且能增加他们的人文底蕴，这也就真正落实了课程标准中人文素养要落地的要求。

如果说初中的文言文知识是一个小池塘，那么高中的文言文知识更像是一个湖，无论是知识量还是文章理解都要求有质的飞跃。而对于大多数学生来说，学习文言文是相当乏味和痛苦的事情。众多的基础知识已经让学生苦不堪言，更遑论理解文言文的真正内涵。本文作为一篇经典的叙事性散文，既能代表古代记叙散文的杰出成就，又因其故事比较集中，简短易懂，易于学生接受，更能激起学生学习古文的兴趣和爱好。如何让学生产生学习古文的兴趣呢？这就需要教师设计教学讲求"激发术"。

（二）教学设计：文字、文言与文化

【目标定位】

1. 掌握文章中出现的文言文基础知识。

2. 赏析人物形象，把握塑造人物形象的技巧。

3. 学习烛之武精彩的论辩技巧。

4. 欣赏本文波澜起伏、详略得当的叙事艺术。

【教学流程】

1. 新课导入

鲁迅先生说，中华民族自古以来就有埋头苦干的人，就有拼命硬干的人，就有舍身求法的人，就有为民请命的人，他们是中国的脊梁。今天就让我们走近《烛之武退秦师》，认识一位拥有这样高贵品质的人。

2. 作品、体例及背景简介

（1）作品介绍。

《春秋左氏传》原名《左氏春秋》，汉朝时又名《春秋左氏》《春秋内传》，汉朝以后才多称《左传》。相传是春秋末年鲁国的左丘明为《春秋》作注解的一部史书，但由于文献不足，迄今尚无定论。《左传》是中国第一部叙事详细的编年体史书，与同为解说《春秋》的《公羊传》《谷梁传》合称为"春秋三传"，《左传》又名《春秋左氏传》。当然，也有人认为《左传》是一部独立的自成体系的历史著作。

《左传》以《春秋》的记事为纲，以时间先后为序，详细地记述了春秋时期各国内政外交等大小事实，记述范围从公元前722年（鲁隐公元年）至公元前468年（鲁哀公二十七年）。记事比《春秋》详细而具体，字数近二十万，是《春秋》的十倍。《春秋》和《左传》原本各自成书，到晋代杜预作《春秋经传集解》，始把两书合在一起。

《左传》从政治、军事、外交等方面，比较系统地记述了整个春秋时代各诸侯国发生的重要事件，同时也较为具体地描绘了一些人物的生活琐事，真实地反映了当时的社会面貌和政治状况。作者在选材、描写和评论时，往往带有自己的褒贬和爱憎。作者以自己敏锐的观察力、深刻的认识和高度的文学修养，对许多大小历史事件，作了深刻而生动的记述。

《左传》善于描写战争和记述行人辞令，记事条理清楚，叙述精确，详略合宜，委曲简洁；写人简而精，曲而达，婉而有致，人物形象栩栩如生。常常是寥寥几句，就能使读者如见其人，如闻其声。

（2）史书体例。

编年体：按年月日顺序编写的史书体裁。如《春秋》《左传》《资治通鉴》等。

国别体：分不同的国家编写的史书体裁。如《国语》《战国策》等。

纪传体：以人物传记为纲，时间为纬，反映历史事件的史书体裁。如《史记》《三国志》等。

断代史：记录某一时期或某一朝代的历史的史书体例。如《汉书》等。

通史：不间断地记叙自古及今的历史事件。如《史记》等。

（3）背景介绍。

秦、晋围郑发生在公元前630年（鲁僖公三十年）。在这之前，郑国有两件事得罪了晋国。一是晋文公当年逃亡路过郑国时，郑国没有以礼相待；二是在公元前

632年（鲁僖公二十八年）的晋、楚城濮之战中，郑国曾出兵帮助楚国（《左传·僖公二十八年》："役之三月，郑伯如楚致其师"）。结果，城濮之战以楚国失败而告终。郑国感到形势不妙，马上派人出使晋国，与晋结好。甚至五月，"晋侯及郑伯盟于衡雍"。但是，最终也没能感化晋国。

晋文公为了争夺霸权，还是在两年后发动了这次战争。晋国为什么要联合秦国围攻郑国呢？这是因为，秦国当时也要争夺霸权，也需要向外扩张。发生在公元前632年的城濮之战，事实上是两大军事集团之间的战争。一方是晋文公率晋、宋、齐、秦四国联军，另一方则是以楚国为主的楚、陈、蔡、郑四国联军（郑国名义上没有参战，实际上已提前派军队到楚国）。

3. 诵读疏通，整体感知

（1）对照注释，初读正音，整理文言基础知识。

在疏通大意的同时，学生需要学习重要的实词、虚词、特殊句式的用法和意义，并归纳出词类活用、古今异义、通假字以及倒装句。词类活用："军、王、鄙、厚、薄、封、东"等词；古今异义："今、行李、东道主、乏困、夫人、去"等词；通假字："共、厌、说、知"等词；倒装句："以其无礼于晋""佚之狐言于郑伯""何厌之有"等。虚词还需要注意"以""其""之"等词有着不同含义和词性。这样更有利于学生理解和记忆。

（2）初解文意，复述故事梗概。

教师范读，要求学生注意停顿和语气；由学生概括故事梗概。

【教师备答】这是一篇记述外交斗争的散文。郑国被秦、晋两个大国的军队所包围，国家危在旦夕，烛之武奉郑君之命，去说退秦军。他善于利用矛盾，采取分化瓦解的办法，一番说辞，便说服了秦君撤出围郑的军队，并且派兵帮助郑国防守，最后晋军也不得已而撤退，从而解除了郑国的危机。

4. 质疑问难，理解鉴赏

（1）了解学情。

课前已给学生下发预习作业，让其利用学科自习完成。预习作业的目的：一是提高学生自学文言文的能力；二是培养学生独立思考，解决问题的能力；三是便于教师了解学生掌握课文的情况。教师了解学情后要将其问题进行整理，记录下学生提出的有代表性的问题，以备解惑。

整合"质疑问难"环节的共性问题，可以分为两类：一是词句理解类，二是文章关涉的人物、故事、手法等内容理解赏析类。其中第二类问题整合如下：

①秦、晋两国为什么围攻郑国？

②文中是如何交代秦晋围郑的形势的？这与整个故事发展有何关系？

③烛之武说"臣之壮也，犹不如人；今老矣，无能为也已"，这话的弦外之音是什么？

④郑伯在情急之下，诚恳地认错道歉，又说"然郑亡，子亦有不利焉"。怎样评价郑伯的这些言行？

⑤文章写烛之武在使命面前，先"辞"后"受"，有什么作用？

⑥文中"朝济而夕设版焉"，这里的"朝""夕"是否实指？

⑦烛之武为什么能说服秦伯？

⑧秦伯为何还会派秦国大夫守卫郑国？

⑨在烛之武退秦师整个事件中，郑国处于一种被侵略的地位，烛之武游说秦穆公，能否看作一种爱国行为？

⑩晋文公最后以"不仁""不知""不武"三条理由退兵，怎样看待晋文公的退兵理由？

⑪秦晋两个大国，历史上世代通婚，但这两个大国又经常兵戎相见。怎样看待这一历史现象？

⑫烛之武人物形象有何特征？

⑬本文是如何塑造烛之武这一人物形象的？

⑭叙写战争是《左传》所长，而应对辞令也是《左传》中富有文学意味的一部分。本文"说辞"有什么特点？

⑮课文虽短，但在叙述故事时，能够处处注意伏笔与照应。文中的哪些内容是伏笔和照应？

⑯本文叙事波澜起伏，这样写具有怎样的艺术效果？

【教师备答】

【第一段】秦国行军千里，与晋国合打郑国的理由很简单：为了一个"利"字。课文在交代秦晋围郑的原因时，说是"以其无礼于晋，且贰于楚也"。"无礼于晋"，指的是当年重耳流亡到郑国时，"郑文公亦不礼焉"（《左传·僖公二十三年》）。当年，郑文公缺乏远见，没有理睬重耳。"贰于楚"，是指在晋楚城濮之战以前，"郑伯如楚致其师"（《左传·僖公二十八年》），郑国准备派兵帮助楚国对晋作战，后来虽未参战，却因此得罪了晋国。"无礼于晋"也好，"且贰于楚"也罢，实际上都是秦晋两国向东扩张，企图把郑国作为边疆的借口而已。

文章的第一段用"晋军函陵，秦军氾南"说明攻方的态势，暗示郑国已经危在旦夕。这就点明了烛之武游说秦伯的背景，为下文的故事发展做了铺垫。第一，秦晋围郑的两个原因"无礼于晋"及"贰于楚"都直接关系到晋国，而与秦国无关，这就为烛之武说服秦伯提供了可能性，为故事的发展埋下了伏笔。第二，秦、晋两军，一在函陵（今河南新郑北），一在氾南（今河南中牟南），两军分驻南北两边，互不接触。这为烛之武说服秦伯的秘密活动增加了有利条件。

【第二段】"臣之壮也，犹不如人；今老矣，无能为也已。"这句话表面上是谦虚，实际上是指责郑伯一直不任用他，埋没了他的才能。烛之武，考城人，是三朝老臣，但始终得不到升官，在郑国一直担任"圉正"（养马的长官）。被举荐使秦时，已年过七十，须发皆白，身子伛偻，步履蹒跚。（指导读这句话时，要将他的抱怨意味倾诉出来，使烛之武更具有人情味，要将那份抱怨而又无奈的语气读出来，使得烛之武更鲜活。）

作为一国之君的郑伯，这时候敢于向烛之武表明自己的过错并自责，所以语气需要谦和、诚恳，体现明君风范。而后，又一针见血指出亡郑于烛之武也是不利的，可说是软硬兼施，迫使烛之武答应退秦。这样，一位勇于认错，善于言辞又在意自身利益的君主形象就跃然纸上。

这段文字看似闲笔，却有重要作用：一是交代了烛之武的境况，是一个不被重用的老臣。二是委婉地批评郑伯不能用人，但在关键时刻，作为国君尚能接受规谏，诚恳负责。三是点明烛之武深明大义，以解国难为重。这一内容粗线条地勾勒出烛之武的形象，为下文写他奔赴国难的义勇精神做了必要的铺垫。

【第三段】"朝济而夕设版焉"的"朝""夕"并不是实指，而是用夸张的手法突出了事态变化之速。类似的如"朝闻道，夕死可也""朝令夕改""朝秦暮楚""朝为布衣，暮为卿相"等。但也有实指的，如"朝为行云，暮为行雨"。如何区别，要视具体语言环境而定。

既然秦国是为"利"而来，那么烛之武便迎合其心理，从为秦国利益着想的角度，力劝秦国退兵，点醒了利令智昏的秦国国君。烛之武是就地理位置、历史事实和逻辑推理等角度，从四个层面进行"利害"关系的劝说的。

第一层，"亡郑"于秦无利可图。"越国以鄙远，君知其难也"，秦在西，郑在东，中间隔着晋国，秦要跨越晋国，把郑国的土地纳入自己的版图，作为自己的边邑，这是很难办到的。"亡郑"之后，郑国的土地不为秦所得，反为晋所有，结果是"邻之厚，君之薄也"，从而提醒秦国不可"亡郑以陪邻"。第二层，"舍郑"于秦可得实惠。"若舍郑以为东道主，行李之往来，共其乏困，君亦无所害"，"舍郑"，就是放弃郑、不灭郑。这是烛之武从正面向秦国国君提出的建议。郑国在秦国的东方，以此可作为"东道主"，那么秦国使者往来，遇到资粮不足，郑国便可尽地主之谊，给予供给，让秦有利可图，得到实惠，这有什么不好呢？第三层，晋君不可信。20年前，晋公子夷吾流亡时期，秦穆公接夷吾入秦，然后帮助他返回晋国做了国君，即晋惠公，所以说，"君尝为晋君赐矣"。当时，夷吾曾把晋的焦、瑕二邑许给秦国，作为酬谢。但他早上渡过黄河回国，晚上就设版筑城，修建工事，与秦国对抗。晋君如此忘德背信，如若与之共事，绝不可能共享其成，利益均分。第四层，损秦利晋不可为。晋君欲壑难填，已经在东边向郑国开拓土地，又要恣意向西边开拓，"若不阙秦"，到哪里取利呢？从而提醒秦君不要做"损秦以利晋"的蠢事。

春秋无义战。烛之武在"利"字上做足了文章，既瓦解了秦晋联盟，说退秦师，又保全了郑国的利益。在一个没有权威、各自为利益纷争的时代，利益原则便是行动的最高原则。当秦伯知道亡郑只能对晋有利，而对秦不仅毫无好处反而有害的时候，他就会一改过去的所为，反过来帮助郑国，以防出现有利于晋，特别是有害于秦的状况出现。

烛之武说退秦师的行为可以从两个角度去理解：角度一，顺向思维，肯定其是爱国的行为。从当时国家的概念，政权的体制上看，君主与国家是同一体，大臣忠君、忠于自己的政府，即可看成"爱国"；角度二，反向思维，否定其是爱国行为，从广义的"国家"版图角度上看，只是忠君的一种表现而已。

【第四段】晋文公退兵的三个理由中，其实，"不仁"是一个冠冕堂皇的借口，如果真讲"仁义"，当初就不会发兵攻郑。"不知"才是实质。"知"通"智"，这个"智"，是理智，就是对现实情况的客观分析，对动武后果的冷静判断。"以乱易整，不武"，胜负之数，难以意料。晋的退兵，说到底，也是一个"利"字在起作用。

　　"秦晋之好"和"兵戎相见"的交替存在并不难理解，可以从矛盾缓解的暂时性与争夺霸权的实质性两方面进行辩证思考。

　　烛之武的人物形象可以从三个角度来看：一是他70多岁时才被重用，并未过多地与郑伯计较，而是"许之"，一位深明大义的爱国志士形象呈现在我们面前；二是秦晋两军兵临城下，形势危急，却"夜缒而出"，冒着生命危险，只身前往秦营地，可见他是一个知难而上，义无反顾的勇士；三是在秦伯面前，用简短的125字说服了秦伯，解除了郑国的危机，他又是一位口若悬河，巧言善辩的辩士。这样一个"义、勇、智"的形象就跃然纸上了。

　　塑造烛之武的人物形象时，既有侧面烘托又有正面描写。通过佚之狐的引荐之后才让读者见到这个传奇人物的真面目。这就采用了未见其人，先闻其声的艺术手法，从侧面烘托了烛之武的才能。在烛之武与郑伯对话中，其语言的生动真实，让烛之武虽有委屈但在国家危难之际临危受命的深明大义的光辉形象更加活灵活现。烛之武智退秦师的说辞仅125字，却不卑不亢，步步深入主题，句句打动对方，从而正面彰显了烛之武机智的外交才能。晋国乘兴而来，被烛之武一番离间，败兴而归，让一代霸主颜面扫地而又束手无策，侧面烘托了烛之武弱国亦有外交的聪明智慧。

　　春秋时期，诸侯国往来频繁，使臣是否善于辞令，不但关系到个人的荣辱，而且关系到国家安危。课文是记述、表现辞令的名篇，全部说辞仅125字，文章却从四个不同角度，纵横捭阖，将利害得失剖析得淋漓尽致。烛之武紧紧抓住秦穆公对晋人的戒备心理，从亡郑以陪邻，层层推进，一直说到阙秦以利晋，始终围绕着秦晋间的利害冲突展开攻心战。虽是竭尽挑拨离间之能事，但句句在理，字字动心，绝无故弄玄虚、危言耸听之嫌。

　　文章注意伏笔与照应的地方较多，如在交代秦晋围郑的原因时，说是"以其无礼于晋，且贰于楚也"，说明秦、郑并没有多大的矛盾冲突，这就为下文烛之武说退秦师埋下了伏笔。又如"夜缒而出"，照应了开头的"秦晋围郑""国危矣"的有关内容。再如"许君焦、瑕，朝济而夕设版"和"微夫人之力不及此"又照应了上文秦、晋虽是联合行动，但貌合神离，既没有驻扎在一起，彼此的行动也不需要通知对方，这就为秦、郑联盟提供了条件。文章预后瞻前，巧施伏笔，简练而不失谨严，自然而耐人玩味。

　　文章开头写大军压境，郑国危在旦夕，不禁让人捏着一把汗；而佚之狐的推荐，使郑伯看到了一线希望。读者以为烛之武会顺利出使敌营，挽狂澜于既倒，谁知他却因长期得不到重用而"辞曰"，打起了退堂鼓，使郑国的希望由此渺茫。而郑伯的自责，又使故事有了转机，增添了戏剧性。再如，秦国退兵后，子犯建议攻打秦军，秦晋关系顿时又紧张起来。晋文公讲了一番"仁""知""武"的大道理，才平息了一场虚惊。课文就是这样有张有弛，曲折有致，生动活泼，颇具感染力。

　　【总结全文】这是一篇记述行人辞令的散文。郑国被晋、秦两个大国的军队所包围，国家危在旦夕，烛之武奉郑君之命，去说退秦军。他善于利用矛盾，采取分化瓦解的办法，一番说辞，便说服了秦君，撤出围郑的军队，并且派兵帮助郑国防守，最后晋军也不得已而撤退，从而解除了郑国的危机。这篇文章，赞扬了烛之武在国家危难之际，能够临危受命，不避险阻，只身去说服秦君，维护了国家安全的爱国主义精神。同时也反映了春秋时代各诸侯国之间斗争的复杂性。文章具有组织严密、前后照应，起伏跌宕、生动活泼，说理透辟、善于辞令的特点。

　　5. 迁移拓展

　　欣赏《陈情表》的说理艺术。（《陈情表》文略）

　　【教师备答】《陈情表》是我国古代散文中的一篇"奇文"。字字生情，句句在理，"陈情"之理，贵在含"情"。此篇有三个"情"。明代沈学中曾赞颂说："读《陈情表》不哭者其人不孝。"

　　第一，说实情。文章开篇陈述的是作者不幸的命运：孩提时代，慈父见背，舅夺母志，失怙失恃；成长时代，体弱多病，怜丁孤苦；成人之后，无亲无戚，晚有儿息；如今现实，祖母卧病，侍药难离。"茕茕孑立，形影相吊。"一句话浓缩了李密祖孙二人凄苦相依的命运，也表露了他历经坎坷之后的凄凉无奈。苦情动心，真诚感人。

　　第二，诉衷情。首先是进退两难。一方面国恩难报，君情难违。另一方面养恩难忘，亲情难舍。其次是强人所难。在辞不赴命，辞不就职之后，作者等来的是诏书的责备、郡县的逼迫、州司的催追。在申诉不被允许的情况下，"臣之进退，实为狼狈"。无奈的话语中，含蓄地表达了对"圣朝"统治者强人所难的不满之情。

　　第三，消疑情。"少仕伪朝"，屡召不应，难免让晋朝统治者产生怀疑。是贪恋旧朝，"忠臣不事二君"，还是疑虑"圣朝"，顾虑重重？无论两种想法的哪一种得到证实，都可能给李密带来杀身之祸。旧朝时，"本图宦达，不矜名节"；新朝时，"过蒙拔擢，宠命优渥"。对比中，表明了李密的立场，流露了李密的感恩之心，更消除了晋朝统治者心中的郁结。接下来，祖孙二人"更相为命"的苦情再次强调，既顺应了晋朝以孝治天下的治国纲领，又委婉地告诉了晋武帝侍奉祖母是他"不仕"的唯一原因。

表忠情。先有"非臣陨首所能上报"的感触，后有先尽孝后尽忠的承诺，终有"生当陨首，死当结草"的誓言。忠君之情，溢于言表；感君之恩，动人心魄。

一篇抗旨的表，让作者写的几多可怜、几多恭敬、几多谦卑，逐字逐句无不细细推敲研磨，一言一语无不含情在理。《陈情表》说事、说理、说志、说体，文字漂亮，情理兼备，也难怪晋武帝会做出"停诏，允其不仕"的决定。

图 3-10　送教下乡听评课上

（三）课堂实录：舌灿莲花定乾坤

师：外交，是一个国家在国际关系上的活动，其目的在于建立能够满足彼此需求的关系，如互派使节、进行谈判、会谈。一般来说外交是国家之间通过外交官就和平或战争、文化、经济、贸易等问题进行协商的过程体系。在我国春秋时期优秀散文著作《左传》中，就记录了烛之武这样一位外交官。

师：我们已经预习过了，哪位同学可以给大家介绍一下《左传》？

生：《左传》是我国第一部以叙事为主的编年体著作，记叙了春秋时期 240 年间的史实，包括政治、外交等方面。

生：作者相传是春秋的鲁国史官左丘明。"传"字不能理解成"传记"，而应该理解成"解释经书的文字"。

师：有所谓"春秋三传"，是什么？

生：《春秋左氏传》《春秋公羊传》《春秋谷梁传》。

生：《左传》善于描写战争和记述行人辞令，记事条理清楚，叙述精确，详略合宜；塑造人物形象栩栩如生。既是历史作品，又是文学作品。

师：同学们说得很好。老师再补充一点。《左传》在战争描写中，注重描述战争的来龙去脉，揭示战争胜负的内外因素。作者不仅仅把战争看作是刀光剑影的搏斗，更是将它视为一种复杂的社会现象加以全面叙述，因而着重描写战争的起因，展示双方的战前准备、战略战术的运用、将帅的个人素质，突出战争的发展过程，揭示出战争胜败的原因，并带有明显的思想倾向性，特别是注重交代与战争有关的政治、外交等活动。大家知道，和平时期杰出的外交可以促进国家与国家之间的和谐相处，而战争时期出色的外交辞令能够达到或不战而屈人之兵或力挽狂澜、解民于倒悬的奇效。今天我们就来看看，烛之武是怎样通过外交让势如危卵的郑国全身而退的？

（师板书标题：烛之武退秦师）

师：课前老师布置了预习作业，让大家结合课下注释标注读音，疏通文义。首先，我们初读课文，整体感知一下文章写了一个什么样的故事。好，哪位同学能给大家读一下课文？

（学生读课文）

师：哪位同学做一下点评，说说优点和不足？

生：我觉得读得非常好，读音都对了，比我做得好，没有看出不足。

（学生笑）

师：表达了自己真实的想法，非常好。但是，读文言文只求音准，标准较低，我们还应该做到什么？来，你来说一下。

生：还要做到断句准确，能表情达意。

师：非常好，那你评价一下刚刚那位同学读得怎么样？

生：读音没有问题，但是有一处断句，我觉得不是很准确。我觉得应该是"晋/军函陵，秦/军氾南"，不是"晋军/函陵，秦军/氾南"。

师：为什么呢？

生：因为"军"在这里做动词，"驻扎"的意思，如果读成"晋军/函陵，秦军/氾南"，两个名词并列，句子不成立。

师：这位同学说得很好。文言文断句，首先要把握文意。连在一起不符合整体意思表达和语法要求的，就要考虑断开，反之亦然。还有吗？

生：还有。"若使/烛之武见秦军"，应该是"若/使/烛之武见秦军"。我这么认为，有两点理由：一是"若使"连读，现代汉语表假设，如果断开，就可以翻译成"如果派遣"；二是结合语境，这是佚之狐举荐烛之武时说的话，断开读更能表现佚之狐对烛之武才能的肯定，对烛之武的人物形象起到侧面烘托的作用。

（学生鼓掌）

师：预习作业做得非常好。现代汉语以双音节词为主，而古代汉语以单音节词为主。阅读时，要一个字一个字地去理解，培养逐字审视的习惯。另外，这位同学还从表情达意的角度去理解，去断句，能更准确地把握文章内容，非常好。其实，读文言文时，如果断句没问题，就说明你已理解了大半。下面同学们拿出"预习作业"，分组讨论"质疑问难"中字词理解层面的问题。

（学生分组讨论，教师巡视，不时参与讨论）

师：同学们讨论得很热烈。词句理解方面的问题解决了多少？还有问题吗？

生：大部分解决了，但还有问题。

师：老师给大家读一遍文章，你们看看还有没有词句方面的疑惑。

（老师范读）

生：我想问"且君尝为晋军赐矣"中"为"字为什么读二声？

生：（抢答）因为在这里是动词"给予"的意思。

生：我还有一个问题，"朝济而夕设版焉"中"朝、夕"怎么理解？

师：这里的"朝""夕"并不是实指，而是用夸张的手法突出了事态变化之速。类似的如"朝闻道，夕死可也""朝令夕改""朝秦暮楚""朝为布衣，暮为卿相"等。但也有实指的，如"朝为行云，暮为行雨"。如何区别，要视具体语言环境而定。

生：就像"白发三千丈""军书十二卷""朝为青丝暮成雪"。

师：对，能做到举一反三了，非常好。谁还有问题？

生：这篇文章当中有一句话"夫晋，何厌之有"，这里的"夫"应读二声。"夫"读二声的时候是句首发语词，《曹刿论战》中"夫战，勇气也"和它是一样的，那么"微夫人之力"的"夫"未放句首又读二声，它是什么意思？

生：代词，那，那个。

生："邻之厚，君之薄也"的"厚"和"薄"怎么理解？

师：要想读懂这个句子，我们可以看一看上面那个句子是怎么说的。请你给大家读读上面那句话。

生：越国以鄙远，君知其难也。焉用亡郑以陪邻？

师："焉用亡郑以陪邻？"是什么意思？

生：为什么要灭亡郑国而加强邻国的实力？

师：你说得很对，增加邻国的实力就是增加邻国的土地，那么这里面他们谈论的是一个什么话题呢？

生：领土。

师："厚"和"薄"应该指什么？

生："厚"是指土地广阔，"薄"是指土地被……削弱。

师：那你再给大家来翻译一下这句话。

生：邻国的土地增加了，您的国家的土地就被减少了。

师：大家说他这种翻译对不对啊？

生（齐声）：对！

师：这位同学是自己解决了这个问题，而且还提示我们如果在翻译哪句话不懂的时候，可以想很好的办法，是什么办法？

生：联系上下文。

师：这是很好的办法！还有问题吗？

生："既东封郑，又欲肆其西封"，"东封"和"西封"里的"封"意思一样吗？

师：你的观点呢？

生："东封"的"封"应该是动词。"又欲肆其西封"中"肆"是动词，所以"封"应该不是动词。我不是很确定。

师：好，刚才这个同学抓住了一句话出现了两次的词语，词性、意思是不一样的。

生："若舍郑以为东道主"中"舍"字不明白。

师：这一句你在理解时难点在哪里？

生："舍郑"的"舍"。我知道"舍"翻译成放弃，这个"放弃"怎么理解？感觉有点生硬。

师：生硬的原因往往是因为字字对照后，翻译的句子里缺少了某种东西，缺少了什么呢？翻译文言文除了需要字字对照之外，我们还需要注意什么？

生（齐声）：联系上下文。

师：所以……

生：如果放弃（攻打）郑国，把（郑国）作为东方道路上（招待过客）的主人。

师：这位同学在翻译的时候，结合上下文把省略的成分给补出来了。我们自己疏通文言文时也应该注意这个问题。

师：我们在读文言文时常常会遇到一些理解上的问题，一方面要在平日加强积累，另一方面可以试着用结合上下语境、补充省略的成分等办法来帮助我们理解句子的意思，这样同学们就能够把课内的知识迁移到课外去，去解决更多的问题。现在没有同学提问了，看来咱们已经基本理解了文章的意思了。哪位同学能用比较简洁的话来讲一下这个故事？要求起因、经过、结果齐全。谁来试试？

生：因为郑国以前的时候没有以礼对待晋国的国君，晋国国君和秦国国君一起包围并准备攻打郑国。后来郑国国君在佚之狐的提议下请烛之武出山，希望烛之武去说服秦穆公退兵。于是，烛之武去见秦伯，对秦伯晓之以理，先告诉他灭亡郑国以后对秦国没有好处，然后说如果不灭亡郑国，以郑国为东方道路上的主人，可以给秦国带来一系列好处。同时对秦穆公说起以前晋国的失诺，结果秦穆公放弃了攻打郑国，退兵了，秦晋约败，继之晋国退兵。

师：概述得非常好。我发现刚才这位同学的概述中"退"这个词频繁出现，接下来我们就围绕"退"字，看看文章是怎样写的？

师：我们疏通了文意，现在进入品读解难阶段。首先，大家拿出预习作业，分组讨论文章内容、人物、事件、艺术手法等方面的问题。

（学生分组讨论）

师：交流之前，请同学们再读一遍课文，强化对文章的整体印象，然后我们再交流问题。

（学生朗读）

师：好，哪位同学先提出你的问题？

生：这篇文章题目是"烛之武退秦师"，主要人物应该是烛之武，为什么第一个出场的是佚之狐呢？有什么用意吗？

师：想知道原因，一定要看看佚之狐说了什么。

生："国危矣，若使烛之武见秦君，师必退"，这是在举荐烛之武。

师：听出了什么弦外之音？

生：自信，对烛之武充满信心。

师：说明……

生：烛之武是有才能的，可堪重用的。我知道了，这是侧面烘托。

师：对，侧面烘托。以后我们学习的课文《廉颇蔺相如列传》，蔺相如的出场也是这样的，宦者令缪贤举荐的。

生：还有《红楼梦》中的王熙凤的出场，未见其人，先闻其声；众人的敛声屏气，王熙凤的肆意放诞，也是侧面烘托。

师：好，对《红楼梦》也很有研究，还能融会贯通，非常好。

生：既然烛之武这么有才能，为什么他会说"臣之壮也，犹不如人"？是谦虚吗？

师：联系上下文，想知道烛之武的态度，一定要看在烛之武身上发生了什么。

生：应该从郑伯的话"吾不能早用子，今急而求子，是寡人之过也"可以看出来，烛之武这句话表面上是谦虚，实际上是指责郑伯一直不任用他，埋没了他的才能。这是怨言，在发牢骚。是不是有点小心眼？

生：我恰恰认为烛之武很真实！身怀治国安邦之才，却被闲置一旁，直至垂垂老矣，方被记起。郑伯颇有些用人朝前，不用朝后的嫌疑。发几句牢骚不是人之常情吗？

师：（笑）有道理。烛之武，考城人，是三朝老臣，但始终得不到升官，在郑国一直担任"圉正"，大概相当于《西游记》里所说的"弼马温"吧。被举荐使秦时，已年过七十，须发皆白，身子伛偻，步履蹒跚。烛之武毕竟是一个有才华又受了委屈的人，牢骚让他更显真实。而郑伯也非常明智，赶紧动之以情，晓之以理，放低姿态，请求烛之武退敌。

生：郑伯除了赔礼道歉，还说了一句"然郑亡，子亦有不利焉"，有什么用意？

师：这就是"晓之以理"，什么道理呢？翻译一下。

生：然而郑国灭亡了，您也没有什么好处呀！

师：用一个熟语概括？

生：覆巢之下，焉有完卵。

师：刚才提出问题的同学，你从"然郑亡，子亦有不利焉"中读出了什么？

生：读出了威胁。我不用你是个人恩怨，我已经道歉了。现在郑国有难，作为郑国人，你有能力却不救国，是对国家不忠，对百姓不义，况且，郑国灭亡，你就是亡国之臣，也不会有什么好下场。

师：我要表达一下我对你的赞美之情——优秀。郑伯三言两语，就将烛之武放在了国家命运、道德高度的火炉上炙烤，看来，即便委屈也必须接受使命，做这退师之人了。

生：为什么郑伯宁愿放下身段也要请求烛之武出山呢？

生：我觉得应该是形势逼人，他别无选择。

师：你说"形势逼人"，有依据吗？

生：国危矣。

师：还有吗？

生：晋侯、秦伯围郑。

师：两个诸侯国中任意一个都可以单独灭掉郑国，何况是强强联手相逼，看来郑国确实很危险了。

生：郑国只是得罪了晋国，既然秦、晋任何一个都可以单独灭郑国，晋为什么要拉秦国一起围郑？

师：秦国卷入战争的意图非常明确，就是为了……

生：利！

师：秦伯就是想从中分一杯羹。

生：那晋国的国君是不是太傻了，明明可以独吞利益却偏要分享？

师：会吗？

（学生思索）

师：有一段历史，大家必须了解一下。（老师介绍）时周襄王十二年，晋兵已休息岁余，文公一日坐朝，谓群臣曰："郑人不礼之仇未报，今又背晋款楚。吾欲合诸侯问罪何如？"先轸曰："诸侯屡勤矣。今以郑故，又行征发，非所以靖中国也。况我行无缺，将士用命、何心外求？"文公曰："秦君临行有约，必与同事。"先轸对曰："郑为中国咽喉，故齐桓欲伯天下，每争郑也。今若使秦共伐，秦必争之，不如独用本国之兵。"文公曰："郑邻晋而远于秦，秦何利焉？"乃使人以兵期告秦，约于九月上旬，同集郑境。（《东周列国志》）

师："郑"的地理位置非常重要，是中原咽喉之地。"今若使秦共伐，秦必争之，不如独用本国之兵"。意思就是如果和秦合作的话，秦会分一杯羹，我们要自己打，不要和秦一起。然后文公说："郑邻晋而远于秦，秦何利焉？"大家觉得这句话熟悉吗，后来谁也说过的？

生：烛之武。"越国以鄙远"，是啊，烛之武说过。

师："乃使人以兵期告秦"，于是就把晋国出兵的日期告诉给了秦国，"同集郑境"。那么，秦为什么参战？

生：秦参战，是想分利。现实情况决定，即便战胜郑国，秦也没办法获得利益。所以，晋君老谋深算，是在诓骗秦君，为的是降低战争给自己国家带来的伤害。

师：非常正确，可见，秦晋之好也是建立在"利"的基础之上的。

生：盟友之间并非真心实意、坦诚相待，这也为烛之武的说退秦军埋下伏笔。

师：是的，这就是烛之武能说退秦军的重要原因。

师：清代林云铭这样评述："（烛之武）说秦之词，句句悚动，有回天之力，其中无限层折，犹短兵接战，转斗无前，不虑秦伯不落其彀中也。"课堂上我引用了这样的评价词，然后请同学们再次阅读烛之武的"说秦之词"，具体说说这段话的"波澜起伏"表现在什么地方。大家讨论一下，看看烛之武是如何做到弱国亦有外交的。

（学生热烈讨论）

师：怎么样，有结果了吗？谁先来？

生：先说秦晋围郑，郑国必亡。烛之武好像置身于郑国之外，站在秦国的立场上说话的，这应该会引起秦伯的好感，愿意听他把话说完，从而为进一步打动秦伯提供了可能。

师：欲扬先抑，以退为进。"郑既知亡矣"，坦言知亡，避其锐气。

生：亡郑只对晋国有利，对秦国有害无益。烛之武指出，秦、郑相隔遥远，晋、郑却是近邻，因此亡郑只能对晋国有利，对秦国不但没有利益可言，反而因"邻之厚"而显得"君之薄"。

师：显得"君之薄"，措辞非常严谨。对手的土地增加了，自己没有变化，相对来说，就是减少。运用了辩证看问题的方法，非常好。

师：烛之武的措辞委婉而谨慎，巧妙地点明秦、晋毕竟是两国这一事实。这既符合实际，又从根本上动摇了秦、晋联盟的基础，这不能不让秦伯动心，秦国当然不会帮助晋国成就霸业而使自己的国力相对削弱。

师：阐明利害，动摇秦君。"邻之厚，君之薄也"，亡郑只对晋有利。

生：说明保存郑国，对秦只有好处。如果说上一层是分析危害动摇秦伯的话，这一层则是以利益引诱秦伯了。

生：秦伯既是为利而来，晋给不了，我郑国可以给，前提是和郑结盟。

师：替秦着想，以利相诱。"君亦无所害"，舍郑会对秦有益。

生：揭露晋侯的言而无信，从而让秦穆公重温历史，即晋侯是不可以相信的人，合作的后果很严重，进而达到瓦解秦晋盟约，使秦国主动退兵的目的。劝秦伯不要剃头挑子——一头热。

生：不对，过河拆桥的是惠公，现在和秦结盟的是晋文公，不是一个人。

师：你很细心，发现了问题。你说这事烛之武知道吗？他会弄错吗？

生：他应该不会弄错，那他是故意的？

生：那么，秦伯想到烛之武为什么这么说了吗？

师：（笑）未必不知呀！攻打郑国于秦无利，这是事实。"晋君"一词尽显烛之武的外交智慧，混淆视听只是想告诉秦伯，晋国从来如此凉薄。事实也让秦伯冷静了许多，无论是晋惠公还是晋文公维护的都是晋国利益。

生：看来是"利"字当头呀。

生：秦国又何尝不是如此呢！我们还会学到《廉颇蔺相如列传》，蔺相如指责"秦自穆公以来，二十余君，未尝有坚明约束者也……"作为国君，自然要考虑自己国家利益最大化，不必怀疑人生，纠结于秦晋之好只是塑料情谊。

（众学生笑）

师：引史为例，挑拨秦晋。"君之所知也"。烛之武太优秀了。

生：老师，我觉得烛之武还有一步棋呢。从历史说到现实，烛之武又进一步分析了晋国的贪得无厌，灭郑之后必然要进犯秦国。这样一发挥，秦国意识到自己的危险，不仅与郑国订立了盟约，而且反过来帮助郑国。

师：对，推测未来，劝秦谨慎。"唯君图之。"

生：好一个烛之武，郑伯不用烛之武可惜了。

（众学生笑）

师：烛之武智退秦师的说辞仅 125 个字，却不卑不亢，步步深入主题，句句打动对方，层层推理，采用先破后立的方法将秦郑的利害关系紧密地联系在一起，充分论述了三国之间的利害关系，准确而又独到，不得不令人信服。从而彰显了烛之武机智的外交才能。佚之狐确有识人之明呀。

师：好，咱们看一下烛之武的战果有哪些。

生：秦军退。

师：仅仅如此吗？有点小看烛之武了。

生：和秦结盟，受到保护。

师：晋国怎么样，有什么反应？

生：亦去之。

师：感觉晋君有些不甘心呀！

生：晋君退军的理由是"不仁""不知""不武"，理由很是明事理，讲情义。

师：实际上呢？根据国家间利益的排他性。

生：不得已而为之，实属无奈。

师：怎么讲？

生：本来可以独自吞掉郑国，现在郑国却有了秦国的保护；本来和秦结盟，现在被秦君识破自己的小算盘；失去盟友，缔结新仇；实在是技不如人，很没面子。

师：厉害！所以"仁义道德"均是借口，利益才是核心。

师：烛之武的说退秦师过程太吸引人了，这也说明咱们这篇散文充满艺术魅力。

生：层层铺垫，一波三折。

生：面面俱到，步步深入。

生：语言简洁，含蓄生动。

生：说理透辟，善于辞令。

（学生鼓掌）

师：非常好，同学们分别从结构特点、行文技巧、语言特色、人物形象四个角度赏析了这篇文言文，颇有大家风范，看来大家是真的喜欢这篇文章，也是真的读懂了。

师：带着你对文章进一步的理解，再读课文，看看你对文章还有没有不同的见解。

（学生放声朗诵）

生：我觉得烛之武很委屈，有如此才能，然而一直等到今天国难当头，他已经垂垂老矣，已经"无能为也矣"，郑伯才想起来找他，烛之武竟然答应了，我们应该怎样看待烛之武的这种行为呢？

师：老师认为，这是一个很有价值的问题，下面我们采用小组合作探究的形式解决这个问题。

（学生分组讨论，教师巡视并参与讨论）

师：好，哪个组发表一下你们的意见？

生：我们觉得烛之武是不是被郑伯的软硬兼施吓到了，并没有辩驳就"许之"。

师：烛之武胆子很小？

生：不小，胆小的话就不会当君王面抱怨了，虽然语气委婉，但任谁都能听出弦外之音。

生：如果胆子小，怎么会孤身赴秦，力退秦军？

生：那打动烛之武的是不是那句"覆巢之下，焉有完卵"，是想保全自己？

生：铁打的百姓，流水的君王，烛之武只是百姓，光脚的不怕穿鞋的！我觉得不全面。

师：话虽然糙了些，但道理是对的。《赤壁之战》中，唯鲁肃力排众议，劝孙权与曹操决战。当时他向孙权分析不能投降的原因时说："今肃可迎操耳，如将军，不可也。何以言之？今肃迎操，操当以肃还付乡党，品其名位，犹不失下曹从事，乘犊车，从吏卒，交游士林，累官故不失州郡也。将军迎操，欲安所归？"意思就是如果我鲁肃投降，凭实力凭名望最起码还有个小官做做，慢慢地混也能混到个郡守、州牧什么的，将军你投降了能怎么样呢？还会留您性命吗？

生：所以肯定不是为了保全自己。烛之武这点觉悟还是有的。

生：我觉得烛之武这是出于爱国，毕竟"学得文武艺，货卖帝王家"。

生：不能算是爱国吧，只是忠君而已，只是诸侯国。

生：我同意是爱国行为。从当时国家的概念、政权的体制看，君主与国家是同一体，大臣忠君、忠于自己的政府，即可看成"爱国"。

师：两个角度都对，但总觉得理由不是那么充分。回到课本再看看还有吗？

生："然郑亡，子亦有不利焉"，总感觉"子"不仅是对烛之武的尊称那么简单。

生：应该还指百姓，"覆巢之下，焉有完卵"也是在说百姓。郑伯非常清楚，烛之武有骨气，且已经七十多岁，死亡根本威胁不了烛之武，能打动他的只能是责任、大义。

生：因为他是君子！孔子说"君子喻于义，小人喻于利"，他是一个明白大义的君子！

师：是呀，面对大义，君子什么都可以放弃，包括自己的生命，何况自己那点不得志呢？这是一种让我们多么敬仰的精神。历史长河中，这样的君子多吗？

生（齐声）：多！

师：都知道哪些？

生：林则徐"苟利国家生死以，岂因祸福避趋之"。

生：杜甫"安得广厦千万间，大庇天下寒士俱欢颜！风雨不动安如山。呜呼！何时眼前突兀见此屋，吾庐独破受冻死亦足"。

生：文天祥"人生自古谁无死，留取丹心照汗青"。

生：于谦"但愿苍生俱饱暖，不辞辛苦出山林"。

师：非常好，这种精神如阳光普照中国。就像那句话说的"哪有什么岁月静好，只是有人在替我们负重前行"，我们有理由向在民族大义面前义无反顾前行的君子们致敬，这种精神也必将传承下来，在我们及子孙后代的血液中流淌。学习烛之武，涵养一种精神。

师：好了，这篇课文我们就学到这里。布置一下作业，课下阅读另一篇极具劝说艺术的文章——李密《陈情表》，看一看李密是怎样用言语打动晋武帝并让自己走出困境的，写一段赏析文字。

师：好，下课。

【学生赏析反馈】首先，自叙境遇，示弱乞怜。主要体现在两方面。一是诉说自己成长过程的不幸，自幼孤苦，祖母抚养，今刘氏年老病重，为后文请留埋下伏笔。二是降低自己的身份，自称亡国贱俘，至微至陋。其次，解释原因，忠孝两难。解释过往屡诏不就的原因是自己处境不允许，消除帝王的怒火。另外，解释本身就是一种示弱，即便是帝王，面对这种两难境地也不好强人所难。然后，承认皇权，表明心迹。李密明白皇帝雷霆之怒的根本原因，让蜀汉旧臣到晋朝任职是想将他们树立为追随晋朝的表率，以此笼络人心，强化统治。晋朝不是缺少人才，是缺少人才承认其统治的态度。于是，李密以"臣"自称，以"圣朝"呼之，以此给予晋帝极大的尊重，消除新帝的猜忌。并且表明自己"本图宦达，不矜名节"，如果条件允许定会出仕为官，最好飞黄腾达。这也再次强调了不仕原因：非不为也，实不能也。最后，自相矛盾，来日方长。李密提及"伏惟圣朝，以孝治天下"有两个目的：一是承认统治，二是以子之矛攻子之盾。这样就将难题丢给晋帝：如果再强迫李密赴任，就表明自己治理天下的理念是虚伪的。同时，为了不让晋帝难看，李密还开了一张"来日方长"的空头支票。可谓是软硬兼施，晋帝即便不满却也无奈。至此，李密用无懈可击的说理一步步将自己从困境当中解脱出来。晋武帝也只得借坡下驴，赞扬他说：士之有名，不虚然哉！不但停诏，而且赐奴婢二人，让郡县供其祖母奉膳。由此可见，《陈情表》的说理极具艺术价值。

（四）教后反思：从因文得意到关注学情

这节课的生成依据有两点：一是遵循阅读的本质规律，二是把握学生真实性的学情。阅读的本质是一个因文得意的过程。文，指的是文字、语言，延及篇章结构、表达方法或技巧等；意，指的是知识、思想、观点、情感等。所以这节课重点解决这两方面的问题，这是宏观把握。除此之外，还必须在内容方面进行微观推敲，这就要求高度重视学生的预习作业，通过预习作业整体把握学情，在此基础上设计教学，确定的教学目标，规划课堂流程，思考交流方式。只有这样，课堂才能变得细致、高效。

结合已经掌握的学情，我将本课教学设计成：课堂导入，作品简介；初读课文，整体感知；品读解难，微观推敲；赏读知深，拓展探究；读写结合，迁移训练五部分，从不同角度贯彻落实阅读本质的特点，以学生为主体，解决预习作业中的疑难问题。

1. 课堂导入，作品简介

鉴于学生初中学习过《曹刿论战》，对《左传》相关知识相对了解，所以我采取提问及相互补充方式，帮助学生回忆并夯实基础，这一环节较简略。

2. 初读课文，整体感知

在这一环节，我强化"读"，并针对"读"提出要求。学生就读音、句读、文义等自己不能独立解决的问题进行提问，其他学生踊跃发言，帮其解决问题。我作为"辅助人员"，补充了文言文的阅读习惯、断句技巧、文义推断等方面的相关理论知识。这种角色定位，大大激发了学生学习的积极性，课堂效果良好。

3. 品读解难，微观推敲

通过品读细节，分组讨论，争相发言，解决文章中各种"疑难杂症"。针对一些开放性的题目，如对烛之武发了两句牢骚这一细节的看法，我们只讲角度，只谈深浅，不论对错。这样，学生更愿意参与其中，努力思考，发表自己的见解，进而对文章主旨、思想情感进行探微，并学习其写作技巧。

4. 赏读知深，拓展探究

学生在课堂上提出了很有探讨价值的问题，我抓住这一契机，让学生充分讨论，各抒己见，层层剥笋，逐步让学生看清问题的实质。烛之武之所以答应郑伯说退秦师，不是胆怯，不是追名逐利，也不只是忠君爱国，更多的应该是知识分子的道义责任。在多方贯通中努力生长，既完成了延伸阅读，又涵养了学生的精神境界。

5. 读写结合，知识迁移

"学而不思则罔，思而不学则殆。""学"与"践"是关键，"思"与"悟"是重点。善于学习并且学以致用才是做学问的大道，也是检验教学成果的很好的方式方法。鉴于此，我拿出了同属说理性文章但难度略大的《陈情表》让学生赏析，学生竟然分析得头头是道，很有点行家的意思，效果可喜。

从整个教学过程来看，真正体现了学生自主、合作、探究的学习方式。课文的朗读和分析基本上都是由学生完成的，教师只是做了相应的一点点拨，充分地锻炼了学生的能力。针对开放性题目，学生众说纷纭，我并没有作否定，而是给了较充分的肯定和自己的理解，重点是激发其阅读兴趣，培养思考习惯。课堂有秩序地进行着，每个同学都极力表现自己的水平，也都能寻找充分的论据以说服别人，真正做到了"心中有数、眼中有人、手下有招"。

五、饱尝"特别"的秋意

——《故都的秋》教学案例

（一）背景描述：抓住"这一篇"的特别之处

基于学科核心素养和"文学阅读与写作"学习任务群的要求，设计本课教学要考虑以下要素。

在捕捉语言中培养"语言建构与运用"素养。语言文字有着复杂的感性信息和表达张力，作者的情感、文章的意蕴都是通过一些词语和句子表现出来的，特别是《故都的秋》这种"美文"，更需要对语言进行品鉴，揣摩文本的内在含义。比如本文题目，为什么叫"故都的秋"，而不是"北平的秋"或者"古都的秋"？这一问题，就涉及品味语言，"故都"不仅是地点，而且显示出它浓郁的文化底蕴，更融入了作者深切的眷念之情。

在质疑问难中培养"思维发展与提升"素养。质疑问难一定由学生完成。教师先入为主的"设问"，很大程度上会使学生处于被动状态，从而影响学生主体性的有效发挥。因此，教师的课堂设计，一定要建立在学生问题的基础上，将学生的"问"

与教师的"教"有机地结合起来，让学生在解决问题中提高思维能力。

在深入情境中培养"审美鉴赏与创作"素养。在活跃的课堂氛围中，在学生与文本的"对话"中，在师生碰撞交流中，学生与作者产生"共情"。引导学生自主鉴赏体会秋的色、秋的味、秋的情，特别是品味"这一篇"的特点，强化学生的审美感受，丰富他们的审美体验。

在理解比较中培养"文化传承与理解"素养。《故都的秋》中说道："中国的文人学士，都带有很浓厚的颓废色彩，所以中国诗文中，赞颂秋的特别多……不过在中国，文字里有一个'秋士'的成语，读本里又有着很普遍的欧阳修的《秋声》与苏东坡的《赤壁赋》等，就觉得中国的文人，与秋的关系特别深了。"这是文本中的一个议论段落，学生能否理解中国的"秋文化"？这是个难点，若解决这个问题，需要"支架"，那就是借助于写秋的其他诗文。对这些诗文，学生能否产生情感共鸣？理解秋文化，并能结合自身经验，体会秋的文化内涵，这是学习这篇散文更高层次的要求。

本文在所处单元中有特殊价值，还要考虑"这一篇"的特别之处。

《故都的秋》是部编普通高中教科书《语文》（必修）上册第七单元的第14课。本单元选取的五篇散文，都是写景抒情的名篇。单元目标表述为：学习本单元的写景抒情散文，体会民族审美心理，提升文学欣赏品位，培养对自然的热爱之情。要关注作品中的自然景物描写和人生思考，体会作者观察、欣赏和表现自然景物的角度，分析情景交融、情理结合的手法；还要反复涵泳咀嚼，感受作品的文辞之美。本课是本单元的第一篇文章，位置特殊。从文本看，《故都的秋》作为中国现当代散文名篇，通过对北平秋色的描绘，赞美了故都的自然风物，抒发了向往、眷恋故都之秋的真情，并流露出忧郁、孤独的心境。这篇文章充分显示了作者的个性气质、独特的生活感受和文化品味。教学中应引导学生仔细体会这些特点从而达成单元目标。

除了要关注散文常规的文体特征外，还要注意"这一篇"的独特之处。散文是主观性较强的文体，每个人写的散文，甚至同一作者所写散文都有不同之处，所以不仅要抓住这一作者的特点，而且要抓住"这一篇"的特点。《故都的秋》这篇散文，特别之处首先是作品整体呈现出来的"孤独感"。这种"孤独感"表现在他写的秋景、秋味、秋人中，这是一种能够体会，但又无法具体阐明的"一个人的落寞"。如何让学生体会出这种"孤独感"，这是一个难点。其次是作者所表现出来的"平民视角"，所谓"平民视角"即平常景物、平常人，作者视野所及不是名花名景，而是寻常巷陌、平常事物，写的人也是"闲人"，这种视角含蓄、深沉地表现了独特的郁达夫式的人文情怀，可谓浮华褪尽见真纯，铅华洗尽归平淡。平淡绝不平庸，简约而不简单。学生站在"门外"，粗粗而读，必是索然无味，走入"门内"，细细品读，定是情趣盎然。如何让学生体会出这种"把寻常事写得不寻常"的视角，是又一个难点。最后是语言手法的运用，比如对比，虽然这种手法在写作中是常见的，但这篇中的两重对比——南北对比、中西对比——在整个作品中运用得恰到好处，既增加了空间的广度，又加深了文化的深度。而这一点或给学生写作带来启示。

设计教学必须考虑现阶段学情，特别是学生的认知规律。

本课的教学对象是高一年级的学生，他们初中阶段学过不少散文，因此能够了解欣赏散文的基本方法：能够结合创作背景，体味作者富有个性化、带有强烈主观色彩的思想感情；能够领会散文独特的构思，并运用丰富的想象，进一步体会散文内在的韵味；能够抓住文中的重点词语进行深入的分析，从而加深对散文的理解。但是，他们的思维能力和审美能力尚在形成之中，鉴赏水平也存在差异。教学应关注差别，尊重差别，让不同层次的学生达到真正投入、学有所获的目的。

（二）教学设计："孤独感"与"平民视角"

【目标定位】

教学目标：了解散文特点，了解本篇散文的特色，分析五幅秋景图中的物象特点，理解本文"以情驭景，以景显情"的艺术手法，学会从景物描写中把握作者的思想感情，品味精到细腻的语言。

教学重点：以情选景，在景物的细致描写中渗透作者的主观感情。

教学难点：理解作者展现出来的"孤独感"；学习领悟作者的"平民视角"；感受人文精神，体会这篇写景散文能联通历史人文的特点，即作者表现出的人文关怀。

【教学流程】

1. 图景导入，作者简介

导入设计：我们见过许多种秋天，像这样（PPT 展示唯美秋景图），你最喜欢哪一幅图景？说一说理由。其实无论哪一幅图景都是秋天的一个缩影，课件图片里展示的风、雨、建筑、落叶、天空、飞禽等都会留下秋天的影像，它们就是代表。而大自然所展现出的种种秋天的奥妙，会不自然地在我们心头留下印记，这种印记跟我们心绪有关，高兴时，秋高气爽；悲伤时，乍暖还寒。在我们所学的诗词中，可以发现，中国文人心中格外念念于秋，写秋天秋意的诗句，层出不穷，他们又会在什么样的秋天下寄托出什么样的秋意呢？我们一起来看看郁达夫的故都的秋天。

作家作品简介：郁达夫时代背景和个人经历以及郁达夫优美、伤感的文风。（幻灯片显示资料，老师给予介绍。）

理解题目：从标题看作者的情感倾向和文章的风格："故都"二字意味着北平这座拥有数百年辉煌的历史文化的旧都，不再是垂拱天下的政治中心，亦非京都繁华之地。"故都"与"秋"所组合的标题，既让人肃然感受到故都的苍凉和凄清，也很自然地流露出作者心中对这座历史名城的珍爱、赞叹及眷恋和向往之情。

以图景带入，展现情与景关系的同时，为接下来鉴赏文章五幅图景张本；交代作者与时代背景，促进学生对文本的理解。

2. 思维导图，整体感知

（1）文章结构。

第一部分（第 1～2 自然段）总写作者对北国、江南之秋的不同感受，表达对北国之秋的向往之情，是总起部分。

第二部分（第 3～12 自然段）分写部分，从记叙和议论两方面记叙故都纷繁多彩的秋天景象，赞美北国之秋。

①记叙：（第 3～11 自然段）依据"清""静""悲凉"这一特色，逐一描述故都的自然风物。

②议论：（第 12 自然段）从理喻的角度，进一步赞颂秋，赞颂北国的秋。

第三部分（第 13～14 自然段）总括全文，与总起部分照应，再次强调南国之秋的色味不及北国之秋，直抒作者对故都之秋的无比眷恋之情。

（2）思维导图。

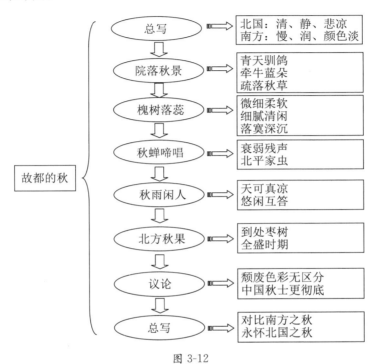

图 3-12

思维导图是文本整体感知的框架，是有效的思维模式，对学生理解文本、逻辑概括、记忆思考有很大帮助，学生可以通过思维导图，有效地宏观概括、厘清段落关系，为进一步细解文本提供有力支持。

3. 质疑问难，体悟特别

【教师备答】

（1）文中有哪几处景物描写？这些描写各有怎样的特点？

①早晨起来，泡一碗浓茶……自然而然地也能感觉到十分的秋意。

这里写了视觉形象、听觉形象。景物写得非常细致，如"一丝一丝漏下来的日光""像喇叭似的牵牛花（朝荣）的蓝朵"；也写了观景、赏景的心态、动作，如"细数""静对"，透露出悠闲、惬意。总的来说，表现了作者热爱故都之秋的情怀。

②北国的槐树……只能感出一点点极微细极柔软的触觉。

这里写了视觉形象、触觉形象。花铺满地，写视觉形象；脚踏花地，是触觉感受。写触觉，给读者以逼真的感受。这里寂静无人，斯人独徘徊，无人可与交流，便只有与自然相交融。揣摩作者的心境，大约是欣喜的，又是寂寞的。

（2）为什么以"南国之秋"作对比？

开篇提到"江南，秋当然也是有的"，结尾提到"南国之秋，当然也有它的特异的地方的"，并做了适当的展开，以此与北国之秋作对比。对比的目的非常明确，即抑彼扬此，北国之秋胜于南国，是作者的主观感受，表达作者对故都之秋的热爱。这种感受既来自空间的对比（南、北两地），也来自时间的积累（"已将近十余年了"）。

（3）为什么写"都市闲人"？

这里写的不是文化人士，而是平民，即"著着很厚的青布单衣或夹袄的都市闲人"。为什么让他们作为故都人的代表？他们的形象更有地方特点，而且作者觉得与他们更亲近，表现出作者的平民意识，也能读出作者很希望能像"都市闲人"那样过无忧无虑的生活。

（4）本文是写景文，为什么插入对写秋诗文的议论？

作者要创造一种文化氛围，于自然气息之外再添一重文化气息，与"故都"题旨暗合。从行文章法上看，这里宕开文笔，纵横议论，显出深厚的文化底蕴和开阔的思路。

（5）本文多处使用排比，它们具有什么样的表达效果？

文中有许多并列短语或句子，具有工整、雅致之美，抒情味很浓厚，朗读起来又具有音韵之美，显示出作者很强的语言驾驭能力，现摘录一些并稍作品味。

"却特别地来得清，来得静，来得悲凉。"三个短句精要地概括了全文的意旨，既有顺畅的气势，又有抑扬顿挫的声韵之美，后面的"来得悲凉"似乎应该比前面两句更舒缓而深沉。也许主张语言简洁的人会觉得"却特别地来得清、静、悲凉"更好，可是这样一来，排比的气势就没有了。

"秋的味，秋的色，秋的意境和姿态，总看不饱，尝不透，赏玩不到十足。"此句前后都采用排比的写法，从不同的方面说南方之秋无可欣赏之处，反衬北国之秋的美好。顿挫分明又气势连贯，表情达意非常充分。

　　"总要想起陶然亭的芦花，钓鱼台的柳影，西山的虫唱，玉泉的夜月，潭柘寺的钟声。"这些描写性的名词短语，一个短语就是一幅画面，展现出生动的美景，成为"故都的秋"的美妙意境的重要组成部分。作者神往之情溢于言表。

　　"北方的秋雨，也似乎比南方下得奇，下得有味，下得更像样。"这些近乎口语的文字，好像把作者津津乐道的样子展现在读者眼前，充分地表达了赞美之情。

　　"正像是黄酒之与白干，稀饭之与馍馍，鲈鱼之与大蟹，黄犬之与骆驼。"这是说理性的语句，但是以具体事物来说明，生动形象，饶有趣味。

　　本文不是很长，但排比句很多，说明作者非常喜欢运用这种工整、雅致的语言，而且运用起来非常妥帖恰当，全无生硬之感。

　　（6）学生"预习作业"中重点文句理解问题。

　　①秋并不是名花，也并不是美酒，那一种半开半醉的状态，在领略秋的过程上，是不合适的。

　　以"名花"和"美酒"喻秋，旨在说明"秋"不是一种高贵的事物，"秋"不过是大自然普普通通的季节。"名花"总是具有一种高贵典雅的气质和姿态，其开放时总是处于一种很柔和很内敛的状态；美酒，首先是不能太"烈"，当然也不能大口大口地喝，而应以品为主，"品"到半醉便是恰到好处。作者认为秋不是名花，也不是美酒，正是说"秋"是普通的花、普通的酒。秋是开放在原野的野花，开放时是那样泼辣和肆无忌惮——花的色香味赤裸裸地展示无遗；秋是北方的白干老酒，烈辣十足，像"二锅头"，要端起大碗，一饮而尽，大醉之后，还喊着痛快痛快——喝这样的酒才过瘾。因此，要想饱尝这野花白干酒似的秋，必须处于一种"全开全醉"的状态，这样才能领略真正的秋。而北国的秋，那才是秋味十足的秋。

　　②著着很厚的青布单衣或夹袄都市闲人，咬着烟管，在雨后的斜桥影里，上桥头树底下去一立。

　　这句是写场景。人不是立在斜桥影里，而是在树底下，这树又长在桥头。"斜桥影里"是桥的影子在夕阳照射下投射的阴影。"雨后的斜桥影"与"树"同是"咬着烟管"的人的背景图案。此句意为：雨后，夕阳即将西下，石桥投下了歪斜的影子，桥头的树底立着一个（或几个）咬着烟管的都市闲人。这个句子的精彩之处在于通过"斜桥影"又给我们暗示了夕阳的存在，而夕阳又更加增添了秋天傍晚快来时的清冷和悲凉。"斜桥影"不仅是桥的整体轮廓，而且让人仿佛看到了桥上的栏杆投射在桥面形成的斑驳的阴影。不仅如此，它还暗示了桥下潺潺的秋水，使我们想起了"秋水日潺湲""秋水浅平沙"这样的诗句。如果再让桥头上的树渗入这组意象中来，真是木叶落纷纷，飘零逐流水。

③北方人念阵字，总老像是层字，平平仄仄起来，这念错的歧韵，倒来得正好。

从内容上看，由"阵"而"层"，写出了秋雨的量小。"层"字在表现秋雨的形象性方面是"阵"所没有的。但作者很显然不在此方面考虑，他说"平平仄仄起来"，显然是韵律。为什么在韵律方面"层"比"阵"好呢？不妨画一下两种说法的平仄。"一阵秋雨一阵凉"的平仄是"平仄平仄平仄平"，"一层秋雨一层凉"的平仄是"仄平平仄仄平平"，而这正是符合近体诗的平仄规律的，所以韵律更好。

④有些批评家说，中国的文人学士，尤其是诗人，都带着很浓厚的颓废色彩，所以中国的诗文里，颂赞秋的文字特别的多。

这个句子也不好理解。"颓废"是意志消沉、精神萎靡的样子。对生活失去了热情，这样的人，怎么能写出赞颂秋的文字？在他们的眼里，应当是见秋而悲。而事实上中国古代文人，也确实写了许多悲秋的文字，连刘禹锡都认为"自古逢秋悲寂寥"。再则从本段后文作者所举的例子来看，欧阳修的《秋声赋》悲秋无疑，苏轼的《赤壁赋》则非悲秋，却是很鲜明地表现出在秋之长江所得到的乐趣。可见文中所谓的"颓废"还应该有一层意思，寄情山水、放浪形骸、流连湖光山色也被归入"颓废"这一行列。为什么？因为这些人往往是志不得伸，抱负难以实现，只好借山水排遣苦闷。正所谓"人生在世不称意，明朝散发弄扁舟"。中国文人正是在这种人生状态下写出了许多不仅赞颂秋，还赞美大自然的名篇，如《醉翁亭记》《岳阳楼记》等。

⑤比起北国的秋来，正像是黄酒之与白干，稀饭之与馍馍，鲈鱼之与大蟹，黄犬之与骆驼。

这四组对比性的比喻句，从四个角度精当地写出了南国与北国之秋的差异。第一组从"酒"的角度写味道的足与不足。第二组从"饭"的角度写质的实在与不实在，馍当然是吃一口是一口。第三组从"菜"的角度写味道的浓与不浓。前三组正好是一桌菜，构思可谓独特。第四组是从格调着眼，骆驼比之黄犬，可谓"大气大派"，"骆驼"之喻形象地渲染出北国之秋豪放而不矜持。

【教师备答】

（1）作者是如何将"清""静""悲凉"融入每组景物的？

描写这五组景物的过程中，始终循着"饱尝秋味"的思路展开，而展开的路数，更是超乎寻常。我们知道，作者要"饱尝"的"秋味"是"清""静""悲凉"，一般的写法是，用一组景物表现"清"，一组景物表现"静"，再用一组景物表现"悲凉"。郁达夫先生全不是这样的，他用的不是简单的相加组合法，而是将"清""静""悲凉"的秋味同时融入每一组景物中，让每一组景物都以自己的特色传达"清""静""悲凉"的秋味，使每一组景物都成为"清""静""悲凉"的秋景图，而又各具特色，绝无雷同，因而对秋味的"饱尝"越尝越浓，越尝越有味。下面就让我们跟着作者一起品尝一下各组景物中的"清""静""悲凉"之味：

院落秋景。写"清"，"看得到很高很高的碧绿的天"，槐树底下"一丝一丝漏下来的日光"，"牵牛花的蓝朵"，几根"尖细且长的秋草"，这景，这物，这光，这色，何其清爽！写"静"，"早晨起来，泡一碗浓茶，向院子一坐"，"细数着"丝丝日光，"静对着"牵牛蓝朵，是心静；"听得到青天下驯鸽的飞声"，是"鸟鸣山更幽"之静。多么清静，多么惬意，多么闲适！然而，一股悲凉之气也萦绕在清静之中。那"一椽破屋"，那一段"破壁"，那几根秋草的"疏疏落落"，无不透露着悲凉的气息。

秋槐落蕊。落蕊满地，"脚踏上去，声音也没有，气味也没有，只能感出一点点极微细极柔软的触觉"，是表现"静"——心静，物也静，一切皆静；"灰土上留下来的一条条扫帚的丝纹，看起来既觉得细腻，又觉得清闲"，是表现"清"，是直书清爽闲适的感觉；"潜意识下并且还觉得有点儿落寞"，又透出一丝悲凉之气。

秋蝉啼唱。"衰弱的残声""秋蝉的嘶叫"，自然给人一种悲凉之感。而既然是"残声"，就自然细弱，可是，"无论在什么地方，都听得见它们的啼唱"，可见环境之"静"；这里的蝉声又用"啼唱"来形容，是在表现北平的平民百姓对蝉声的亲切感，又自然生出一丝清幽闲适的情调。

秋雨闲人。突出的是一个"凉"字。灰沉沉的天，凉凉的风，息列索落的雨，都市闲人的衣着——厚厚的青布单衣或夹衫，雨后的闲谈，无不着意于一个"凉"字，自然透着一股悲凉之味。但凉风又只是一阵，雨声也并不大，雨后的行人是"闲人"，交谈的是"闲话"，衣着虽然是"厚厚"的，也不过只是"青布单衣或夹衫"，这一切，都让人感到凉而不冷，也都隐隐透着一股清爽、恬静之味。

　　清秋佳果。虽然着力于北国之秋的"全盛时期","一年之中最好也没有的 Golden Days",但所取景物并不缤纷热烈。请看作者着力描写的枣树:"像橄榄又像鸽蛋似的这枣子颗儿,在小椭圆形的细叶中间,显出淡绿微黄的颜色的时候,正是秋的全盛时期……"其形,其色,无不透着清爽之气,恬静之味。这组景物似乎没有表现悲凉之气,其实不然。只要仔细阅读就会发现——"等枣树叶落,枣子红完,西北风就要起来了","北方便是尘沙灰土的世界",这里面不是透着一丝悲凉之气吗?

　　(2) 怎样理解作者在文章中呈现的"孤独感"?

　　散文是一个人的心绪的展现。附着外物,本篇作者"落寞"的孤独感贯穿文章始终。无论是一个人寻找北国秋天,还是写皇城人海,天高云碧下一个人的悠闲品茶,或是一个人望着疏草蓝朵,亦或者细数日光,都尽显"落寞",甚至雨后闲人的对话,"我"也仅仅是一个旁观者。在中外的关于秋的论调中,"我"又能格外体会到中国秋士的深沉,这种孤独感是我们感到"清""静""悲凉"的根本原因,所以在解读图景中,如果想让学生更好地去理解作者和故都的秋天,就一定时时点出作者的"孤独",并加以细细品味。

　　(3) 如何看待本文"平民视角"与"平民意识"?

　　从选材看,院落秋景,秋槐落蕊,秋蝉残鸣,秋雨秋风,清秋佳果——都是寻常景物。说它寻常,一是与名胜古迹、皇家园林相比,实在是司空见惯之物,随处都有之景,并无出奇之处;二是其视角完全投注于平民百姓日常生活中的所见所闻,一景一物都透着百姓味儿,平常气。通过寻常景物来抒发不寻常的情思,这正是本文的高明之处。

　　从发现问题到解答问题;从理解层面到鉴赏层面,再到探究层面;从感受美,体会美,到提高审美鉴赏能力:教师要善于启发,特别是对于文本独特性的引导体验上,要尽量与学生的生活体验相结合。

　　4. 品味语言,以赏促写

　　作者字句自然清新,值得品味。例如,开篇说"可是啊,北国的秋,却特别地来得清,来得静,来得悲凉",我们不妨试作简省:"可是,北国的秋却特别地来得清、静、悲凉。"稍作改动,意思一点没变,可意味、情味大变;在选择搭配词语上,作者又很洒脱地从生活中拣来,平凡极了;可是它们又是那样精当,搭配在一起就再也无法拆开了。名词如"芦花""柳影""虫唱""夜月""钟声"等宏观的秋色、秋声,以及"飞声""日光""蓝朵"等微观的秋色、秋声,它们配搭得匀称和谐，最能调动读者的情感。这些物象声色，本是现实中无处不有的，但被作者随意拣来配在一起，就产生了特别的美感效果。

在句式的选择上，作者多用短句，但长短相间；多用整句（尤其多用排比），但整散结合：形成了一种既典雅又洒脱的风格。如文章的后半部分从中外文人学士对"秋"的那种"深沉""幽远""严厉""萧索"的感触，引导读者领略"中国的秋的深味，非要在北方，才感受得到底"。接着笔锋一转，来了一大段对"南国之秋"的速写，以映衬"北国之秋"的特色。这段"速写"中运用了多种句式，但仍以短句、整句为主，雅俗熔于一炉，特别能代表作者的语言风格。

本文主要的表现手法是烘托、对比。作者除了直接叙描故都的"秋"外，着意以南方的"秋"为写照，烘云托月似的映衬出故都秋的浓度与特色。通过中西对比，直接将读者引入秋的文化里层，去体会那故都的秋味，去领会那故都秋意，去思考那秋的人生。

语言是基石，句式的变换和手法的运用可以更好地助推思想和情感的表达，旨在引导学生注重句式和手法的理解赏析，使学生理解，为什么使用，怎么恰到好处的使用，再到如何借用语言形式来表达自己的情感想法。

图 3-11　分享自己的教学设计

（三）课堂实录：饱尝"特别"的秋意

师： 今天学习郁达夫的散文《故都的秋》。

师： 我们见过很多秋天的景色，像这样（PPT 展示唯美秋景图），你最喜欢哪一幅图景？说一说理由。

生： 我喜欢叶落漫江这幅，让我想起"无边落木萧萧下，不尽长江滚滚来"，满眼萧瑟啊。

生： 我喜欢"教堂白鸽"，这幅画面没有悲凉感，虽然枯萎的藤配上教堂给人沧桑感，但白鸽给人以生机和灵动，一种清朗的感觉。

生： 我喜欢秋雨打湿古灯的感觉，有一种悲凉古朴在里面。

生： 我喜欢麦田收割，让我想起了凡·高的麦田系列，给人收获之感，根植土地的这种踏实感。

师： 其实无论哪一幅图景都是秋天的一个缩影，你们在课件图片中看到的风、雨、建筑、落叶、天空、飞禽等都会留下这个秋天的影像，它们就是代表，而大自然所展现出的种种秋天的奥妙，会不自然地在我们心头留下印记，这种印记跟我们的心绪有关。高兴时，秋高气爽；悲伤时，乍暖还寒。从我们所学的诗词中可以发现，中国文人心中格外念念于秋，写秋天、秋意的诗句特别多，他们又会在"各自"的秋天中寄托出"特殊"的秋意！我们一起来看看郁达夫笔下的故都的秋天。

（PPT 展示）

　　郁达夫（1896—1945）现代作家，浙江富阳人，1913 年留学日本，曾广泛涉猎外国文学，深受近代欧洲、日本各种社会思潮和文艺作品的熏陶，曾参与组织"创造社"。主要作品有《沉沦》《春风沉醉的晚上》《薄奠》《出奔》《她是一个弱女子》《茫茫夜》等，在不同程度上，揭露了旧社会的罪恶，向封建社会大胆挑战，有一定的积极意义，但也带有颓废情绪。其散文以游记著称，情景交融，文笔优美，自成一家。出版有《达夫全集》（七卷）、《达夫散文集》、《达夫游记》、《达夫日记集》和《郁达夫选集》等。郁达夫是一个"伟大的爱国者"（刘海粟说）。

师： 在预习作业中，有同学提出这样的一个问题，为什么题目不是"北平的秋"

"古都的秋",而是"故都的秋"? 我们经常说,题目是一篇文章的窗口,同学们能够通过这个窗口窥到些什么?

生:"故都"更有文化底蕴,表明是国都,是政治文化中心,如果是"北平",就只是一个地名,给人的感觉不强烈。

生:"故都"主要在于"故",和我们说的"故乡"的"故"是一样的,都有深深的眷恋之情,这在刚才的背景中和文中都能体现,我看到的是作者对这个国家和北平的爱。

师:很好。老朋友、老相识称"故人"。生于斯、长于斯的老家称"故乡"。自己的祖国称"故国"。一个"故"字,表现出对所述事物的熟悉,更表现出对所述事物的热爱、眷恋之情。为什么作者把当时的北平称作"故都"?

生:刚才老师作了介绍,北平并非作者的故乡,称北平为"故都"并非"故乡"之故。因为北平是元、明、清三朝都城,如果仅仅是这个缘故,称"古都"就可以了,未必称"故",肯定另有讲究。我能感觉到,但说不出来。

师:你说不出来,老师给你一个抓手。

(PPT 展示)

作者曾多次到过北平小住,对北平有着特殊的感受和挚爱。他在 1936 年写的《北平的四季》中有一段话:"北平的人事品物,原是无一不可爱的,就是大家觉得最要不得的北平的天候,和地理联合上一起,在我也觉得是中国各大都会中所寻不出几处来的好地……""五六百年来文化所聚萃的北平,一年四季无一月不好的北平,我在遥忆,我也在遥祝,祝她的平安进展,永久地为我们黄帝子孙所保有的旧都城!"

师:刚才这位同学,你再说说?

生:作者对北平有着像对故乡一样的热爱和眷恋,称北平为"故都"就饱含着这样一种情感。

生(抢答):老师,我还有更深的理解,不知道算不算"过分解读"?

师:你说出来,让同学们看看你是不是"过分"?

(学生笑)

生:诚如作者所说,北平是"五六百年来文化所聚萃"的古都,是元、明、清三代中国政治、文化的中心，历史已经使北平成为民族文化的一个符号，成为中华民族的象征，而作者也正是中华民族文化哺育出来的一员，他对我们的民族文化有着深挚的热爱之情。

（学生鼓掌）

师：同学们的掌声说明了你没有"过分"。当作者来到北平的时候，就很自然地投入了这有着浓郁民族传统文化氛围的古都的怀抱，并深深地陶醉其中。正是这种深厚的民族情感，催生了"故都"的称呼。至此，我们可以初步感受到题目所传达的情感，即以深厚的民族情感为灵魂的热爱与眷恋。而这种情感又是要凝聚到一个"秋"字上来表现的。一个"秋"字能表现什么？又怎么表现？这正是阅读正文时要全力追寻的。

师：我们拿出预习作业，老师经常说，阅读要遵循着阅读的一般规律，宏观把握和微观推敲，我们先来宏观把握，捋清整个文章的结构脉络，谁来展示一下你们预习作业中的思维导图？

（两位同学分别在实物投影上展示"思维导图"）

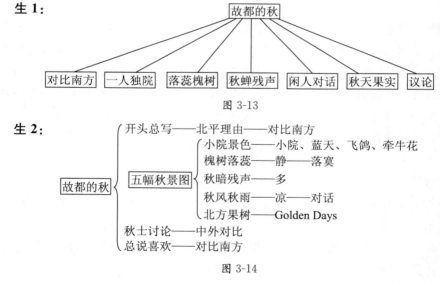

生 1：

图 3-13

生 2：

图 3-14

师：很好，可以看到两位同学都对文章结构有了初步感知，大体上对不对？

生：对！

师：如果非要比较下，很显然第二位同学写得更加的细致，逻辑性更强。

师：从思维导图我们不难看出这个文章总体结构是一个什么形式？

生：总——分——总。

师：是的，中间的分写，从同学的概括中也可以看出，就是五幅代表北国秋天的图景，写了许多典型的物象，我们看看他们概括得对不对？

师：比如说秋雨的这个，一位同学概括为闲人对话，另一位同学概括为秋风秋雨，哪个比较恰当？

生：其实两位同学都有概括不全面的问题，这里的背景是秋雨，而主要描写的却是两个闲人的对话，所以，我认为如果是精准概括的话，应该二者都有，"秋雨闲人"，更为恰当。

师：好的。我们在第二名同学图示的基础上进行修改，修改时要注意两点：第一，要尽量涵盖、准确提取段落内容，第二，要注意段落内部的逻辑关系。

（学生讨论修改，最终形成思维导图）

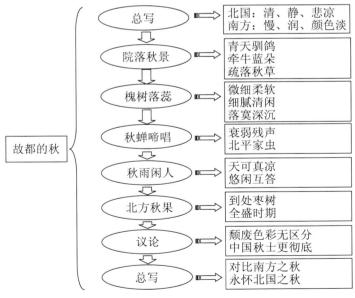

图 3-15

师：结合思维导图我们厘清了文章结构，接下来我们进一步亲近文本，进行微观推敲，这是对文本的进一步解读，首先我们学习第一部分，自己先朗读一遍，然后小组探讨下预习作业中存在的问题。

（学生朗读，小组讨论）

师：解决了一些问题没有？

生：解决了一些，又新出了一些问题。

师：其实语文学习就是不断发现问题，再不断解决问题的过程。又发现了哪些新的问题？

生：第一自然段"我的不远千里，要从杭州赶上青岛，更要从青岛赶上北平来的理由"，为什么不直接说来北平，而要说的这么"啰唆"？

生：我来回答这个问题。这里是作者故意用"繁笔"，一是突出他"不远千里"，二是强调路途的波折，为什么这样，因为故都的秋对他有着巨大的吸引力，从而表现作者对故都的秋的喜爱、渴望之情。

师：很好。写作中有所谓的"简笔"和"繁笔"。字面上的简不等于精练，艺术表现上的繁笔，也有别于通常所说的啰唆。想想，学过的文章中运用"繁笔"的例子。

生：《社戏》里写"我"早年看戏，感到索然寡味，却又焦躁不安地等待那名角小叫天出场，于是看小旦唱，看花旦唱，看老生唱，看不知什么角色唱，看一大班人乱打，看两三个人互打，从九点多到十点，从十点到十一点，从十一点到十一点半，从十一点半到十二点，然而小叫天竟还"没有来"。这真是啰唆到了极点。

师：鲁迅是很讲究精练的，但有时却有意采用繁笔，甚至于借重"啰唆"。《社戏》写少年的生活，在那种特定的环境、条件、气氛之下，用"繁笔"来表现一种索然寡味又焦躁不安的心理状态，却收到了强烈的艺术效果。

师：其实类似的表述在这一部分当中还有，同学们能找出来吗？

生："一个人夹在苏州、上海、杭州，或厦门、香港、广州的中间"。

师：很好，强调什么？

生：这些地点都是南方，也暗含了与故都的秋的对比。

师：一句简单的话，也会有些许深意。

生："秋的味，秋的色，秋的意境与姿态，总是看不饱，尝不透，赏玩不到十足"前后有怎样的照应关系?

师：这是一种泛泛的照应，不是一一的照应关系，如果我们非要找一个逻辑关系，那看不饱的是秋的色和姿态，尝不透的是秋的味和意境，玩赏的是两者都有。

生："北国的秋，却特别来得清，来得静，来得悲凉"，我感觉和南方的秋没有什么区别。

生：我认为有区别，南方"草木凋得慢，空气来得润，天的颜色显得淡，并且又时常多雨而少风"。

师：这似乎也没有区分开来，能具体一点或在文中找依据?

生：这部分的最后一句，作者打了个比方，来表现南方的秋的状态，他说："秋并不是名花，也并不是美酒，那一种半开、半醉的状态，在领略秋的过程上，是不合适的。"这里的名花、美酒就是南方的秋。

师："美酒"和"名花"更深刻的内涵是什么?

生：美酒得需要慢慢品尝，不像是北方人喝"二锅头"那样一饮而下的烈酒；名花需要精心打理，那种含苞待放、半开羞涩的状态是最美，不像北方的野花一样肆意盛开，无拘无束。

师：好! 所以南方的秋不如北方的秋来得痛快，程度不够，所以作者才加了一个"特别的"，更强调北国的秋是比南方的秋更透彻。整合第一部分，作者眼中故都的秋整体特点是什么?

生：清、静、悲凉。

师：这也是作者饱尝秋味的缘起，作者整个行文思路，都是为了去饱尝故都的秋味，这是第一自然段，第二自然段像是写南方的秋，但是落脚点还是饱尝秋味，明写南，暗写北，形成了一层对比，从第三自然段起就打开了"饱尝"的闸门，尽情地展开，娓娓地述说，饱饱地品尝开来。那么，"饱尝"的闸门是怎么打开的?

生：答案就在第三自然段的头两句——"不逢北国之秋，已将近十余年了。在南方每年到了秋天，总要想起陶然亭的芦花，钓鱼台的柳影……"。"总要想起"四字，就是"饱尝"的闸门，不仅表现着作者对北国之秋的眷恋与怀念，而且在不知不觉之间把你带入了悠悠的思忆与遥念之中，让你跟随着作者的思绪漫游，一起慢嚼细品故都的秋味。

师：一路品尝下来，到哪里结束?

生：一品就品到了倒数第二自然段，真是够"饱"够"足"了。

师：在这么长的篇幅中，都尝到了什么样的秋味，又是怎么尝的？

生：这是文章的主体部分，是分三步走的。第一步，连续描写了五组故都秋天的特有景物，具体展开，细细品味；第二步，升华到古今中外文化的比较中，进行更高层面的品味；第三步，总体回味。这三步，各具特色，独创境界，非同常文。

师：我们再来看第二部分，五幅画面是一层，秋文化是一层，同学们自由朗读，然后分组讨论预习作业中的问题。

（学生读、讨论，教师参与）

师：有哪些解决不了的问题？

生：第三自然段中作者写北方的秋，为什么不写他前面说到的最具北平特色的著名的景点，陶然亭的芦花，钓鱼台的柳影，西山的虫唱，玉泉的夜月，潭柘寺的钟声这些，而是选择普通的"一椽破屋"来写？

师：按理说最应该写广为人知的代表性景点，作者为什么反其道而行之，选取北平最普通的、不起眼的秋景，是有意的还是无意的？

生：我认为，"平常"才代表了生活的常态，才最真实，就好比烟花和柴米油盐一样。著名的景点就是绚烂的烟花，风光无限，但只可以短时间的欣赏，而普通的地点就像柴米油盐，不必欣赏但却不可或缺，它才最能代表生活。所以这里的"一椽破屋"就是北平的秋最真实的状态！（掌声不断）

师：好！不仅解读了作品，而且道出了生活的哲理。郁达夫的心绪可能和你一样，这正是他散文的一个特别之处，郁达夫讲究平民情怀，真诚关注普通百姓的生存状态，拥有平民视野，亲近民众，所以他会比普通人更加关注生活中的真相，发现生活中最朴素的美，这正是他选择"一椽破屋"来写秋的原因。接下来你们会发现他的平民视角会更加强烈。这是我们从生活经验和作者背景层面来解读，我们能不能从文本中找到缘由？

生：第二自然段中说，秋不是名花，也不是美酒。

师：很好，正是照应了第二自然段的名花名酒之喻。还有哪些问题？

生："以蓝色或白色者为佳，紫黑色次之，淡红色最下"为什么作者对花的颜色要有这样的排序？

师：每个人对颜色的喜好不同，如果有人说以淡红色为佳，那么也无可非议。

人们对颜色有个大体相同的寓意认知，就是指不同颜色具有不同的寓意，这是属于心理学范畴，比如橙色寓意着激情、狂热、动感等，而白色表现纯洁、轻松、愉悦，蓝色象征宁静、自由、清新、沉稳、安定与和平，紫色是高贵高雅，黑色是深沉、压迫、庄重，红色寓意着热情、激动、轰轰烈烈。

生：老师刚才提到的是对颜色的一般性认识。除了这种普遍性外，每个人对颜色喜好还有特殊性。很显然，白色和蓝色给人更多的舒适感，抑或是一种悲凉，我觉得作者给花的颜色的排序，恰恰折射出作者当时的心境。

生：什么叫驯鸽？

生：家鸽。

师：很对，驯鸽就是驯养的鸽子。鸽子其实是老北京的标志和象征，是北京文化中最具有代表性的东西。

生（抢答）：老师，我知道，相声演员于谦就是北京信鸽协会的会长！

师：是的，他还有一本书，就叫《玩儿》。北京人玩鸽子已经玩出了文化，虽说这种民间文化难登大雅之堂，但从"套"鸽到养鸽，从驯鸽到斗鸽，都有一套相当讲究的艺术手法。可见在当时，驯鸽在北平城是很常见的，这也恰恰说明作者选取了寻常事物。

生：除了选取寻常事物之外，我觉得还有深意，写驯鸽的飞声是为了写北平城的秋天。

生（反驳）：全文就是写北平的秋天。

生：你说的秋天是季节，我说的是秋天的"天空"。

师：说说看。

生：晴空万里，飞鸽畅游，无拘无束，自由自在，可能为了表达一种无拘束的闲适之情。

生：能听见声音，说明环境很静，作者很享受。

师：这两个同学说得很有道理。

生：刚才老师说了，从第三自然段起作者就真正打开了"饱尝"的闸门，"饱尝"故都的秋的清、静、悲凉。这几幅画面，我怎么感受不到清、静、悲凉？

师：是吗？我们再读一读五幅画面。想想：哪些描写让大家感受到清、静、悲凉？

（学生读）

生：刚才有同学说驯鸽的声音反衬出环境的"静"，有同学说也代表了闲适，我认为这种闲适其实是一种心静,秋天的静应该也包括心静,文章写了"泡一碗浓茶,向院子一坐,槐树叶底下细数着一丝一丝漏下来的日光",平时人们忙碌的时候,不会在意这些生活中的细节,所以这里能够体现作者在故都时的"心静"。

师:很好,这是一种闲适的状态,一种悠然宁静的心态。老百姓易满足,只要有口饭吃,肯定得弄壶"高碎"喝。还真有不少的北京人,仍保留着当年的老作法,清早儿起来先得焖上壶茶,一直等到喝满足了,这才吃了早点,出门去。这是一种"心静"的生活状态。

生:老师,我发现这段中有很多写颜色的词,青天、碧绿的天色、蓝朵、白色等,这些颜色组合成的画面就是比较清新淡雅的,而且又是牵牛花,又是槐树,又是秋草,也暗含着绿色和清幽,给人以"清"的感觉。

师:是的,很高很高的天,配合这个季节和颜色,总让我们想起"潦水尽而寒潭清"的秋高气爽和清静。

生:落蕊,脚踏上去,声音也没有,气味也没有,只能感出一点点极微细极柔软的触觉,说明又清又静。

生:"灰土上留下来的一条条扫帚的丝纹,看起来既觉得细腻,又觉得清闲",这表现了"清",此处作者直书清爽闲适的感觉。

师:不错,大家都能看到秋的清与静,能从中感受到悲凉吗?

生:一椽破屋,给人颓废的感觉,有一丝丝没落、悲凉!

生:"看起来既觉得细腻,又觉得清闲,潜意识下并且还觉得有点儿落寞,古人所说的梧桐一叶而天下知秋的遥想,大约也就在这些深沉的地方。"这句话的表述中,能看到作者的落寞孤单,这种感觉我也有过。

师:说来听听。

生:有次,我病了就没去上体育课,自己一个人呆呆地在教室里坐着,阳光打在书桌上,我就细细地数着空气里的灰尘,那种感觉就是有些孤单,有些细腻,有些落寞,有些悲凉,平时全然察觉不到。

师:很有画面感,"热闹是他们的",你什么也没有。

(学生笑)

师:亲身体验很重要,如何"披文入情",这位同学给我们树立了榜样。我们可以看出,作者也是孤独的,这种孤独不是指他形单影只,而是内心的孤独,也许只有孤独的人,才会观察到这些事物。

　　师：其实这种落寞和悲凉不仅仅在文字"明面"中，有时也会隐藏起来，需要我们细细挖掘，比如第三自然段中的最后一句话"最好，还要在牵牛花底，教长着几根疏疏落落的尖细且长的秋草，使作陪衬。"有没有感到一丝凉意在里面呢？

　　生：好像可以，但又说不上哪里。（学生笑）

　　师：大家试想下，换做特别茂盛的草好不好？

　　生：不好，太有生机，所以应该是疏疏落落的甚至枯萎的。

　　师：草太茂盛就显得有生机，更适合写春天的景色。而在秋天，尤其是深秋，凉意袭来，草木也会逐渐衰败枯萎。草是疏疏落落的，花是残败不堪的，木是黯然失色的，这种景象不免让人心生悲凉之意。在闲适中，我们也能读出作者的些许落寞，但这种落寞，不易察觉，又不明说，但是全然能感受到。这是郁达夫的独特孤独感，所以他的文字是高级的。

　　师：我们按照这种感觉和方式，再来体会图景中的"清""静""悲凉"。

　　生：我来说一下第三幅画面"秋蝉啼唱"。首先是写声音，"衰弱的残声""秋蝉的嘶叫"，自然给人一种悲凉之感；而既然是"残声"，自然就细弱，可是，"无论在什么地方，都听得见它们的啼唱"，可见环境之"静"，人声鼎沸的地方是听不到"残声"的。形容蝉声，作者又说"啼唱"，我认为是在表现北平的平民百姓对蝉声的亲切感，又自然生出一丝清幽闲适的情调。

　　生：我想说说"秋雨闲人"的画面。我先问个问题，什么是"息列索落"？

　　师：息列索落，形容细小琐碎的雨声，拟声词。

　　生：明白，我接着说。这幅画面突出的是一个"凉"字。你看，天是灰沉沉的，风是凉凉的，雨是细小琐碎"息列索落"，都市闲人的衣着——厚厚的青布单衣或夹衫，雨后的闲谈，无不着意于一个"凉"字，自然透着一股悲凉之味。但凉风又只是一阵，雨声也并不大，雨后的行人是"闲人"，交谈的是"闲话"，衣着虽然是"厚厚"的，也不过只是"青布单衣或夹衫"，这一切，都让人感到凉而不冷，也都隐隐透着一股清爽、恬静之味。

　　生：老师，我认为刚才同学分析很透彻。作者为什么要写"著着很厚的青布单衣或夹袄的都市闲人"？他们是什么人？作者对他们是什么态度？

　　师：问题很好，但有些咄咄逼人。

　　（学生笑）

师：他们是什么人？

生：从青布可以看出，他们是普通老百姓。

师：青布即青色或黑色的布。青布衣为卑贱者之服，僮仆婢使或青衣、青裳，为什么要写他们呢？谁能说一下？

生：就是看到这样的场景了，就像摄像头捕捉景物一样。

生：我认为是作者刻意要写的，因为老师说过，郁达夫有平民情怀，会关注下层百姓，而下层百姓的生活，正在北平人民真实的生活，下层百姓的秋天是真实的秋天，所以作者要写。

生：我从文本需要的角度来说一下，我认为人是天地万物的灵长，有人的地方才有灵气。作者描写了那么多的图景，无论是秋风秋雨也好，落槐蝉声也好，果实累累也好，都是物，只有在景中出现人，才有灵魂。就像第三自然段中，在很高很高的青天之下，在疏疏落落的秋草之上，一定要有一个拿着浓茶，往那一坐的人才有生气，天地人三个缺一不可。

（学生鼓掌）

师：同学们的掌声表达了对你解读的认可，无论什么原因，这些闲人，确确实实都被写入了作品当中，那么郁达夫先生又是怎么看待他们的？

（学生沉默）

师：换个问法，作者对这些闲人是褒是贬呢？或者有没有感情色彩？

生：我认为是偏褒义的，因为从整个文章来看，虽然有些落寞，但是闲适还是占据了整个作品，真正悲伤的人是无暇顾及景色的，之所以称他们为闲人，这"闲"是闲适的闲，清闲的闲，还是为了表达秋的"清""静"的。

师：很好，在表现老北京生活的电影中，我们经常看到青砖灰瓦的胡同和四合院，听到京腔京韵的北京话，遛鸟的说笑、高亢的吆喝、婉转的叫卖调等数不胜数。给人的感觉就是一种烟火气，是一种闲适的状态。

生：而且，从下文的对话中也能看到。

生："唉，天可真凉了——"（这了字念得很高，拖得很长。）"可不是吗？一层秋雨一层凉了！"

生：第一，是声音拉长了，自然是比较缓和的语调，是轻松的，不是急促的。第二，我们正常两个人对话，只有没什么说的，闲来无事才会说起天气，就像是两个人见面说"吃了没"。其实吃了与没吃，并不是这个人想知道的答案，吃不吃是假，闲是真闲啊！

（学生大笑）

生： 老师，我有一个问题，还是这两个闲人，关于他们的对话，"北方人念阵字，总老像是层字，平平仄仄起来，这念错的歧韵，倒来得正好"。什么是"念错的歧韵"，"一阵"和"一层"有什么区别，哪个更好？

师： 我们都知道中古汉语有四种声调，称为平、上、去、入。除了平声，其余三种声调有高低的变化，故统称为仄声。古代"平声"这个声调在普通话中分化为阴平及阳平，即所谓第一声、第二声；古代"上声"这个声调在普通话中一部分变为去声，一部分仍是上声。上声是现代汉语拼音的第三声；古代"去声"这个声调在普通话中仍是去声，即第四声；古代"入声"这个声调在普通话中已经不存在；变为阴平、阳平、上声及去声里去了。

师： 我们举个例子"白日依山尽，黄河入海流"，它的平仄大家试着写一下。

生： 仄仄平平仄，平平仄仄平。

师： 大家再来看"一阵秋雨一阵凉"，试写出它的平仄。

生： "平仄平仄平仄平"。

师： 那么"一层秋雨一层凉"的平仄呢？

生： 是"仄平平仄仄平平"。

生： 从诗歌韵律的角度上来讲，"一层"要比"一阵"更符合近体诗的平仄规律，所以韵律更好。

师： 从内容上，"一层"和"一阵"表达的雨量是不同的，"层"在表现秋雨形象上也很生动，但是作者的落脚点不是在这个字上，而是人的语言，平时有生活阅历的人，应该不难回答这个问题。"一层层的凉"，使"凉"这种触觉有了视觉上的感受。这种自然的"凉"和心理上的"凉"，一层又一层，有着一种压迫感，甩也甩不开。而"一阵阵的凉"就不具备这种形象感，表现力要差得多。

生： 老师，作者对这些闲人态度，我有不同的看法！

师： 大胆发表你的意见。

生： 我认为，作者对这里的闲人是持"贬"的态度。我们理解文章题目环节，说到了北平是中国的文化中心，是中国的代表。题目是"故都的秋"而不是"北平的秋"，就说明作者有很深的爱国感情。这篇文章写于1934年8月，当时的背景是日军的铁蹄已踏在中国东北的国土上。之后，日本侵略者的魔爪又伸向了关内。作者此时来到北平，满眼的秋色和愁思，特别是在国家这样危难面前，却能看到闲人，他们是底层人民的代表，思想封闭、保守、故步自封、明哲保身。他们只能任人宰割，安分守己，逆来顺受。一间破屋，一口残羹，就可以满足；几百年来形成的文化特性，在此刻毕显无遗。两个都市闲人，身在乱世中，天寒有衣穿，有烟抽，就满足，就悠闲。这些人哪还有那份心思来关心国家的兴亡、民族的存废！闲人，不仅仅身闲，更是心闲，糊糊涂涂地活，浑浑噩噩地生！是不是作者要借助两个闲人，来表现如此强烈的主观情感？

师：你在亲近文本中，能形成自己的个性化见解，这本身就是一种理解文本的成功。

生：作者对这两个闲人的态度，如果是刚才所感受到的"痛恨"，那必然在行文中有所体现，但我们读这段文字，"痛恨之情"并不明显！

生：作者只是一个旁观者，观察的是两个闲人。他们的普通真实，他们的闲适落寞，某种意义上，是郁达夫的真实和落寞，而这和他看秋草、独院饮茶、看细数日影一样，源自他的平民意识和"孤独感"。

师：同学们理解到这样的深度，"对不对"似乎不那么重要了。或许作者真有民族情感促动而"痛恨"，或许是这一情景触动作者的某种情思，抑或许只是作者街头所见的写实，但我们可以肯定的是这幅画面确确实实是有凉意的，是清闲甚至孤独的。我们还能察觉到一种美感，这是一种郁达夫特有的散文味道。我们再看看最后一幅画面。

生：秋的"Golden Days"应该是果实累累，但是作者为什么说秋的全盛时期是枣子、柿子、葡萄成熟八九分的七八月之交的"淡绿微黄"时期？

师：很好的问题。谁来回答？

生："淡绿微黄"恰恰是为了表现秋天的清静，如果枣子红透，西北风呼呼乱刮的时候，再没有清新的颜色和静谧的状态了，那个时候，在作者看来是体会不到秋天的韵味的，北平的秋天一定要"清""静""悲凉"才有意蕴。

生：我认为还有一点，在作者看来，秋天是万物衰败的季节，是生命周期趋于完结的季节。古代文人骚客"自古逢秋悲寂寥"，甚至形成了一种文化。如果秋天只剩下黄沙满天，北风萧瑟，那么未免太悲凉了，那与作者的心境是不一致的。

师：果实累累也好，万木凋零也罢，太彻底了。悲凉感是秋天的主旋律，"淡绿微黄"交织之际，那种淡淡的悲凉更有韵味，更与作者的心境相切合。

生：老师，五幅图景后，增加了这么一段议论性的文字，总感觉不合适，不协调。

师：五幅图景是饱尝秋味具体的内容，而第 12 自然段是更高层次的品味，这段品味我们称之为从文化层面的品尝，实际上是从外至内，从浅层到深层的逻辑关系，并不矛盾。

生：什么叫颓废色彩？

生：可以用刚才老师讲到的秋天的属性来回答。秋天是万物衰败的季节，是生命周期趋于完结的季节。我们人从生到死也有阶段，人的经历也有阶段，而我们的心绪很多时候会受到外物的影响，这就是诗词中经常学习到的物我关系，景情关系。我们看到黑色绝不会想到光明，我们看到枯叶不会想到万物生机，就是这个道理，而这个道理是人类所共有的，并不是中国特有的，所以说秋天是具有颓废色彩的。

师：完美的回答。

（掌声）

生：那为什么说中国文人与秋的关系更深？又为什么在北方才感受得彻底？

师：很好的问题，这两个问题解答完，这段大家也就理解了。

生：我觉得古代人比现代人多愁善感。

（学生笑）

生：特别是古代的诗人、文人，他们不光"悲秋"，还"伤春"。看到春天的花儿落了，就知道春天就要过去了，便想到青春易逝而感到伤心；秋天到了，看到万木凋零，便引发对人生的悲叹。因为敏感，特别容易"触景伤怀"。

师：也算一家之言。

生：我们可以从这样一个角度来解读中国文人，也就是所谓的"秋士"。在儒家的体系中，是把功名仕途当作人生追求，而有未能如愿者，联想到自己事业不成功名无望，就不免发出种种的哀叹，就会选择寄情山水、放浪形骸的方式，来排遣内心苦闷，如《赤壁赋》《登高》等诗文就是如此。这里的"秋"已经不限于自然的秋天，而是指人生的秋天。这一点西方可能差一些，所以说中国文人与秋的关系更深，

"这秋的深味"是中国文人几千年品尝出来的。

生：我来回答第二个问题，为什么是在北方才更彻底，那是因为"北方"实指"故都"，几代王朝京城所在之地，多少文人在这里铩羽折戟，败家丧身，所以说，只有置身故都，才能深刻体会到"秋的深味"。

生：我觉得，相较于南方，北方四季分明，季节感明显。特别是北平的秋天更有"味道"，所以在这里才能感受"秋的深味"。

师：整合同学们的讨论内容，作者从品味浅层的外在物象，上升到品味文化。至此，故都的秋味似乎已经饱尝完了。然而不，作者还嫌不够，他在饱尝之后还要回味。我们再来看看最后两段。朗读一遍，看看大家有哪些问题。

生："比起北国的秋来，正像是黄酒之与白干，稀饭之与馍馍，鲈鱼之与大蟹，黄犬之与骆驼"，为什么对比中要用到这样的喻体？

师：那大家说说这几组事物的区别。

生：黄犬小，在家中饲养，骆驼个头大，一般在沙漠，整体感觉比较粗野。

师：秀气与粗野。很好，还有吗？

生：黄酒度数低，白干度数高。本质上是味道的"淡与浓"的问题。

生：稀饭没有馍馍吃得饱。

（学生笑）

师：看来午饭时间快到了，你饿了。的确这样，再比照文章开头的南北方的对比，南方的总是看不饱，尝不透，不过瘾。

师：对比的结果在表述上的确是精妙绝伦，比喻融合着通感，把故都的秋味写了个淋漓尽致。黄酒味薄，白干味厚；稀饭轻虚，馍馍沉实；鲈鱼清淡，大蟹浓重；黄犬小弱，骆驼大器。无论是"清"，是"静"，是"悲凉"，其味道都是那么醇厚，那么沉实，那么浓重，那么大器。这就是故都的秋味！而且作者选取的这几种事物，寻常不过，再一次让大家感受到作者的平民意识！

师：还有一个点，学习本文时不要忽视了，就是作者在表现手法上的运用。

生：运用修辞手法：对比，排比。

生：文章开头结尾前后都有北方与南方的对比，而且在文化层面也有与国外的对比。

师：作者除了直接叙描故都的"秋"外，着意以南方的"秋"为写照，烘云托月似的映衬出故都秋的浓度与特色。通过中西对比，直接将读者引入秋的文化里层，去体会那故都的秋味，去领会那故都秋意，去思考那秋的人生。

生：文章很多地方用到排比。比如"总要想起陶然亭的芦花，钓鱼台的柳影，西山的虫唱，玉泉的夜月，潭柘寺的钟声……"构成排比的是描写性的名词短语，一个短语就是一幅画面，展现出生动的美景，成为"故都的秋"的美妙意境的重要组成部分，作者神往之情溢于言表。

师：此外还有句式上的长短变化，以及上文提到的简笔和繁笔的运用等，希望大家能够学会在自己的文章中恰到好处地运用这些手法，达到你想要的表达效果，真实地表达你的感情。

生：如何理解"若留得住的话，我愿意把寿命的三分之二折去，换得一个三分之一的零头"？是不是也用了什么修辞手法？

师：这里，有一个值得揣摩的字眼，就是"零头"。"零头"是个数量概念，在文中到底是多少？

生：指折去了三分之二的生命之后剩下来的那三分之一的生命时光。果能如此，则作者就可与故都的秋同在，在剩余的三分之一的生命里尽享故都的秋味。

生：我觉得刚才同学的解读不对，这一句运用了夸张的修辞。这"零头"，指剩余的三分之一生命里的一个"零头"，那就更少。在作者看来，即用生命的三分之二的代价能让故都的秋留驻一点点时光，也在所不惜，也心甘情愿。

师：究竟郁达夫先生是哪个意思，我们不得而知。但不管是哪个意思，却是都表达了对故都之秋的钟爱之情，而且这种爱超过了爱自己的生命。

师：解读至此，我们可以深切地感受到，作者热爱眷恋故都的秋，实质上是热爱眷恋那种"清""静""悲凉"的秋味。文章中作者向我们倾诉的，正是他切身品味到的这种"清""静""悲凉"的秋味，他要用生命换回的也是这种"清""静""悲凉"的秋味，而绝不是一般意义上的清秋美景。如果不是这样看问题，那就背离了作者的本意。

生（插话）：老师，我还有一个问题。作者为什么对这样的秋味情有独钟？刘海粟称郁达夫是一个"伟大的爱国者"，既然是"爱国者"，就应该如毛泽东一样，写出"万类霜天竞自由"的秋景，怎么能一味渲染"清、静、悲凉"呢？

生：这与作者当时的处境、心境有着直接的关系。文为心声。

师： 我们有必要了解一下作者的经历与处境，老师给大家补充一些资料。他16岁时便因参加学潮被就读的之江大学预科学校开除，17岁时又因绝望于就读的杭州慧兰中学的教会奴化教育而辍学回家，闭门苦读。赴日留学回国后，正值五四运动之后，中国共产党成立之初，国内大革命风起云涌之时，1921年，他与郭沫若、成仿吾等人发起成立创造社；1923年创办《创造月刊》《洪水半月刊》，任主编，发表了大量进步作品。1928年，加入太阳社，在鲁迅支持下主编《大众文艺》。1930年，与鲁迅等人发起成立中国自由大同盟、中国左翼作家联盟。直至1933年，由于"左联"某些同志的关门主义情绪以及他个人性格上的某种弱点，使他觉得不适合这样的工作，便退出了"左联"，从上海移居杭州，从战火纷飞的斗争第一线，撤退到隐逸闲适的山水之间。

生： 这个时期，他的思想是消沉的，心情是苦闷的，情绪是颓唐的。

师： 是的。他因与"左联"中的某些人的关门主义做法格格不入而陷于消沉，因远离斗争第一线而苦闷颓唐。他之所以到北平要饱尝这故都的秋味，正是因为故都的"清""静""悲凉"的秋味与他当时的心境合拍的缘故。他钟爱"清""静"，是为了寻求寄托；他感到"悲凉"，是因为心情的苦闷与颓唐。因此，他对"清""静""悲凉"的秋味有着特殊的敏感，从而心境与自然达到了高度的融合。用一句话概括为——

生： 一切景语皆情语！

师： 需要强调的是，他是因为远离斗争第一线而苦闷，是在追寻清静中又感到悲凉，骨子里还是渴望斗争，还是一个战士的灵魂。这一点，在他后来的生涯中得到了足够的证实。1937年，抗日战争全面爆发后，日寇占领了他的家乡，他的老母亲绝食饿死，从此，郁达夫以一个爱国主义者的身份毅然参加了抗日斗争。在武汉，在新加坡，办报刊，做宣传，倾尽全力。1941年，日寇占领新加坡，郁达夫等人不得不撤离，而国民党政府竟不欢迎他们回国；不得已，只好辗转到印尼从事秘密抗日活动。1945年，因汉奸告密，郁达夫被日寇秘密逮捕，杀害于荒郊，时年50岁。1952年，中央人民政府追认郁达夫为革命烈士。了解了这一背景，同学们默读课文，再次品味作者的情感。

（学生默读）

生： 写作文本的时间，是郁达夫远离斗争第一线而苦闷消沉的时期，因而本文的情调并不慷慨激昂，而是充满了清静悲凉的气息。但他并没有就此沉沦下去。他依然是一个革命者，一个地地道道的爱国战士，即使在不如意的时候，在苦闷消沉的时候，在追寻清静、感到悲凉的时候，那情味也是与众不同的。这就是他笔下的景物虽然透着悲凉气息但仍然具有特殊美感的根本原因。

　　师：是的。我们感受这种秋味，需要关照"平民事物"的物我关系，需要细细咀嚼落寞的"孤独感"，需要揣摩作者的语言。郁达夫体会了他的"秋味"，你一定也有你的秋天，也有你自己对秋天的独特观察与感悟，尝试着，用你的心，你的特质，你的手法，在练笔本上写一篇"我眼中的秋色"。

（四）教后反思：在散文之美中徜徉

　　《故都的秋》是我个人特别喜欢的一篇文章。我不想仅仅按照"散文"讲，如是这样，就是在讲散文这种文体，而非文章本身，而散文只是我们对于这篇文章文体特征的定性，但是真正的文学之美，还在文章本身。讲好这篇文章，我认为应该有两个不可绕过的点：一是散文的文体特征，二是"这一篇"的独特之处。属于郁达夫的《故都的秋》的独特之处就在于作品所呈现的落寞的"孤独感"和"平民意识"。

　　对于这类写景状物的散文，抓住文体特征就一定要捋清楚"物——我"关系，通过作者所选择的物象及其特点来发现作者的特质，并以此体察作者的心灵世界。途径有两种：一是宏观上的"把握结构，厘清思路"，二是微观上的"品味语言，领悟感情"。宏观把握相对简单，因为这篇文章本身结构比较清晰。全文十四自然段，首尾两段分别互相照应，构成一个圆形结构。中间十段具体描写秋景，第 12 自然段的议论、抒情是在对秋的具体描述后自然引发的，归入前一部分应该比较合理。为了更直接地展现宏观路径，让学生自己去画思维导图，这样既可以梳理文本内容，也能提高学生的逻辑思维能力和宏观概括能力。在微观细读上，从两层关系入手：一是语言与情感，二是景物与情感。语言形式和情感关系方面，作者以一种"有意味的言语形式"来呈现自己的特点，不同的语言形式表达不同的感情倾向。比如首句"一个人夹在苏州上海杭州，或厦门香港广州的市民中间"，把他的行踪叙述得很"啰唆"，如此费尽周折，无非是想在强烈的对比中，表达自己对于故都的秋的急切怀念之情。这就是语言的力量。在"景物与情感"方面，对于学生而言，并不陌生，这也是重点教学内容。这些景物都是作者故意选之，是与作者内心相切合的。但是为什么要选这些景，它和作者之间的联系到底是什么，这是学生理解的难点。

"这一篇"的独特之处，正在于此。我们在郁达夫选取的景物中，直接感受到的是清、静、悲凉，但造成这种感受的根本原因是作者内心的孤独感，这种孤独感源自中国文人的悲秋特质、文化性格，"秋士"对秋是极其敏感的。此外，作者一生的经历，创作本文时的处境也导致他内心有一种无法安放的落寞。再者，就是作者内心的细腻及独特的审美，孙绍振老师曾说"以悲为美"，我们不难看出，虽然是落寞，但不感伤，甚至还有很多的闲趣和喜悦在那里。文中作者的情感经历不同的变化，从平静闲适到闲适中透着落寞再到悲沉、忧愁的转变，最后又难以掩饰他的喜爱之情。作者以悲为美的审美体验流露出真实的自然之情，是独特的、唯一的。这种特殊的体验也来源于作者的"平民意识"，"破屋""浓茶""疏草""野花""扫帚的细纹""家虫""都市闲人"，这些意象都是再俗常不过了，但文人的敏感和忧思也恰到好处地蕴含在对蓝色、白色的喜爱，对细纹的观察中等。就连南、北方秋景的对比，作者也只用了"黄酒之于白干，稀饭之于馍馍，鲈鱼之于大蟹，黄犬之于骆驼"平常的事物来比较。这种俗常事物，这种被我们日常所忽略的真实，在作者如同"闲人"般的，带着普通平民的视野下，让我们感受到十足的北国秋意。

但对于学生来说，这两点也恰恰是最难理解的点，主要是这种孤独的美感和平民意识，与学生的生活经验、审美经验有较大的距离。所以在设计中，在课堂推动中，尽量启发引导学生，带入自己生活经验去理解，去感受，从感受体悟具体的美升华为涵养审美素养。

六、提升作文讲评的效率

——任务驱动型作文讲评课教学案例

高三作文讲评一直存在"高耗低效"的问题，如何寻求更为高效的作文评价体系，是本课例着重思考的问题。本课例将以"任务驱动型作文"为例，逐层展示这类作文审题立意、快速架构、评价标准等几个环节，通过采用个体评改、小组合作、班级交流等形式，为高三作文进行评改，希望为老师提供一种可资借鉴的作文评改体系。

（一）背景描述：从"令"如流方向明

"任务驱动型作文"源自西方国家日常语言教学和写作教学的"任务型语言教学法"，这种语言教学法是基于建构主义理论而提出的，其核心是在明确"任务"的前提下，完成语言交际——口语或书面语表达。

国内一些学者在"任务型语言教学法"的基础上，增加"驱动"一词，用于作文教学。在此基础上，教育部考试中心的张开在对高考作文的特点及相关问题解读的一篇《注重题型设计，强化教育功能》的文章中，对其概念做出阐释："试题往往是给学生创作出一个情境，出现对立性的问题，让考生通过写作，提出解决处理问题的想法和方案……如今年作文中'写信''权衡与选择'等任务型指令，着力发挥试题引导写作任务的功能，使考生在真实的情境中辨析关键概念，在多维度的比较中说理论证。"[①] 他认为，在材料型作文中增加任务驱动型指令，"较好地解决了材料型作文的泛角度与阐释型作文收缩性之间的矛盾"。是在承继材料作文"自主空间大、立意角度自然、多元"等传统优势的基础上，又在避免套作、宿构方面进行了新的尝试和探索。根据以上考情的变化，高三作文中，对"任务驱动型作文"强化训练是一种必然选择。

我们不妨看一看 2019 年全国 II 卷作文题目中的"任务指令"：

请从下列任务中任选一个，以青年学生当事人的身份完成写作。

①1919 年 5 月 4 日，在学生集会上的演讲稿。

②1949 年 10 月 1 日，参加开国大典庆祝游行后写给家人的信。

③1979 年 9 月 15 日，参加新生开学典礼后写给同学的信。

④2019 年 4 月 30 日，收看"纪念五四运动 100 周年大会"后的观后感。

⑤2049 年 9 月 30 日，写给某位"百年中国功勋人物"的国庆节慰问信。

这个题目反映了社会主义核心价值观中的"富强"和"爱国"的主题，跟全国卷近几年命题趋势一脉相承，即引导学生关注国家发展，培育家国情怀。文题给了五个指令任务，但不必面面俱到，挑选其中一个指令就可以。但是，不管选择哪个指令，一定要注意是"双重驱动"。所谓"双重驱动"，即形式驱动和内容驱动。形

---

① 张开：《注重题型设计、强化教育功能——2015 年高考作文的特点及相关问题的解读》，载《语文学习》，2015 年 7 期。

式驱动，是文体的特殊格式，比如，演讲稿，写信，写观后感，写慰问信。内容驱动，是根据特定的内容来写，比如，在五四运动的集会上演讲，参加开国庆典游行后给家人写信，等等。五个写作指令，其实可以分成两类：第一类是基于想象写作，比如指令①，指令②，指令③，指令⑤；第二类是现实写作，对应指令④，"2019年4月30日，收看'纪念五四运动100周年大会'后的观后感"这需要以现实体验为基础完成作文。

整体来看，任务驱动型作文提供"任务驱动"，也就是发出"写作指令"，考生需要在"任务指令"的范围内完成写作任务。明确"任务"，也就是确定写作的方向，这是作文成功的关键。分析近年高考作文中"任务指令"，可分为内容任务、思维任务、对象任务和文体任务。这类文题是在借鉴基础上的创新，也暗含了教育改革、考试改革与国际接轨的大的趋向。

高中作文讲评，特别是高三作文讲评，一直存在着"高耗低效"的问题：学生交上作文，教师批改，写出批语，给出分数；课堂上老师将作文的整体情况做一个评价，选出几篇高分作文在班上读一读。这种讲评方式，存在以下弊端：一是学生对老师的评语未做出根本性思考，只注重分数，而忽视分数背后的问题及解决问题的办法；二是讲评缺少针对性，教师推荐的优秀作文，是班里绝大部分同学难以企及的，因此示范性不强。造成这些问题的根本原因就在于不能正确定位作文评改中的师生关系，对学生作文的升格缺少针对性的措施。因此，确立以学生为主体的师生互动式作文评改模式势在必行。新课程标准强调突出学生的主体地位，强调学习是学生自己的事，要培养学生学习的自主性、主动性，强调被评价者以及所有同学都应成为评价主体中的成员，建立生生、师生合作的评价制度。在作文教学中，我们也应该秉承这样的一种理念，真正体现"学情核心"的特点。

（二）教学设计：自评互评巧结合

【目标定位】

1. 了解"任务驱动型作文"的命题特点，掌握"任务驱动型作文"的审题立意、快速建构的方法。

2. 了解高考作文的评价标准，对相关作文做出准确评判，为自己的考场作文提供借鉴。

【教学流程】

1. 课前准备

（1）在作文指导课上，教师介绍"任务驱动型作文"的概念内涵、题目构成、命题特点以及审题立意方法。

（2）学生广泛查阅资料，命制一道作文题目，教师认真评阅，选取最佳题目，作为本次作文的训练题目。

本次作文题目：

阅读下面材料，根据要求写一篇不少于800字的文章。（60分）

国务院第二次全国地名普查领导小组办公室召开会议，要求各地加强地名文化保护，要清理、整治不规范地名。近年来，改地名似乎成了一种潮流，如有些地方把沿用几百年的地名改成洋气的"曼哈顿""威尼斯"，有些地方把带有时代烙印的"卫东路""文革街"换掉，还有的地方将老百姓很熟悉的地名恢复到古代的名称……关于地名的问题，有人认为地名是承载文化的"活化石"，有人认为老地名让人"记得住乡愁"，有人认为时移世易，地名变化应该与时俱进……

对于上述材料，你有怎样的看法？请综合材料内容及含意作文。

要求选好角度，确定立意，明确文体，自拟标题；不要套作，不得抄袭。

（3）学生完成作文。

（4）教师批改作文，并将每位同学的作文情况记录下来，包括得分和基本优缺点；教师不在学生作文纸上做任何标注。

（5）上课前，随机下发学生作文，不拿自己的作文。

2. 课堂流程

（1）温故知新，解决审题立意问题，整体感知给出分数。

【分析材料】

作文材料体现"立德树人"的理念。"作文试题突显考试对人才培养和价值引导的作用，加强对社会主义核心价值观、依法治国、中华优秀传统文化的考查，形成在作文育人方面的合力，实现高考作文试题独特的教育功能。"这个作文材料中的"地名文化"和传统文化有关，所以材料符合要求。这样的材料，站位高，视野大，关注时代主题，关注社会发展，就是要求考生摒弃"一心只读圣贤书"的"小我"，形成有社会责任感和勇于担当精神的"大气"。

材料具有真实性的特点，创设一个情境。任务驱动型作文的材料是新闻事件、社会热点、现实生活，与传统的材料作文的寓言故事、名言警句、诗词歌曲、图片漫画等有很大的不同。本题作文材料"改地名"具有真实性的特点，这个材料是新闻材料，提出的问题也是现实存在的。关注社会热点问题的作文材料，就是要求考生能从社会生活的现象出发，透过现象洞察本质，挖掘现象背后隐含的有社会意义和价值的实质性的东西。在揭示本质的基础上，还进一步揭示问题产生的原因，分析其社会根源和思想根源，或是预测事物发展的趋势和结果，总结规律，寻找解决问题的途径，这样才能做到"深刻"。

材料的价值取向具有多元性或多选择性。价值取向的多元化、多选择性表现在：第一，材料往往具有争议性，争议性重在考查考生的思辨能力；第二，关涉的人物对象不是一个人，而是几个或几类人，这就保证"任务"的指向有多种选择；第三，命题者对材料没有鲜明的感情倾向性；第四，具有多样的组合方式。这样的材料，能保证考生选择感受最为深刻的一点写作，能保证写出"个性"。这则材料具有争议性，可以认同改地名，因为地名也应该与时俱进，还可以反对，因为乱改地名弊端很多。

【明确任务指令】

一是内容任务。包括材料的背景意义、问题的对立性、情感的导向性。读懂材料，这是最基本的任务，不必赘述；问题的对立性，主要针对材料所涉及的对立性的问题；感情的导向性，就是考生对材料所关涉内容的基本价值判断。

二是思维任务。思维任务包括争议的焦点、思考权衡等。思维任务关注的核心是考生良好的思维品质，是对考生辩证思维、正向思维、逆向思维等思维品质的考查。

三是对象任务。对象任务主要指材料和"任务指令"中涉及的人或事。

四是文体任务。这包括两个层面：第一，常规文体的选择，如议论说理，记叙抒情；第二，任务指令中有关的特殊文体——书信、演讲稿等。

有人说，任务其实是问题，这话很有道理。明确任务指令，就是要求我们抓住问题的根本和关键，按照"是什么""为什么""怎么办"的自我提问的方式审题立意、构思谋篇。

任务指令"对于上述材料，你有怎样的看法？请综合材料内容及含意作文"。这一"任务指令"就是要对新闻材料形成基本的感情倾向的判断，如"乱改地名是否合适?""改地名的深层次原因是什么?""改地名又有何妨?"等。

从内容任务看，材料以第二次地名普查工作为背景，针对地名存在"大、洋、怪、重"等不规范现象以及与时俱进的地名变化现象，谈"地名文化"问题，体现的是保护传承与顺应潮流、与时俱进变革的关系。可以确立以下的写作角度：保护地名文化、地名变化与时俱进。

（2）确定文体，快速架构文章，第二次给出分数。

任务型作文的结构没有特殊之处，只是在确定文体之后，按照文体常见行文结构作文即可。一般而言，结构应该有以下特点：第一，必须完整，开头、主体、过渡、照应、结尾缺一不可；第二，不应只是三段形式的结构，要讲求严谨的逻辑关系——或并列，或递进，或对比；第三，结构必须匀称，不能头重脚轻，缺乏稳定性，不能小头小脚、大腹便便，不能大头大脚、主体干瘪；第四，结构必须符合不同文体的特征。

并列式，保证条理清晰。并列式结构在记叙文中可以将几件事情或几个片段组织起来凸显一个主题。议论文中首先按"是什么—为什么—怎么办"的思路，确定文章的阐述重点。其次，围绕阐述的重点，以分论点的形式展开，分论点之间的关系是并列关系。最重要的是分论点必须做到"抓得住，分得开，理得顺"。抓得住，说的是几个分论点之间应该从同一个角度回答同一个问题。分得开，是说所列的分论点之间界限清楚，不互相交叉重叠，没有包容的关系。一旦有交叉有包容，就会造成文章逻辑混乱，思路不清。理得顺，是说几个分论点之间的先后顺序要合乎情理，合乎逻辑。

递进式，体现严密的逻辑思维。议论文就要围绕是什么、为什么、怎么办这样三个问题而构篇行文，这种思路与结构的优点就是根据一个话题层层深入，步步发展，一环紧扣一环。考场作文有时间与空间的限制，字数一般在 800 字左右。其实要想把一个问题的是什么、为什么、怎么办都阐述明白，不易写深刻，不妨选择其中一个为重点，也可以采用层层推进的方式由浅入深、由表及里地进行说理，同样可以让读者体会到作者的思路缜密、说理透彻。

对比式，能更好地强化中心论点。对比就是把两个相反、相对的事物，同一事物相反、相对的两个方面，同一事物不同发展阶段的情况放在一起，用比较的方法加以描述或说明，这种写作手法叫对比，也叫对照。对比的好处是让组合的双方都得到鲜明的呈现。比如一正一反、一好一坏、一优一劣，在对比中读者鲜明而又透彻地感受到了正面做法的益和反面做法的损，那么应该持有什么样的原则与标准就不言而喻了。在议论文写作中，运用正反对比的方式来鲜明地阐述作者想要论述的观点，这是一种非常实用的结构技巧。因为一篇文章一定是有立场的，那么相反的立场可能引发的一系列弊端或者种种不好的迹象就可以与正确的观点进行对照。这样，正确的做法在错误的做法的映衬下就会显得更加掷地有声，不可辩驳。

因为材料是新闻材料，可以按照时评的思路构建文章框架。这类材料是现实生活中比较敏感的问题，我们的作文应该揭示事件的本质特征和它包含的意义，以达到澄清是非，支持和赞扬先进思想，反对并鞭挞落后意识，帮助人教育人的目的。如果是一种错误的观点或做法，例如，"乱改地名"，列提纲时可以按照列表现、析原因、谈危害、找方法、看结果确定写作重点。每种结构中的几部分不一定平均着墨，完全可以有所侧重，如可以将"析原因（挖根源）"作为重点，亦可以"谈危害"作为重点。

（3）明确评分标准，分项分等，第三次给出分数。

分项分等之"基础等级"，分内容和表达两项，基础等级的评分，以题意、内容、语言、文体为重点，全面衡量。

内容项（20分）的重点是题意、内容。对于内容要综合考虑，对于材料的把握虽然符合题意，但文章不好、中心基本明确、内容单薄、感情基本真实的，可以在三等上打分。考生的考卷中所述论据的真实性要特别注意，如果是编造，或者有明显错误，或者不能佐证文章观点的，要适当扣分。

表达项（20分）的重点是作文的结构、语言、文体、卷面等，但也要综合考量。根据表达项的细则，在"内容"评等的基础上，除了在相应的等级上评分外，还可以考虑在上一等或下一等打分。在"内容"等级判分的基础上，表达项原则上不跨等给分，如内容判三等，表达不能在一等给分，只能在三等或二等或四等给分。

分项分等之"发展等级"。基础等级分要与发展等级分相匹配，发展等级分不能跨越基础等级的得分等级。发展等级分原则上随内容或表达的等次给分，如内容二等，表达三等，发展等级一般可在二等给分。发展等级一般不在内容或表达的下一等给分，如内容一等，表达二等，发展等级一般在一等或二等给分。发展等级在内容给分的基础上，一般不跨等给分，如内容三等，发展等级不能在一等给分。内容在四等的，"发展等级"可以给 1～2 分；确为抄袭的，"发展等级"不给分。发展等级评分不求全面，可根据"特征"4 项 16 点中若干突出点按等评分。

深刻：①透过现象看本质；②揭示事物内在的因果关系；③观点具有启发作用。

丰富：④材料丰富；⑤论据充足；⑥形象丰满；⑦意境深远。

有文采：⑧用词贴切；⑨句式灵活；⑩善于运用修辞手法；⑪文句有表现力。

有创意：⑫见解新颖；⑬材料新鲜；⑭构思精巧；⑮推理想象有独到之处；⑯有个性特征。

（4）交换作文，合作讨论，写出评语，小组确定最终分数。

学生讨论，教师加入。

（5）全班讨论评判，交换写作启示。

①老师公布自己给每位学生作文所打分数。

②学生互评的分数与老师的评分分差较大的提出来，全班讨论。

本环节至关重要，通过解剖一个"麻雀"，让学生对本次作文有更深刻的认识。

3. 教师总结，布置作文修改

图 3-16　在考前作文指导课上

（三）课堂实录：提升作文讲评的效率

师：同学们，这次作文题目由闫晓毅同学命制，结合上次作文指导课老师讲到的"任务驱动型作文"的题目构成、命题特点等，同学们感觉这个题目怎么样？

生：从作文材料内容看，紧扣"主旋律"。按照"一点四面"的命题原则，一点是"立德树人"，四面是"社会主义核心价值观、中华优秀传统文化、依法治国、创新"，这个作文材料中的"地名文化"和传统文化有关，所以材料符合要求。

生：材料具有真实性的特点，这个材料是新闻材料，提出的问题也是现实存在的。

生：这则材料往往具有争议性，可以认同改地名，因为地名也应该与时俱进；还可以反对，因为乱改地名弊端很多。

师：同学们说得很好，看来大家明白了"任务驱动型作文"的材料特点了，还有补充吗？

生：我觉得判断的重要标志就是要有"任务指令"。

师：这个题目的"任务指令"是什么？暗含了哪些审题的信息？

生：对于上述材料，你有怎样的看法？请综合材料内容及含意作文思考。这一"任务指令"就是要对新闻材料形成基本的感情倾向的判断，如"乱改地名是否合适？""改地名的深层次原因是什么？""改地名又有何妨？"等。

师：的确，"任务驱动型作文"的审题立意要抓住所给材料和"任务指令"两个关键。那么，怎样准确把握材料呢？这个材料给我们提供了哪些写作信息呢？

生：材料以第二次地名普查工作为背景，针对地名存在"大、洋、怪、重"等不规范现象以及与时俱进的地名变化现象，谈"地名文化"问题。材料分为三层：一是交代时事背景，二是列举改地名成为潮流的现象，三是列举关于地名的不同认识。暗含的写作角度：保护地名文化、地名变化与时俱进。体现的是保护传承与顺应潮流、与时俱进变革的关系。

师：很好。这道题目的"任务指令"暗含了哪些审题的信息和写作的角度？

生：文章应该从"就事论事"到"就事说理"。

生：文体要求应该是议论文。

生：可以着重谈地名乱象严重，有诸多危害，比如不便于人们生活、遗失历史文化、缺失文化自信。

生：可以侧重谈时移世易，地名变革也是顺应时代发展的进步表现。

生：我认为可以辩证地谈传承保护地名文化的同时也要适时地变革，去其糟粕留下精华，更好地服务于当下。比如，考虑把"文革街"改掉，考虑把单位名、公交站名作为地名，建立地名数据库打造智慧城市，等等。

师：同学们说得很好。下面请同学们认真读一读你拿到的其他同学的作文，根据刚才我们研究的内容，为你手里的作文打出一个分数。

（学生阅读作文，教师巡视）

师：好了，审题立意的问题我们弄清楚了，同学们思考，这篇文章最适合写成议论文中的哪种类型？如何快速搭起文章的框架呢？

生：因为材料是新闻材料，可以按照时评的思路构建文章框架。

师：能详细说说吗？

生：这类材料是现实生活中比较敏感的问题，我们的作文应该揭示事物的本质特征和它包含的意义，以达到澄清是非，支持和赞扬先进思想，反对并鞭挞落后意识，帮助人教育人的目的。

生：必须以所给予的材料为评价对象，通过合乎逻辑的分析，作出恰当的评价，并能以原材料为论据，作出合理的分析，以证明自己评价的正确性。

生：文章可以联系实际，但主要目的不是用材料中蕴含的道理去解决现实生活中某一方面的问题，而在于用相关的事实进一步证明自己的评论是正确的，需要"就事说理"。

师：如果是一种错误的观点或做法，例如，"乱改地名"，列提纲时应该考虑哪些要素？

生：列表现、析原因、谈危害、找方法、看结果。

师：如果是一种正确的观点呢？

生：列表现、析原因、说好处、看结果。

师：大家提到的这些要素，是不是都要在文章中呈现出来呢？

生：不一定。每种结构中的几部分不一定平均着墨，完全可以有所侧重，如可以将"析原因（挖根源）"作为重点，亦可以"谈危害"作为重点。

师：回答正确。大家还记得 2015 年全国Ⅰ卷吗？假如写信给小陈，态度是认同小陈的做法，考生可以"说好处"为重点，从"关爱亲人""尊重生命""恪守法规"

三个方面展开。如写信给老陈，观点是批评老陈的违法行为，可以"谈危害"为重点，逐层分析其行为会"轻视生命""伤害亲情""违背法律"。

师：再看你手里的文章，结合审题立意，拎出文章的结构框架，第二次给出分数。

（学生阅读作文，教师巡视）

（投影展示新课标卷作文等级评分标准）

		一等 （20～16分）	二等 （15～11分）	三等 （10～6分）	四等 （5～0分）
基础等级	内容 20分	符合题意 中心突出 内容充实 思想健康 感情真挚	符合题意 主题明确 内容较充实 思想健康 感情真实	基本符合题意 中心基本明确 内容单薄 思想基本健康 感情基本真实	偏离题意 中心不明确 内容不当 思想不健康 感情虚假
	表达 20分	符合文体要求 结构严谨 语言流畅 字迹工整	符合文体要求 结构完整 语言通顺 字迹清楚	基本符合文体要求 结构基本完整 语言基本通顺 字迹基本清楚	不符合文体要求 结构混乱 语言不通顺语病多 字迹潦草难辨
发展等级	特征 20分	深刻 丰富 有文采 有创意	较深刻 较丰富 较有文采 较有创意	略显深刻 略显丰富 略显文采 略显创意	个别语句有深意 个别例子较好 个别语句较精彩 个别地方有深意

师：与每次作文讲评一样，请同学们根据高考作评分标准，分项分等为你手中的作文打分。

（学生讨论，教师加入）

师：下面老师公布自己给每位学生作文所打分数，学生互评的分数与老师的评分分差较大的提出来。

（教师公布每位同学的得分）

生：我评的是何慧敏的作文，老师给了 43 分，我给了 52 分，刚才我们组的同学也认为应该在 50 分以上。我想让老师分析一下这篇作文到底能得多少分。

师：好的，我们看看这篇作文。

（用实物投影仪打出学生的作文）

留住历史的记忆

时代的脚步如此匆忙，历史的变迁日新月异，多少的曾经，已然跟随不上恍然的如今，在历史的天空中隐去了踪影。而那些零星残存的、经历了时代打磨的记忆，如今也成了悬崖边上的一块岩石，在狂风之中飘摇不定，摇摇欲坠。

那一个个地方的一张张名片或许就是这样的一块岩石。改革开放送进了时代的风，送进了西方的风，让人们的思想摇摆不定，也让传统的地名的处境变得艰辛。那些或经历了文化的洗涤，或经历了战火的洗礼，或打上了时代的烙印，或成了乡愁的归栖的地名，本该从历史的淬炼中变得坚硬稳固，为何如今竟然难顶一阵山风的冲击。

天津有一条著名的张自忠路，那是为了纪念抗战英雄而命名的，看这个地名，我们内心种满了敬仰和怀念；东北地区永远以曾经的东北抗联为骄傲，那仿佛沾着鲜血的两条路——佟麟阁路、赵登禹路，以这种方式记录下了抗联英雄的不朽英名，记录下了那段战火纷飞的岁月。中国人在热血之间捍卫着国家的岁月。难道我们的后人该抹去这些，用与这段历史格格不入的外国名字替代吗？面对它们，我们的态度只能是虔诚与敬畏。

敦煌，一个让人多么不能理解的名字；我们无法领会这个词在历史在西域，在宗教中究竟是什么含义，但提到它，脑海里总是浮现出各种瑰丽玄妙的壁画，四处盘坐的巨像，苍茫如同沙漠的历史画卷；"故乡遥，何日去，家住吴门，久作长安旅。"长安，永远是记忆里的长街灯火，十里繁华。繁华的地方总难被当作家，灯火下掩映的，是多少人的得意，就是多少人的落寞。敦煌、长安，这些名字早已成了一个独特的象征，抹除它们将是文化深重的灾难。

多少漂泊在外的人，在外地孤独而寒冷的气氛中热泪盈眶，只因偶然听到那个嵌入自己记忆的名字；多少人的诗歌散文里，那个永恒的名字永远不会成为他们厌倦的主题，他们一遍又一遍的吟唱，可能最终也没能让那份期盼实现，只能在心中默念那个名字，或流泪，或微笑……哦，"威尼斯""曼哈顿"这些名称让游子情何以堪，让那些孤独的乡愁何处容身？

但愿历史的记忆不会坠入谷底！但愿历史永不失忆。但愿历史的记忆只会在历史前进的脚步中变得更加珍贵，像陈年老酒，历久而弥香！

师：同学们评价一下，这篇作文有哪些优点。

生：审题立意完全符合要求，全文以"说好处"展开，也就是说，不能乱改地名，传统地名有着丰富的内涵。

生：语言较有韵味。

生：举出的事例很恰当。

师：同学们看到了这篇文章的优点，那问题呢？

生：我觉得这篇文章主要的问题是三、四、五这三个段落以举例为主，文章主体成了"观点＋事例＋结论"的三段论结构。

师：很好，你认为你怎样修改才能成为一类文呢？何慧敏同学你自己说一下。

何：其实，中间这三段以例证为主，但有所侧重，第三段强调地名背后是时代记忆，我们不能忘记那段历史，第四段是说地名包含了浓郁的文化信息，第五段强调地名承载着浓郁的乡愁。

师：那你在写作时，为什么不把这些表达出来呢？你自己认为怎样改才会使文章的思路结构更为清晰呢？

何：我觉得开头应该增加几句总括性的话语，能够让人一目了然地明确本段的阐述重点。

师：很好，你自己改一下第三段。

何：在第三段开头加上这样一句话：那历史的记忆会坠入谷底吗？那些刻下时代印记的名字应该离我们远去吗？这些时代记忆的载体是无价的。

师：很好。哪位同学按照这种办法、仿照这种句式修改第四、第五两段？

生：第四段开头：那些历史的记忆会坠入谷底吗？那些包裹着千丝万缕的文化气息会粉身碎骨、消弭无影吗？

生：那些历史的记忆会坠入谷底吗？那些细心珍藏着游子乡愁的美丽地名怎能消失，不要让游子找不到回家的路。

师：很好。改完后大家感觉怎样？

生：思路更为清晰了，结构更加整饬了。

生：阅卷老师能在很短的时间内拎出文章的主干。

师：大家改得很好。我们自由写作时，可以信马由缰，表达真情实感即可，但考场作文有许多限制性条件，如何在很短时间让阅卷老师看到我们作文的优势，是写作时必须考虑的问题。还有哪位同学推荐优秀作文吗？你推荐的理由是什么？

生：我推荐闫晓毅的作文。

（用实物投影仪打出学生作文，闫晓毅读这篇文章）

无可奈何花落去

岁月如梭。一穿便是多少年，几下顿成锦绣。天地一幅锦，繁华烂漫，终须落去。

无可奈何花落去，流去春光缱绻。文化繁枝，地名不过一枝。然而一枝见春，并非妄语。公主香消玉殒，坟茔已空，唯有"公主坟"仍寄绵绵情思；始皇已逝，张郎早亡，六尺之巷，却存千古佳话。留下的，固然有残香碎玉，却别见过往沧桑，人世辗转，有情义，存忠厚，见兴衰，知得失。想乌衣不存，王谢风流纸上空闻，此地无根；叹鼓楼不留，往日千街锦绣尽失，此水无缘。最可悲者莫过于尽弃暗香菱花，以为朽腐之物，更以新砖瓦。春光不再，弱花惜其温厚，花落去，则往事成空。何况忠义礼、智勇信！

无可奈何花落去，残消人面故情。"人面不知何处去，桃花依旧笑春风。"谋食者背井离乡，如今早已成为俗常。昔日欢娱盛景，多已不存。倦鸟归林，池鱼思渊，也不过人之常情。时过境迁，平原低墙为高楼大厦，炊烟迷蒙为烟雾缭绕，重门高墙为开阔大道……也可谓沧海桑田。怀故土，何以慰游子之情？若得一花，便思昔者花繁如此，春深似海。崔郎情切，人面既去，空余怅惘。但见桃花，也稍平悔恨之意，更续悠悠情思。人既非，物不似，地名如旧，牵心绪，抚伤痛。而花既落，谈何故土之思，思乡之情又何解？眼见得故土，也仿佛他乡，地名已更，怎知如何寻根？飘零如絮草，虽有故乡也似无。候鸟无根，空余茫然，更无归属，人生之痛，家国之哀，莫不如此。

诚然，林花终谢春红。姑苏台，西子镜，夫差恨，千古江山悠悠，人事一杯黄土。更何况，岁月不待人，今胜昔，昔胜古，往事成空，不须叹，乃天地之造化，万物之终极。花有千般，有那妖媚婉娈，有那卑且俗者，弃其糟粕，不法古，也是应当。若存万朵而了无生机，更有流毒深远，也是可悲可叹可笑。唯存寄春光之妖媚温柔者，以见民族五千年之根基，传民族两千年之精髓，文化乃以文教化，则历史与今并行，识明智，鉴偏暗；留取人面之深情者，以慰游子苦寂之心，更添故土关怀之意，终有候鸟归日。

生：推荐这篇文章，是让大家欣赏。反正我达不到这个水平。

师：那这篇作文给我们哪些写作启示呢？大家发表自己的看法。

生：文章题目就很好，引用诗句，与地名文化相照应，充满文化韵味。比我的题目"地名不可乱改"强百倍。（学生笑）我觉得，考场作文有一个漂亮的题目，是很吸引眼球的。

生：闫晓毅的作文通篇用"落花"比喻包含情感与文化的地名，且每一部分都与这一比喻有关，这就是说她动笔前，注重作文的整体构思。这道作文题目是闫晓毅命制的，我怀疑她把作文提前准备好了。（学生大笑）我在考场上，根本没时间过多思考，想到哪写到哪，写到哪想到哪。（学生大笑）

师：考场作文，更需要整体建构，希望同学们养成良好的习惯——动笔前列提纲。

生：我觉得列提纲很重要。这篇文章按时评文的结构框架行文，开头以"岁月织锦""繁华落去"为喻，写出了对地名的流逝与变化的无奈之情；第二段，包含"情感、文化"的花朵落去，让人怅惘不已，所举"公主坟""六尺巷"等均恰当合适；第三段，写地名消逝会让人失却故乡之本，偶句运用，典雅整齐；第四段，是伤感，是关怀，更是呼吁，保留那些地名，会留住"根"。

师：分析到位。启示呢？

生：除了注重整体设计外，论证时，要注重论证方法的多样性，例证要典型、新颖，材料能充分为观点服务。

生：这篇文章语言有特点，整散结合、文白相间。

师：的确这样。但语言提高需要时间，不能一味追求典雅而造成语言生涩。特别是用文言写作和文白相间，更要把握好"度"。

结合作文讲评情况，得分在 48 分以下的作文，提出修改要求。

（四）教后反思：寻找"为生存写作"的突破

这是我高三作文讲评的一节常态课。从教学预设角度，我关注了以下三个方面。

1. 内容上，"任务驱动型作文"是高三备考的重点

相较于传统的材料作文，"任务驱动型作文"在作文材料之后，提供"任务驱动"，也就是发出"写作指令"，考生需要在"任务指令"的范围内完成写作任务。

因此，读懂材料、明确"任务"、建构框架是这种类型作文成功的关键，因此，本课例重点关注这三个方面，是提升高三作文讲评效果的关键。

2. 标准上，让学生互评作文，许多老师都做过有益尝试

评价标准是什么，这是很重要的一点。特别是高考作文，是不自由状态下的写作。作文教学不得不考虑高考，考虑高考就不得不想到特殊的评价标准，这就是"应试作文"的特殊性，也是"最不自由状态下的写作"形成的原因。这意味着教师在高考作文指导上，必须考虑适应这种"主观命题，主观阅卷"的特殊性。每个省区阅卷情况不同，这更需要兼顾本省阅卷的特点，在平时的作文批改中，要将高考作文的评分细则、分项分等给分的操作模式让学生明白。因此，本课例给出标准，让学生体会高考作文的评价标准。

3. 操作上，突出"学情核心"，让学生全员参与

学生对基本的评改知识以及层次、评改要求了解清楚了，就开始对其他同学的作文正式评价，然后组内成员合作讨论，对几篇作文习作发表看法，提出修改意见，记下评议结果。这样使同学相互之间能取长补短，他们每个人都是活动的参与者、受益者。教师在这一环节中，应成为学生真正的指导者。教师的参与既活跃了交流的氛围，又能及时地给评改工作以必要的指导和建议。各小组经过相互讨论后，教师公布自己的评分结果，学生可以提出不同意见，在全班讨论中，更能明确到底该怎样写；也可以推荐一篇佳作，全班师生共同评议，各抒己见，交换写作启示；还可以集体修改一篇作文，总结作文升格方法，大家在讨论中得到启发，共同进步。每个学生针对自己写作态度、主要优缺点进行冷静思考，肯定成绩，明确不足，对症下药，不断提升自己的写作能力。

当然，本课例仍有改进之处，如增加学生自我回评的环节等。

社会反响

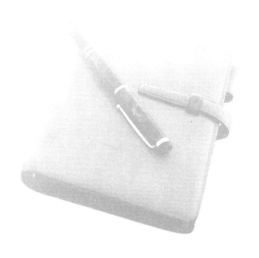

一、专家眼中的尤立增

（一）抓"学情"，就抓住了阅读教学的关键

——尤立增老师"学情核心"教学思想简评

张瑾琳

尤立增老师是河北省高中语文教育科研领域的领军人物。三十年来，他站稳讲台，立足课堂，确立自我专业化发展的目标。在教学实践中，尤老师逐步形成了自己的教学思想，在平凡的教育生涯中创造了不平凡的业绩。

在河北省教育科学研究所 1999 年组织的全省高中语文优质课大赛上，尤立增老师脱颖而出，取得了一等奖第一名的优异成绩。2000 年，年仅 33 岁的尤立增被评为河北省特级教师，成为河北省最年轻的语文特级教师。

在不少教有所成的老师选择离开河北调入京津名校时，尤老师选择了坚守。他秉持自己的事业追求，积极探索真实、鲜活、灵动、高效的课堂，上"精致"的语文课。在长期教学实践中，他深入挖掘文本内涵，构建对文本的独特解读，突破固有教学模式的桎梏，不断增加课堂"亮点"。

在新课程背景下，教师和学生的角色定位发生了很大变化。尤立增老师深入学习、研究思考，以"转化教学论"为依托，对自己的教学进行了纵深改革，创造性地提出了"学情核心"的教学思想。"学情核心"教学思想是符合现代教育理论的教学法，其构成要素包括以下几点：

1. 理论基础：转化教学论

一定的教学理论须通过一定的教学原则来体现。尤立增老师认为，长期以来，阅读教学之所以在低效徘徊，其主要问题在于如何将学生无意、自然、消极的阅读状态转变为有意、自觉、亢奋的阅读状态。作为教师，怎么"转化"则是一个必须考虑的问题。转化教学论认为：语文教学的核心重在"转化"，"转化率"是指语文知识、语文能力，以及与语文相关的人文素养转化为学生自己的语文素质的比率。实现转化是提高语文教学质量、全面提高学生语文素质的核心。在此理论基础上，

语文教学应遵循以下原则。

第一，坚持语文实践，坚持阅读"习得"。语文知识、能力和人文素养的转化，只能在语文实践中实现。这种实践是让每一个学生个体充分投入语文学习全过程的实践中，而不是教师实践后讲给学生听，表演给学生看，也不是将各部分学生局部的实践简单相加、貌似全面实则骗人的课堂实践。这就必须扫除"三风三习"，即扫除以教代学、以讲代读的"代"风"代"习；扫除只灌结果不导过程的"灌"风"灌"习；扫除教师当演员、学生当观众，教师当牧人、学生当羊群的"霸"风"霸"习。把学和读的权利、写的自由彻底还给学生，引导学生充分投入获取知识、锻炼能力的实际过程中，真正让学生当主人、做主角，主动求学，自寻门径，而教师则要从"神坛"上走下来，转变角色，当好教练、导演、助学者、指路人、平等的首席。

第二，坚持面向全体学生，因材施教。要想让不同层次、不同水平的学生全部都投入到语文学习实践中来，都在自己原有的基础上有所收获，有所提高，作为教师就需要克服三种倾向：一是主观主义倾向。教学时只关注怎么教，不关注学生怎么学，不看对象，脱离学情，主观设定教案，强使学生"入我彀中"。二是形而上学倾向。教学时只因教材之"材"施教，不因学生之"材"施教，抹杀差别，不顾后进，要求学生一律"齐步走"。三是形式主义倾向。教学时片面强调大容量、高密度、快节奏、"满堂彩"，不顾学习规律，不顾实际效果。作为教师要着力从学情出发，承认差别，尊重差别，使每一个学生个体都能各得其所，从而使全体学生都能提高自己的学习转化率。

第三，坚持投入，引领投入。学生在学习时间相等的情况下，学习效果即学习转化率也各有不同，这取决于学生在学习中投入程度的高低。所谓投入有三：时间、精力、情感。必要的时间保证，全神贯注的学习心态，渴求知识、期盼成功的情感，是投入的基本要求。因此，教师必须讲究"激发术"，以参与式强制投入，以任务式促进投入，以合作探究深化投入，以多元评价刺激投入，等等。在有利于三投入的原则下，招数可有千万种，完全可以"八仙过海，各显神通"。

第四，坚持人文性与工具性并举。从广义上讲，"语文"的内涵是无限的，但当"语文"作为一门课程来呈现时，就需要抓住"语文"中最基本、最核心的东西，那就是人文性和工具性的统一。作为教师，要教会学生学习语文、运用语文的技巧，同时又要让学生在阅读写作的乐趣中学会读书，学会思考，学会做人。片面强调任何一方都不利于语文知能的转化。因此，必须坚持人文性与工具性相融合，综合施教，才能形成具有语文本质特征的转化机能，有效地提高语文学习转化率。

基于以上分析，尤立增老师的"学情核心"阅读教学体现了"以学定教"的教学理念。只有建立在学生认知水平和知识能力"最近发展区"上的"以学定教"的课堂教学才能具有更强的针对性，教师的"教"与学生的"学"也才能最大限度地发生共振共鸣；只有把学生当作学习任务的"首要责任人"，教师由教学的"掌控者"变为学生学习的"共同体"时，充满生机与活力的课堂才能实现；也只有当教师有较强的生成意识和生成能力，能不拘泥于预设的教案，"眼中有学生"，能及时捕捉到学习进程中的信息并快速调整自己的教学思路时，课堂教学才能是有效的。同时要把思考的权利、时间和空间还给学生，让学生有充分表达自己思想和展示思维过程的舞台，让他们在质疑问难和讨论交流中获取知识，提升能力，感受学有所成的愉悦。

2. 方法论基础：学情

美国心理学家加涅曾提出一个"为学习而设计教学"的口号，这个口号依据一种系统观，更加合理、全面地看待学与教的关系。它颠覆了以课堂为中心、书本为中心、教师为中心的经验"作坊"式的教案设计。"为学习而设计教学"，是站在课程的高度，在研究学生的实际需要、能力水平和认知倾向等"学情"的基础上而进行的教学设计——所谓"学情"是指学生在学习某一内容时已有的知识结构和在学习过程中的个性差异——这样，教师就能深入了解每位学生学习的逻辑起点，能重点关注每个学习环节、每个学习任务的目标达成、学习方法的针对性指导以及评价点拨的有效性，真正为学生服务。

"学情"如何获得？尤立增老师的"预习作业"是一种重要的形式。"学情核心"阅读教学课堂模式中的"以学定教""先学后教"，将学生的"先学""预习"提到了重要的位置。以往的作业布置都是学生巩固知识，提高能力的重要环节，是教师检查教学效果，改进教学的重要依据。但"预习作业"是为新课做预备，做铺垫，做指引。它引导学生怎样去预习，怎样做好"先学"。对预习作业的批改是重点，对"质疑问难"部分的批改是重中之重。

3. 达成手段：学生活动

"学情核心"阅读教学法将"发现"的权利还给学生，让学生体会自己"摘果子"的快乐，能够培养学生最基本的阅读意识和阅读能力，是真正意义上的尊重学生，尊重学情。

学生通过预习作业要干什么？一要"有所得"。发现自己认为有价值的东西，归纳阅读的收获，我们称为"原始阅读感受"。二要"有所疑"。无知不解处见疑，似知似解处有疑，已知已解处生疑，以疑促思，以疑促学。

文本如同果树，上面有许多"果子"，怎么办？摘取。以"预习作业"为先导的语文学习过程是"摘果子"。只要学生自己认为有用的，就不管三七二十一，实行拿来主义。摘下来，即便当下不能立刻明白，以后可以在应用中逐步理解；摘不到，就永远失去了应用理解的机会。摘取的方式，灵活多样，不求一律，每个人都有自己的习惯，只要能纳入自己的知能结构，能在阅读实践中起作用，就算达到目的。

尤立增老师的"学情核心"阅读教学法之所以强调"学生自己认为"，强调"不整齐划一""不求一律"，就是为了尊重学生个性，尊重学生不同层次的起点，让他们充分自由地表现他们的个性和起点。而这也正是具体实际的学情，正是因材施教的依据，正是实施阅读教学的出发地、起跑线。

学习研究尤立增老师在语文教学中的探索历程，特别是理解其"学情核心"教学思想，会给教学研究工作带来很多启示。

要有创新意识和创新能力。准确判断处于生成和变化的教育形式下可能出现的新问题，运用教育智慧，创新教学模式、改革教学方法，研究与教学相结合，创造性地把新思想、新观点、新方法融汇到教学实践中。

要善于累积发展科学的教学理念。教学理念是区分经验型教师与专家型教师的重要标志，教师秉持科学的教学观念，不仅直接关系着教师当前的教学行为，而且还间接地影响着未来教学的发展。

（张瑾琳，研究员。河北省教育科学研究院高中室主任，语文教研员。全国中语会常务理事，全国校园文学委员会学术委员，河北师范大学文学院教育硕士生导师。河北大学版初中语文教材副主编。）

（二）他离"教育家"一步之遥

蔡　伟

当教育部"国培计划"项目办的领导把尤立增老师的材料郑重其事地交到我们手上时，我相信双方的心里多少都会有些"凉凉"的感觉。因为，材料表明尤老师是全国人大代表，还是"全国五一劳动奖章"获得者，光获得的国家级荣誉称号就有十几项。把这样一个"通天"的人物放到浙中小城一所省属师范学校来培养，就像放条鲸鱼到池塘里一样，大家都会被"玩"死的。我不知尤老师当时的心境，但如果我是他，也许会拂袖而去。可一年半过去了，我们在内心深处感谢项目办的精心安排，正是因为这种错位，让我们都产生了"互相成就的感觉"（王建锋主编语）。

我研究了尤老师的全部材料，发现了一个可能被大家都忽略的问题：尤老师什么都不缺，他注重教学实践，也在对其语文教学进行内外结合的较为系统化的整理工作，但唯一的不足是他的教学实践及理论研究还需要进行学理上的更为系统化的整理与提纯。从这个意义上讲，尤老师的专业发展似乎来到一个瓶颈。更明确地说，他的"学情核心"语文教学观并未为广大的语文教师所了解。如何把尤老师丰富的经验、开阔的思想、深刻的见解传递给更广大的师生，成为摆在我们基地面前的一件大事。最终在教育部"国培计划"项目办的支持与指导下，我们举办了教育部"领航工程"第一个名师教学思想研讨会——"尤立增语文教学思想研讨会"。

当初，不但基地内外对此有不同的看法，而且连尤老师自己也有些疑虑。他是低调惯了的人，也是视时间为生命而绝对不允许随便浪费的人，他担心我们基地的策划既浪费时间又达不到预定的目标，甚至有可能产生副作用。我当时能打动尤老师的只有一句话：

独乐乐不如众乐乐，一个人的成功不如一群人的成长；谁都知道一场研讨会也许解决不了任何问题，但它一定会给更多的人点亮一盏前行的路灯，铺下一块攀登的阶石。

我们的坚持，感动了尤老师。为了发挥"领航工程"的领航性，为了中国语文教学的深化改革，为了语文师资队伍的建设和发展，同时也为了使自己更上一层楼，尤老师在教学研究之余，投入这场具有开创性的名师教学思想研讨会的筹备工作中，他说自己多干一点，就能给基地多减轻一点压力！

　　乐于助人之人，终能得到众人相助。尤老师的语文教学思想研讨会在上上下下多方帮助下，顺利召开，获得圆满成功。国培办、河北教育厅、张家口教育局和人才局等部门的相关领导，五六百位的参会教师，《中国教师报》资深编辑吴绍芬、《中国教师》杂志社社长曹巍、《语文教学通讯》高中版执行主编王建锋等媒体专家给予了高度评价。

　　研讨会结束后，尤老师又取得不少的荣誉：国家督学、全国中语会学术委员会委员、全国模范教师、全国先进工作者、教育部基础教育专业委员会委员……而且这一切都堪称实至名归。我们经常拿钱老的天问来责问教育界：当前的教育制度下，我们还能产生教育家吗？其实，这是一个伪命题，因为对于"教育家"这个概念，并没有一个科学的可量化的指标，每个人头脑中的所谓"教育家"是不一样的。所谓一千个读者眼里就有一千个哈姆雷特。我的标准也许比较低，我觉得有自己的理念，有自己的教学风格，有相当的科研产出，有大爱情怀，有奉献精神……我们就可称之为教育家。如果以这样的标准来衡量抗疫期间开设公益直播课的名师们，那么有的已算"教育家"的胚胎，有的已经成型。尤其是荣誉等身的尤立增老师，称他离"教育家"一步之遥当不为过。

　　当然，"教育家"不是以多少荣誉和头衔来决定的，我的判断并不仅仅基于他的那些金光闪闪的奖杯和证书，而是它们背后厚实的教育积淀、学生及家长的敬重、同行的感佩、领导的信任。

　　在领航工程浙江师范大学基地的学员中，尤老师是唯一不担任学校行政职务的"素人"。相处久了，听他的课多了，我才明白一个理：因为他太爱课堂，太爱学生了，他已经没有更多的精力和情感投注到行政工作中。正因为如此，他才拒绝了无数领导的关爱与提携，始终站立在讲台上，与学生一起，站出了一道美丽的教育风景。要讲尤立增老师爱岗敬业、乐于奉献的故事太多了，研讨会前后有二十余家媒体报道过他的事迹。因而，在此我只想以他的这次讲座来谈谈他的教育理念与教学创新。

　　尤老师教学理念的中心无疑是"学情核心"。他从语文教学尤其是阅读教学的常理和规律出发，强调了"为学习而设计教学"的主旨。尤老师痛心于当下为数不少的语文教师普遍存在的忽视"学情"现象，认为那是导致语文教学转化率低的重要原因。因此，他强调语文教学必须高度重视真实的"学情"，不但要明确学生"已知"和"未知"的学情，还要把提高转化率作为核心目标去追求，更要在转化过程中创造各种条件，解决转化状态问题，将学生的自然无意的乃至受压抑的转化状态变为有意、自觉、亢奋的状态。为此，尤老师提出了"学情核心"语文教学的三大实施策略：一是心中有数——充分了解学情是教学设计的逻辑起点；二是目中有人——教学流程始终突出"学情核心"；三是手下有招——"学情核心"要让学生摘到更多"果子"。

虽然"学情"的概念不是尤老师提出来的，强调学情重要的第一人或许也不是他，做学情理论研究的也可能有强过尤老师的专家学者，但数十年如一日、坚持以学情为核心的语文教学，而且逐步将学情理论与课堂实践全面对接，并由此出发，做到"心中有数，目中有人，手下有招"，放眼语文教学界，恐怕无人能出其右。尤老师乐于分享自己研究成果的精神更是难能可贵。而这一回，除了在我们平台上作公益讲座外，他还担任了"河北省教育厅举办征集全省师生'抗击新冠肺炎疫情'主题文学作品活动"的评委，认真评改了2000余篇文章，并通过各种途径辅导广大师生写作之道，这亦是少人可比的。

由是观之，尤老师是否已经无限接近于教育家的荣誉殿堂？又或者说，尤老师是否至少称得上是一个准教育家？答案是肯定的，因为答案就在尤老师一串串坚实的脚印中。

（蔡伟，浙江师范大学教授、博士生导师，浙江省写作学会副会长、高师语文教育学研究会副理事长。教育部国培计划中小学教师首批专家库专家、教育部国培计划中小学校长和幼儿园园长专家库专家，教育部"国培计划"浙江师范大学培训者培训项目、工作坊主持人高端培训项目和高中语文骨干教师培训项目等多个示范性项目及领航基地浙师大高中语文培养项目的首席教师。曾担任教育部国培项计划项目和人文基金项目评审专家。已出版论著、教材共17部。）

扫码观看"访谈录"

图 4-1　领航工程学员与导师蔡伟（右三）合影

（三）尤立增语文教学的"道""术""艺"

马文科

1. 尤立增语文教学的"道"

一个卓越的教师一定有他所秉持的教学理念，我将其称为教学之"道"。我认为尤老师所秉持的教学之道有三，即："人本主义""文本主义"和"学本主义"。

（1）人本主义

以人为本，是尤老师语文教学思想的基石。在尤老师语文教学的视野里，学生始终是一个大写的"人"，"是受人类文化熏陶的人，是生活中的人，是有其独特个性心理特征和情感体验的人"。为了凸显学生，防止老师对学生形成"威压"，尤老师倡导"无权威的交流"。课堂上，学生可以随时站起来反驳老师，可以和老师激烈地争论，可以找理由"惩罚"老师，所以，在尤老师的语文课堂中，学生的形象是高大的、丰满的、立体的。尤老师曾带着学生深入贫困山区，让他们走近真实的生命；曾经为了学生愤怒地掀翻了家长的麻将桌；曾经在评上特级教师时扪心自问："是否应该更多地关注学生的精神世界。"他认为"语文教学是雕龙与铸魂的事业"，他要把学生培养成"文化贵族"。总之，人本主义，是尤立增老师永不泯灭的教育良知。

（2）文本主义

这里的"文本主义"是指尤立增老师完整地看待语文学科和完整地看待每一篇

课文的一种课程观。尤老师始终坚持着"工具性与人文性的统一"原则，他对应试背景下人们把"工具性"异化为"考试性""训练性"，把语文课本中的文质兼美的文章拆成支离破碎的高考训练题，有血有肉的活生生的人被训练成做题的机器……"现状忧心如焚。他认为"人文性"是语文教学的灵魂，是不能被丢弃的。

很多老师把课文仅仅看作是供师生解读的材料，供学生练习的例子，而在尤老师的教学中，每一篇课文都是需要真诚对待的独立的生命体。因此，他总是强调课文的"这一个"的特性。教学每一篇课文，他首先看清了这篇课文的"真面目和这篇文章的最真切最清晰的容颜"。我想，这是他的课堂教学成功的奥秘之一，也是他的课堂有灵气有灵魂的原因之一。

今天，他依然担忧着"人文精神的失落""会导致优良品质的丧失……"，还在艰辛地探索着"为生命的写作"和"为生存的写作"如何有机结合。另外，还值得一提的是，尤老师是会创作的语文老师，正如他的弟子所说："……在文学面前，大多数语文老师都只是会评说的人，师父是极少的可以创造的人。"

（3）学本主义

这里所说的"学本主义"指的就是尤立增老师首倡的"学情核心"理论，在尤老师的教学思想体系中，"学情核心"理论是针对阅读教学提出的，属于"转化教学论"的下位概念，但在这里，我暂且把它看成"转化教学论"的上位概念。在"学情核心"理论中，尤老师首先将学生的角色定位为"学习者和学习的主体"。其次，才将教师的角色定位为"助学者"和"引路人"，教师在教学活动中的主要任务就是"拨开学生头脑中的迷雾，给学生一个'梯子'，让学生自己摘到更多的'果子'。"

正如蔡伟教授所言，"学情永远是第一位的"。有了正确的学情观，"转化教学论"就有了坚实的基础，就不至于凌空高蹈或凌空虚蹈；教师只有在充分掌握真实学情的基础上实施"转化"策略，"转化"的成果才可能是真实而有效的；而"吃透学情，以学定教"则是尤老师始终遵循的教学原则。

在阅读教学实践中，尤老师掌握学情的办法通常是"通过学生课前所做的'预习所得'和'质疑问难'两个板块准确把握学生的认知起点，并将这个起点作为教学设计的最重要的逻辑起点……"。在尤老师的教学思想中，学情是动态的，是不断运动变化着的，而且是能动的。因此，教师要努力促成学情的良性变化和良性发展。

总之，我认为"人本主义""文本主义""学本主义"分别是尤立增老师的学生观、课程观和教学观。先进而纯正的"三观"是尤老师所秉持的语文教学之"道"，是尤立增语文教学思想的灵魂。

2. 尤立增语文教学的"术"

韩愈说："闻道有先后，术业有专攻。"这里的"术"指的是尤立增老师语文教学的策略和方法。

（1）教学转化术

"转化教学论"是河北省特级教师周子诚先生创立的，尤立增老师继承了周先生的衣钵，"经过多年的研究与实践，完成了从感性到理性，从经验到理论，从局部到整体的过渡，形成了一套理论与实践相结合、宏观微观相统一的较为系统科学的中学语文教学论。"

"转化教学论"最具实践意义和推广价值的是它的教学模式，主要包括"阅读教学模式""写作教学模式"和"辅助教学模式"。三种教学模式从阅读到写作再到综合实践，构成了尤老师语文教学的基本模式。这三种基本模式"并不是僵死的程式，也不是固定的步骤，而是体现阅读规律的必由之路中的必经阶段"。在具体实施中，尤老师总是能"审时度势，随机应变，决不用定好的框框牵着学生走路"，而是针对实际学情，"采取恰当的方法指引学生走出迷途，走上正道，表现得左右逢源，灵活自如"。

（2）素养提升术

普通高中《新课程标准》（2017年版）第一次提出了语文核心素养概念。而研读尤老师的著述，我发现早在十多年前，尤老师就是紧紧围绕着语言建构、思维发展、审美鉴赏、文化传承四个核心要素进行语文教学实践的。他说："语言是思维的细胞，是作者的思想、情感的载体，是作者生命体验的直接流露，好的内容只有通过富有个性化的语言才能表达出来。"为此，他坚持"我手写我心""真文字写真性情"的语言训练，倡导"有品位、有境界、有风格的"语言建构。他说："诗是美的化身，美的结晶，诗歌教学的基本模式就是鉴赏。"他所说的鉴赏是指鉴赏者在充分感受艺术美之后的领悟和玩味，绝不是今天我们应试语文中的那种公式化、套路化的所谓"鉴赏"。尤老师深得文化传承之法，他开发的对联课程，自成体系，是一种非常中国化的、汉语化的文化传承课、审美鉴赏课、语言创新课、才情展示课。学生对此兴趣浓厚，乐此不疲。

（3）阅读交换术

在教学《咬文嚼字》一课时，尤老师和学生有一段精彩的对话，实录如下：

> 师：本单元学习的内容是文艺性随笔，都是大家的文章。学习大家的文章我们肯定有一定的阅读障碍，这种障碍是一种心灵距离。你们愿意读这些大家的文章吗？
>
> 生：实话实说不愿意，因为读不大懂。
>
> 师：我们阅读同龄人的作品感觉非常好懂，因为我们和那些作者有着共同的生活基础，容易引起情感共鸣，这叫同级阅读。同级阅读虽对我们思想、情感有一定影响和熏陶，但收效不会太大。我们阅读大家的作品，可能会存在一定的阅读障碍，但扫清这些障碍，我们就能最大限度地接近他们的伟大心灵，感受他们深刻的思想。那么，他们的人格、思想会给我们带来诸多的启示和深远的影响，这叫高级阅读。

此后，尤老师还有进一步的论述，他说："文化知识水平和人文素养是阅读的根本条件。文化知识越丰富，人文素养越高，在阅读时与作者交流的范围就越广阔，交流的层次就越高深，其结果，交换回来的东西数量就越多，层次就越高。"

以上对话和论述揭示了阅读教学的原理，充分肯定了阅读活动、语文课堂、语文老师在学生生命成长中的意义和作用。若能真正悟透此理，我想，不论是学生的学还是老师的教都可能会由强迫的被动状态跃升至自觉的主动状态。

有法才能入门，尤老师的语文教学很有法，很得法，且行之有效。

3. 尤立增语文教学的"艺"

这里的"艺"指的是尤老师的课堂教学艺术。研读尤老师的课堂实录，我被他在语文课中展现出的"点""垫""纵"的精湛技艺所倾倒。

（1）"点"的艺术

这里的"点"指的是尤老师在课堂中对学生的点评和点拨。看下面的课堂对话。

> 生：是故弟子不必不如师，师不必贤于弟子。闻道有先后，术业有专攻，如是而已。

> 师：这句话后世引用得特别多，为什么呢？因为它阐发的是一种新型的师生关系，这是这篇文章的又一大进步意义……（《〈师说〉课堂实录》）

学生虽然完整地引用了这句话，但对这句话的价值和意义不一定有深刻的认识。韩愈第一次把师生关系从尊卑、贫富、少长的世俗观念中解救了出来，涤除了沉积于其上的所有尘垢，引导人们一心向学，这在我国教育史上是具有里程碑意义的。所以，当学生引用韩愈的这句话时，尤老师抓住教机，一句点透，使学生认识到了韩愈这句话非凡的意义和价值，从而使学生整体的认知进程向前推进了一大步。

（2）"垫"的艺术

这里的"垫"指的是尤老师在课堂对话中为学生垫言、垫理、垫例的"帮衬"行为。看下面的课堂对话。

> 生：……我认为向他人学习是一种宽广的胸怀，是理性的态度。即使你不喜欢对方，但他身上有值得你学的地方，你就应该向他学习。
>
> 师：昨天我看《杂文选刊》中的一篇贾平凹的文章《我的老师》，他拜一个三岁的孩子当老师，一个全国知名的大作家怎么会拜一个三岁的孩子当老师呢？……（《〈师说〉课堂实录》）

在这里尤老师顺势给这位同学"垫"了一例，虽然仅是一例却意义非凡。贾平凹《我的老师》中所说的"丢失了的美好的东西"是指人们在岁月中逐渐丢失的赤子之心和美好天性。这正是大文豪贾平凹看中的"道之所存"和"师之所存"。年过半百的贾平凹为此拜年仅三岁的孩子为师，这是一种自觉的自我省察和自我完善的行为，是一种更高层次更能动意义上的求道、悟道和学道之举，其意义超越了韩愈《师说》中关于知识、学问、疑惑等层面上的求道、悟道和学道行为。尤老师顺势的这一垫，既恰如其分又正当其时，不仅有力地支持了这个同学的观点，而且使课堂的视野一下子变得非常开阔。

（3）"纵"的艺术

这里的"纵"是指尤老师为了让学生充分地释放潜能，超常地展现才能，而对学生持有的非常宽容甚至"骄纵"的态度。看下面的两组课堂对话实录。

第一组：

生：我不同意你的观点。我认为中心论点应该是"无论阅读或写作，我们必须有一字不肯放松的谨严"。

师：得给我充分的理由！

生：那当然，我要让您心服口服！

（学生笑）

生：……请看，文章最后一段中有这么一句话——"以上只是随便举实例说明咬文嚼字的道理，例子举不尽、道理也说不完。我希望读者从这粗枝大叶的讨论中，可以领略运用文字所应有的谨严精神。"很明显咬文嚼字的例子是让我们最终明白运用文字所应有的精神。而老师所讲的我认为有点片面，没有从全文出发，没有整体把握文章的思路。从这个角度说，老师在阅读的时候就缺少"谨严"的精神。

（众学生笑）（《〈咬文嚼字〉课堂实录》）

第二组：

生：老师，我感觉您是在"忽悠"我们！其实，您对这篇文章的思路、结构、主旨早已了然于心，您故意树立一个靶子，让我们讨论、批驳、求证。

师：我的小伎俩还是被你们识破了，但不管怎样，对这篇文章的宏观把握，我们大家是不是完成得很好呀？别过分关注形式，重在内容！

生：不行，不能饶过您！

师：那怎么办？

生：唱歌，要不唱一段京剧……

师：好的，下了课我一定接受处罚！（《〈咬文嚼字〉课堂实录》）

在尤老师的"骄纵"下，学生思维强悍，言说汹涌，情绪高涨，反驳老师，批评老师，"处罚"老师；可是尤老师对此很享受、很满足、很幸福。这堂课从"骄纵"到"欲擒故纵"，尤老师把"纵"的艺术发挥到了极致。常言道"天纵英才"，

"纵"的背后其实是尤老师对学生真挚的爱。

　　尤老师的课堂教学艺术达到了炉火纯青的地步，有着很高的审美价值，这是他长期修炼的结果，正如泰戈尔的诗句所言："不是重锤的击打，而是水的载歌载舞，才使鹅卵石臻于完善。"

　　尤立增语文教学的"道""术""艺"是尤老师在长期的语文教学实践和探索中创立和创建的，是他心血和智慧的结晶，是我们语文教学界的一笔宝贵的财富，值得我们珍视。

　　（马文科，宁夏回族自治区银川市第六中学语文教师，正高级教师，特级教师。教育部首批"领航名师"，宁夏回族自治区首批"塞上名师"，全国教育科研"先进个人"，"走心语文"首倡者。著有《"走心语文"的说法和做法》一书。）

图 4-2　尤立增与马文科老师（左一）和蔡森老师（中）合影

（四）教育领航者：立德　立功　立言

蔡　森

　　认识尤立增老师有多年，通过学习期间的朝夕相处，我发现他是一个专业扎实、可爱可敬的人。《左传·襄公二十四年》所说："太上有立德，其次有立功，其次有立言，虽久不废，此之谓三不朽。"我想"三立"可以概括出我对尤老师的认识。

1. 立德：教育领航者的足迹

立德，是尤立增老师为师的根基。他不争，所求不多，却获得一个教师能够得到的所有荣誉，从河北省最年轻的特级教师到首批正高级教师、全国五一劳动奖章获得者、全国师德标兵、全国教学名师、国家万人计划领军人物、全国人大代表，但他对这些荣誉从不沾沾自喜，只是默默化作辛勤的工作。

2018 年 5 月，他与宁夏银川市第六中学马文科、河北衡水中学信金焕、新疆克拉玛依第一中学孙玉红以及包括我在内的五位教师成为教育部领航工程名师领航班学员，并一起分配在浙江师范大学基地，开始进行为期三年的培训。这一培养工程是教育部迄今为止中小学教师培训中最高端的培养项目，在全国各省市分别遴选 4 名中小学正高级教师或特级教师，包括香港、澳门在内共 129 名教师入选，目标是培养一批教育家型名师。尤立增是全国人大代表，由于要列席全国人大常委会，启动仪式结束后就匆匆离开，虽久闻大名，却未见一面。直到 2018 年 7 月在浙江师范大学第一次集训，才一睹真容：中等身材，并没有北方汉子的魁梧，倒是很和蔼，富有磁性的声音极具亲和力。2018 年 10 月在浙江师范大学第二次集训，在与苏浙名师交流会上，尤立增展示其独特魅力，原来在江浙一带，竟然有他的许多粉丝。当时，我想：什么时候才能跟上名师们的步伐呢？他热爱生命，热爱运动，幽默风趣，乐观豁达，关心旁人，团结乐群。

我知道，12 年来他一直坚持送教下乡，行程几万千米，足迹遍及河北省四分之三的县区，此精神与毅力是令人难以想象的。我有时在思考，尤立增老师每一项荣光，背后更多的是他辛勤的付出。从事中学语文教学将近 30 年，历经沧桑，始终留守，三尺讲台，初心不改，幽默风趣，乐观豁达，永远保持语文教育的热情与真诚，永远秉持着认真与投入。其魅力如此，乐趣如此；信念执着，定力超凡，乐以忘忧。此中真意，足为同人道也！

"养天地正气，法古今完人。"了解尤老师的语文教学思想，我希望能思考、发现、理解、归纳并分享这样一种读书人、教书人的精神气质、文化底蕴，秉承"大先生"的境界。

2. 立功：语文课改时

立功，在尤立增老师语文教学实践上的成果。在《尤立增讲语文》这本书中，他提到思维品质培养的问题，指出思维的角度是"点"，思维的深度是"线"，思维的广度是"面","点、线、面"有机结合就构成了思维的立体网络，语文教学中培养学生的思维品质就不再是支离破碎的"条条块块"，而成为一项系统工程。这些理论不正是今天我们所提出的语文学科核心素养中"思维的发展与提升"吗？十几年前他就有了真知灼见。他时常指出，语文是一门常教常新的学科，教材在变，恰恰需要我们教师的观念要变，教法要变，如果只是穿新鞋走老路，那么，语文教学必然走进死胡同。

面对当前教学中的"功利主义"，他提出回归精神的内核，实质就是学生人文精神的生成过程，核心就是"把人当作人"。他始终将学生看作一个大写的"人"，不断提高师者的精神境界，提出"用灵魂才能塑造灵魂"。他在《做一名真正的特级教师》中自我提醒：关注高考应试的同时，更要关注学生的做人，关注学生的心理健康；该坐下来认真地读一些滋补精神的书了，让自己的精神品位提升一些，让自己的文化视野开阔一些，让自己的心变得敏感一些，让自己的爱蕴藉一些，让自己的思维变得灵动一些！

他构建了新作文教学体系。研究尤老师的教学教研成果，不能不提到他的新作文教学体系。因为他的新作文教学体系在语文教育界具有深远而持久的影响力。他提出的"为生存写作"和"为生命写作"，让作文教学由混沌走向清晰。他有独特的教师观和学生观，提出扫除"三风三习"：以教代学，以讲代读的"代"风"代"习；只灌结果，不导过程的"灌"风"灌"习；教师当演员、学生当观众，教师当牧人，学生当羊群的"霸"风"霸"习。

他坚持从理论到实践创新。他三十年来一直坚守课堂，他在省内送教下乡，他在全国各地执教公开课或做学术报告，他在全国人民代表大会上提出关于制订《全国阅读法》和设立"国家阅读节"提案建议……多年来，他为教育"鼓与呼"，为语文课改奔走、呐喊，纠正学界的片面认识，在新课程改革、语文课堂教学实践中颇有建树。

3. 立言：转化教学论

立言，在"转化教学论"这一成果的整理总结。他提出这一理论"核心在转化"：一是讲究教学策略；二是探求新的教学模式。提高学生语文学习的兴趣，让学生在语文实践中，提高语文素养。坚持实践论与习得说。他始终坚持面向全体论，因材施教，实现每一个学生的读写能力的可持续发展。加大学生对语文学习的投入，提高学生语文学习的兴趣。他的理论很有针对性：对语文教学改革现状研究，对语文教学少慢差费结症研究，对学习规律研究，对语文教学前瞻性研究。他说："如果你把语文教学当作一项事业，真正走进它的殿堂，你会发现教学苦得其所，乐得其所，苦中有乐，其乐无穷。"

尤老师的教学思考中有"文"，更有"人"，转化教学论实质就是他对教学规律、认知规律的把握。他有很多话语让我们津津乐道："在游泳中学会游泳，在写作实践中提高写作能力""什么是语文？语文就是要读懂别人的，写好自己的""语文教学是雕龙与铸魂的事业，要培养我们民族的文化贵族"。在尤老师引领下，学生如与古人晤谈，与自然携游，会心微笑，充满默契。这正是他的教学特色、教学风格，大概也正是他所追求的教学的至高境界吧！

尤立增名师工作室还善于培养人，尤门弟子以师为荣，常可听到"我师父"这句口头禅，连"老尤"的名号也省了。参加尤老师的教学思想研讨会期间，我近距离观察，他们或课堂展示，或开展讲座，或开车接送，彬彬有礼，有乃师风范。多年的培养和熏陶，形成一个以学情为核心的语文教学流派，他们对文本解读的精心设计，对学生认知规律的有序遵循，直接触及高效语文课堂的本质。

立言，还在"学情核心"的语文教学思想。他认为教学应该有目标定位，先明白学生对一篇课文掌握了什么和没有掌握什么，站在"学什么"和"怎么学"的背景下去设计或规划"教什么"和"怎么教"的问题。面对当前实际，他提出教师从何处突围？可以从几个方面着手：教师需要通过预习作业整体把握"学情"；要在"学情"的基础上设计教学，备课必须特别充分；需要思考清晰、准确、合适的目标定位，设计课堂流程；需要思考课堂如何组织学生交流，以什么样的方式交流；需要思考在学生泛泛而谈时，如何引领学生深入；需要思考当学生遇到困难时，如何拨开迷雾；需要思考以怎样的方式提升学生思维。

教学以何为核心？首先，教学的目的是提升学生的核心素养，以"学情"为核心就抓住了教学突破的"牛鼻子"。其次，解决阅读教学"少慢差费"的问题，使得课堂走向高效。最后，避免教师的"先入为主"，回归"学生是学习的主人"原点。

他提出了以学情为核心的文本解读。厘清了教学价值、文本价值、学情核心的关系。他认为不应排斥读者对文本的多元解读，同时又强调文本本身对解读的制约，认为文本乃是多元最后的边界。文本解读不等于教材解读，不等于文本的教学解读，文本解读不会自动生成为课堂教学设计。文本解读实质就是教师对文本人文性和工具性两个维度展开的分析理解和体会揣摩。文本解读是教师进行创造性教学设计的前提，也是引领学生展开深入对话，灵活应对驾驭课堂的基础。文本解读还原为文本的教学解读，是对文本价值进行二度开发与创生，或者把文本的延伸价值转换生成为教学价值。这是一个课程价值、教材价值与教学价值相融合的过程。实质是对教学内容的选择、重难点的确定，教学流程的整体考虑和设计教学策略与方法的应用。文体解读可细化为意义的理解、生命的感悟、审美的体验、语言的品味等。把对教材解读转化为适宜的教学内容，体现出文本解读的教学价值。

尤立增老师曾说："要树立做一个语文教育家的远大目标，也许我一生也达不到，但我一生都不会放弃努力。"但我认为尤立增老师就是当之无愧的当代语文教育名家。

（蔡森，广东华侨中学教师，正高级教师，广东特支计划教学名师。教育部中小学名师领航工程首批名师培养对象、广东省中小学新一轮"百千万人才培养工程"名师培养对象、广东省中小学名教师工作室主持人、华南师范大学教师教育学部兼职教授，"慧语文"教学倡导者。）

（五）他为我树立了高标

呼　君

我 1991 年参加工作，教龄达 30 年；特级教师，河北省首届学科名师，河北省首批名师工作室主持人。在我的专业成长道路上，尤立增老师对我有着极大影响，他仿佛一座高标，引领着我前行。我相信，众多行进在追求之路上的一线语文教师能从他身上感受到榜样的力量，找寻到成长的借鉴。

第一次看到尤老师的名字，还是 20 世纪 90 年代。当时，《沧州日报》上有个连载栏目，叫"师生两地书"，登载的是尤立增老师和他的恩师许建国老师的师生通信，这个栏目我很爱看。许建国老师当时是全国青语会副理事长，是很有影响力的特级教师。尤老师上高中时是许老师的第一届学生，也是语文课代表。师生二人在书信往来中谈人生，谈理想，交流读书心得，谈对教育的理解，探讨语文教学的理念和方法。这个栏目当时很有影响力，他们的通信内容，在当时给了我这样的教龄不长、还在定型期的青年教师很多有益的启示。当时就觉得：这位青年教师有追求，有水平，有思想，有高度；而且真勤奋，读的书太多了。后来才知道，尤立增老师只比我高一届。

第一次见到尤老师的真容，是在《阅读与鉴赏》杂志的扉页。那是 2003 年，河北省教育厅宣传河北省百节优质课的获奖者。当时河北省举办百千万节优质课活动，高中语文一共入选了四节，尤老师是第一名，我也有幸忝列其中。看了简介才知道，尤老师讲课很厉害，他已经获过多次国家奖项和省级奖项了。当时就想，我也要努力去做尤老师这样讲课厉害的语文老师。

第一次接触尤老师是 2005 年。当时，我有幸被选中参加河北省教育出版社组织的"学海方舟"丛书的编写工作。尤老师是第四册的主编，我和李智老师参与编写，当时我和李老师都是第一次做这种工作，没有经验，而且不是对所有的课文都能驾驭自如，很有压力，却不好意思"求助"。尤老师沉静谦和，大方儒雅，他仿佛知道我俩的心事，温和地笑笑："你们先选吧，剩下的篇目留给我。"随后，尤老师又特意提前做好样例发给我们，让我和李老师参考。当时觉得，我们尤主编真好说话！开始编写后，我们才知道尤老师有多严谨：大到五大板块"知识要览""疑难透析""互动平台""拓展应用""信息快递"内容编排是否合理，小到每一个板块里的选文选题是否科学。我记得尤老师特别关注"拓展应用"里的"知识延伸""思维训练""实际应用"和"读写对接"部分，衡量的尺度就是这些内容的选择是否合乎学生的实际认知水平，能否让学生通过它们得到能力的实际提升。后来我才明白，这就是尤老师语文教学思想一直倡导的"学情核心"。

再见尤立增老师，是 2006 年 12 月下旬，我参评省特级教师。答辩时，我惊喜地发现了评委席上的尤立增老师，他是文科组的评委组长。当时尤老师给我的答辩题目是"你怎样看待教学预设和课堂生成的关系"，记得我是那天下午答辩的最后一个，我的回答可能还算令几位评委满意，所以，答辩结束后，几位专家也就这个问题聊了起来，尤老师还给我做了点评并给了很多有益的指导。感谢尤立增老师的问题，提示我开始有意识地审视课堂教学中的师生关系问题。后来我结合尤老师的指导，把对这个问题更成熟的思考连同一篇课堂教学实录写成文章投寄出去，最终发表在 2008 年第 11 期的《语文建设》上，这也是我在核心期刊发表的第一篇论文。

更让我感动的是，这次特级教师评审结果公示后，尤老师给我打了个电话，对我的评审材料和说课答辩给了很高的评价和热情的鼓励，还特别恳切地给我提了建议。尤老师说，从我说课答辩的内容语气和结束后的群聊，他看到了我的高素质、成长的顺利和迅速，也听出了过于顺利的成长给一个过早收获太多的青年教师带来的不经意间流露的过度自信和"冲"劲。尤老师没有提自己，只举了评委中的保定一中田烈校长和承德教研室乌荷郁老师的例子，告诉我什么是真正的厚重，提醒我不能自满，要多读书多学习，多充实自己，克服骄傲之气和浮躁之心，低头向下，静心沉潜。感谢尤老师的提醒，让我这些年没有飘到云端忘乎所以，一路走得还算踏实。我想，尤老师提醒我去做的，其实就是他自己的写照。

　　和尤立增老师的又一次交集间隔就比较长了。2012 年，河北省教科所、省教育学会在石家庄一中举行"名师讲坛·河北省高中语文名师专业发展报告会"，当时安排了三场报告，分别由石家庄一中的刘希贤老师、尤立增老师和我来完成。我那次算是"陪跑"的：希贤老师已是古稀之年，讲座旁征博引，侃侃而谈，让人如沐春风；尤老师谈起自己的成长之路，以自己为例，鼓励老师们多读书多积累。他谈到除了上课、听课和盯班辅导外，他把所有的时间都用在了泡在图书馆里读书上，埋头充电，静心读书。2017 年 7 月，河北省首批省级名师工作室启动仪式上，尤老师代表百名工作室主持人发言，他讲了三个关键词，第一个就是"读书学习"。尤老师说："过去我们常听到的一句话就是'要想给学生一杯水，教师要有一桶水'，但在教育改革的大背景下，我更愿意把这句话改为'要想给学生一杯水，教师必须是一眼汩汩滔滔、清澈甘冽的清泉'，而要保证水源的丰沛，教师必须加强理论学习，提升内蕴。"我想，他为"厚积薄发"这个词语做了最好的解释。

　　2017 年，河北省名师工作室项目启动后，因为都是高中语文工作室的主持人，我和尤老师的联系多了起来，便不断地在被感动中继续得到源源不断的正能量。

　　2018 年上半年，我想做一个工作室的联合活动，因为是第一次做，没敢把规模办得太大；又因为尤老师在河北语文界的地位，就首先把电话打给了他。尤老师痛快地接受了邀请，认真地听了我的构想，从活动的时间、地点到主题和形式都帮我做了更科学详细的规划。听了尤老师的建议，把时间选在了 6 月中旬的前几天；把主题定为"整本书阅读和诗歌教学研讨"；对于活动的地点，尤老师非常无私，为了让更多的沧州基层教师受益，也为帮我的工作室活动打开局面，尤老师主动提出就定在我们学校沧州一中，他带着自己工作室的全体学员驱车 400 多千米赶到了我们这边。尤老师还帮我们请到了知名专家——时任北京教育学院人文与社会科学学院院长吴欣歆教授，做了半天的精彩报告。吴老师是"整本书阅读"领域的代表性学者，主编的《书册阅读教学现场》《培养真正的阅读者》《高中经典阅读教学现场》《小学整本书阅读教学指导》《高中语文学习任务群教学笔记》在学界有着广泛的影响。但在当时，整本书阅读在我们沧州地区还是个新生事物，吴教授的讲座让与会的老师从理论认识到实际操作都收获颇丰。那次活动的成功出乎我的预期，原定的参会对象只是沧州市区各校高中教师代表，后来石家庄、保定、衡水、定州各县市等地的老师们闻讯而来，原定的 200 人会场座无虚席，不断临时增加座椅；报告、讲座、观摩课、评课、互动交流精彩纷呈，尤老师自己也做了题为"以学情为核心的语文教学"的专题报告。

2019 年冬天，献县一中建校 70 周年，邀请尤立增老师携工作室去送教。我作为沧州本土的工作室主持人，也收到了送教邀请。11 月底的沧州，正是雾霾高发的季节，尤老师又一次带着他工作室的全体学员，自己开着车从张家口一路赶来。一天的报告和观摩课结束后，因为雾太大，他们必须等到第二天一早返程了。那一天，来自沧州各县市的近 400 名老师参加了活动。那一次，尤老师对三节观摩课做点评，他热情称赞了三位授课教师的素质功底和教学设计，又中肯地提出了三节课在关注学情方面的努力方向。到了报告环节，尤老师沉静地笑问："大家想听什么？"县里的老师们大声说想听高考备考！"好，咱们就讲'全国语文试卷命题探究及 2019 备考策略'。"尤老师打开电脑，从近三年的高考试题命题特点规律和走向，到每个知识点的备考策略，条分缕析，娓娓道来。讲者言无不尽，听者如饥似渴。尤老师说，这一趟辛苦很值得。那一次，我们沧州市教育局师教科主管名师工作室工作的亢桂良科长午饭后偶然听到消息，感动得自己开着车冒着大雾也沿国道一路追到献县一中，坐在会场的一角听了个尾声，送教结束后上台向尤老师和两家工作室的学员们表达了感谢。我把这次活动写了篇简讯，被河北省名师工作室网站推送到了首页轮播。

同为省级名师工作室主持人的衡水中学的信金焕老师跟我说，全省有九个高中语文的省级工作室，这是多好的资源，咱们能不能搞个联盟活动？我很兴奋，就把信老师的倡议发在了省名师工作室语文主持人群里，得到了大家的热烈响应。信老师有能力、有魄力、有情怀、有担当，也不怕辛苦，主动把这个活动承揽在了她所在的衡水中学。但是，活动怎么搞？她也没有经验。我给信老师建议：问尤老师吧！果然，尤老师根据实际需求和丰富的经验，为活动设计了写作教学的主题，专家报告、主持人微讲座、沙龙研讨、学员观摩课等活动形式；尤老师的建议被全部采纳，而且事实证明非常成功。这样的联盟主题活动，在河北省百家名师工作室活动中还是第一次；九龙灌水，共襄盛举，九家工作室为河北高中语文教育奉上了一场盛宴。尤老师在这次会上作了"为生命写作与为生存写作结合"的专题报告，反响热烈；凭借威望和水平，他被选为微讲座环节的主持人，为七位主持人的讲座做了精彩的点评和串场。对于他自己为整个活动所做的顶层设计，尤老师却一句也没有提过。

参加尤立增老师的教学思想研讨会，是我第一次来张家口。张家口不通高铁，火车出了北京，一路钻着隧道向张家口进发，开始我还数着隧道的个数，数着数着就数不清了。忽然想到，十多年来，除了飞往全国各地讲学外，尤老师从张家口一路沿着这条路出来送教，足迹几乎遍布河北全省所有偏远落后地区的学校，这是怎样的一份情怀！

直到今天，向尤老师学做人，向尤老师学做学问，仍然是我发自心底的话。

这就是我眼中的尤立增老师，温和沉静，宽厚儒雅，思想深邃，满腹才华。在尤老师这里，教师是没有"校籍"的，凡是对学生有利、对教师成长有利、对教育事业发展有利的事情，他都不遗余力去做。他什么荣誉都有，却唯独没有架子；他什么本领都会，却从来不会刻意地推销自己。我还记诵过习近平总书记2016年引用过的送给奋斗者的名句："志之所趋，无远弗届。穷山距海，不能限也。"我想，尤立增老师不断地积累沉淀，一路坚实厚重地走来，走到今天的高度，直至华丽地绽放，有"德"有"志"，心怀梦想，勤心耕耘，默默奉献，就是他的法宝吧。

前有高标，我们没有理由停下脚步！

（呼君，河北省沧州市第一中学语文教师，特级教师，河北省首批正高级教师，河北省首届教书育人楷模，河北省首届中小学学科名师，河北省省级名师呼君工作室主持人，河北师范大学语文教育研究中心特聘研究员；多次获国家、省市级评优课一等奖。）

二、工作室教师眼中的尤立增

图 4-3　与名师工作室教师在一起研讨

（一）预习作业——我问，您答！

马　宁

尤立增老师在我们这些徒弟心里，就是一个无所不知的人。因此，经常出现我们问他答的场面。所以，有时心里窃想，学情核心教学思想的硬核措施——预习作业，是师父日常生活的再现，只是提问者变成了师父的学生，提问方式变成了一张作业纸。

当初，我对"预习作业"这种作业形式有过很多疑惑，甚至质疑。当然，遇到问题求教于师父，依然是我的过往惯性做法。现在回想起来，那一次次"我问，您答"，在我的教学生涯中是多么宝贵。这是师父的倾心教诲，让我认识到教育的本质，认识到教育的魅力。这里的"教育"，不仅仅是师父在给我讲专业，还有很多说不清的东西渗透在我的生命里。我把它们记录在我的笔记本里，今天摘录如下。

第一则

问：您总是教好班，我教的就是一个普通班，学生层次不一样，这作业推行不下去了。您班里的学生提的问题多高级，我班里的同学可不行。我想回到以前那种作业形式。师父，可以吗？

答：我觉得在这里我们要明确两个关键词：突破创新，实事求是。

教学活动的主体在学生，教学目的也在通过教学实现学生的提升。所以回答这一问题要从语文学习的主体——学生以及学生学语文的现状出发，落脚到教学的生成、学生的收获。而不是桎梏在教师的担忧和猜测中。这就需要你更新教育理念，转换教育思路，创新教育方式，引入源头活水，让系铃人解铃。"学情核心"正是这样的活水。

"学情"，顾名思义，指的是学生的学习情况。在我理解看来，它包含了学生的学习情绪、学习习惯、知识储备、学习过程、素养水平等多个层面，是一个复杂动态的概念。教育教学必须了解尊重真实的学情，以此作为教学的逻辑起点，科学完善教学过程，实现教学的有效转化。这就意味着，教育教学必须实事求是，在自己学校学情的基础上实现符合规律地提升就是成功的教育。认真分析你所教学生的实际情况，制订符合自己班级学情的教育教学目标，采用符合学情的教学方法，做符合规律的教育，真正了解自己的学情才是教学的高效出路。

河北省名师尤立增工作室的成员在这方面做了尝试探索。不仅在咱们学校，而且在其他学校、其他地区也有人在推行"学情核心"的教学方法。他们有的执教市级中学，有的执教县级中学，其中不仅有普通高中教师，而且有职业技术学校的教师。面对不同的学情，他们坚持学情核心教育思想，创新实践，收到了良好的教学效果。

所以我想告诉你，"学情核心"，大有可为！

第二则

问：如何了解学生的真实学情？抓手是什么？这一张大白作业纸怎么用？您有什么秘密武器？

答：其实也不是什么秘密武器，都是我在平常的教学中摸索出来的一些做法。任何教育的实施都离不开行之有效的教育方法，"学情核心"教学思想落实也不例外。我做了一些"表"。

第一，预习作业。它是学生最真实学情的反映，你可以从中看到学习习惯、学习态度、知识掌握情况、知识结构情况、认识能力、思维品质等等。它比普通作业包含的信息量大得多。根据它及时调整教学，把"我想"变成"学生想"，这是符合教学规律的。

在预习作业完成的过程中，实际学情在不断变化，比如考纲发生变化，学校学生层次增多，每届学生语文素养存在差异，我及时对预习作业做出调整，预习作业中的完成项目始终处于动态完善中。（见表 4-1）

表 4-1　学情变化动态表

学情变化	调整前	调整后
考纲增加了"分析论点、论据和论证方法"的考点	作家作品	思维导图
初中层次	左边三项重在"预习"所得	侧重"字词积累""作家作品"
高一年级	思维导图	佳句点评

第二，要有评价机制，可以灵活多样些。

预习作业完成后，我要进行集中批阅。判阅标准的设定要依据学情。从学情出发，坚持宗旨，明确要求；集体商议，动态调整；尊重个性，形式多样。比如我的上一届学生在高中的不同教学阶段为了实现不同的教学目的制订了不同的作业评价标准。（见表 4-2）

表 4-2　作业评价标准

学段	目的	标准	评价方式
高一前半学期	明确要求 规范行为	态度端正 完成任务	分数
高一后半学期	明晰路径 展现自我	精准求精 展现个性	评语
高二学年	理解本质 构建体系	符合规律 自我分析	分数、点拨、个性标记等
高三学年	了解考情 规范答题	整合问题 探寻规律	评阅、总结

第三，我的班级还有作业总结。（见表 4-3）

表 4-3　作业总结

问题分类		具体问题
主体问题	态度问题	
	文章问题	
	知识储备问题	
	思维问题	
	其他问题	
边缘问题	好奇八卦类问题	
	其他问题	

预习作业中存在的问题各种各样，所以需要教师在批阅过程中随时分类记录，这样做方便对这些信息进行分门别类地处理，指导课堂教学。

在我的班级作业里，我们把提出来的问题分为两大类，一类是主体问题，这类问题的解决对于文章理解、思维构建、语文学习等是有益处的；另一类是边缘问题，学生有的时候会好奇心很重，如在学习《林黛玉进贾府》时会有学生问到美食的做法，在学习《再别康桥》的时候学生对徐志摩的爱情经历颇为感兴趣，甚至有一些不着边际的问题，这些问题可以介绍，但要控制好度。

第四，对于特殊学生，我还进行了分层跟踪。

每一个学生的学习起点是不一样的，但是教育在承认个性的同时又对每个学生有共性的要求，所以对于个性化很明显的学生我们要为其建立跟踪档案，从预习作业里及时发现学生的问题，记录下来，主要以面对面交流的方式解决问题，在最大限度尊重学生个性的情况下，帮助孩子尽快回归主流。（见表 4-4）

表 4-4　　　　　　　同学学习情况反馈表

课文	时间	问题	改进

第三则

问：学生在预习作业里写了一首打油诗："一张大白纸，几个小方框。脑子空荡荡，作业白茫茫。你说我主动，我说全放羊。老师权威大，学生全放羊。内容结构问个遍，万能答案来帮忙！"我生气万分，但转念一想，这的确是现在预习作业的现状。我班级的学生不好好完成预习作业，改变一种思维习惯太难了，我该怎么办？

答：俗话说"万事开头难"。一方面，学生被以往被动式作业所束缚，习惯了"让我学"的思维方式，突然被松绑难免不适应，产生抵触情绪。另一方面，学生刚刚完成初中生到高中生的转变，不清楚高中的学习要求，知识结构不完整，不知道作业要写些什么。

习惯的改变需要时间，习惯养成更需要时间，预习作业这项工作开展需要循序渐进，三年一盘棋。三年教学要有规划，做到心中有数。我是这样进行安排的。

高一上半学期，指导规范。

刚入学，我们先要给学生介绍这项新型作业形式。讲清楚作业的内容和要求。但是，你一定要做好心理准备，完成情况不会很乐观。针对这种情况，我把作业讲评分为两部分。把学生所提具体问题放在课堂授课中解决，把预习作业如何完成、写什么、怎么写这总类问题放在自习课上解决。

对于如何完成预习作业的引导，是对学生从更高层面理性鉴赏文本的逐渐引导，是帮助学生在思维层面实现从无知到有知、从无序到有序、从盲目到自觉的过程。从这个层面上来说，预习作业的指导比解决具体文本问题更重要。

高一下半学期，去伪存真。

经过一个学期的指导训练，学生已经明白了预习作业是自主学习的主阵地，是把自己和课堂紧紧连接起来的纽带，他们会希望自己提到的问题被老师拿来作为课堂重点讲授，会积极了解其他同学都提出了哪些有价值的问题。这个时期，我会重点强调学生所提问题是否有利于文本理解，加强文本有效问题的示范展示。通过这样的对比展示，来让学生对问题自行进行去伪存真的筛选。这样就把集中在怎样完成预习作业上的注意力重新拉回到文本中，回归语文教学的核心。

高二学年，并行发展。

语文教学的功能很复杂，就语文预习作业来看，它既要求学生完成规定动作，又给予很大的自由空间，这种张弛有度的作业设计，可以使学生在知识学习、审美发展、思维构建、自我认知等方面得到提升。高二又是学生高中阶段全面发展的黄金期，所以这个时期教师要做好作业的引导工作。从人的发展角度来对作业进行要求。

高三学年，讲求实效。

每一个考点复习前，先让学生完成近年高考题原题，同时完成"预习作业"，高三的预习作业主要以"质疑问难"为主，即在完成高考题目时遇到的最大障碍。教师一要批改学生答题，二要整合"质疑问难"的问题，两者结合，确定本考点重点复习的内容。了解了学情，复习课才会实现高效。

教师在这样的规划下实施教学，学生从预习作业中收获的不仅是知识，而且是一种思维层面的快乐，一种自信，一种创造的满足。一张大白纸是远远不够他们来展现自我的。

所以，我想告诉你，世上无难事，只要肯登攀！

第四则

问：批改作业任务量实在太大，我被预习作业"折磨"得焦头烂额。预习作业太多了，您不累吗？怎么坚持下去？

答：我这里正好有我写稿子找到的一些资料，你来看一下。这是学校初中部曹睿同学的预习作业。这个孩子将自己三年的预习作业全部珍藏，像宝贝一样。我想，是因为这些作业见证了他自己的成长。

你看，七年级到九年级，作业的字数在变化，从完成作业到洋洋洒洒，每次表达都是孩子情感的流淌；提问方式在变化，从单纯提问到尝试回答，一字一句都是孩子思维的光亮。问题的方向在变化，从自我认知到广阔天地的探察，点滴感悟都是孩子世界的基石；所得的深度在变化，从摘抄词句到思维解析，从课本到文学，从课堂到生活，每次延伸都是孩子从心灵绽放出的花。我想，他所留下的，一定是他所珍惜的。这就是教育的魅力！

学校里的白老师在朋友圈里晒出弟子的预习作业时说："语文天生美丽。一篇文章，一张白纸，一支笔，一颗心，足矣。"这份美丽还不足以让你找到动力吗？

……

"我问，您答"已经成了我们与师父交往的常态。有师若此，夫复何求！

（二）有一份不苟言笑的温暖

王塞北

师父基本上不夸人。面对面的时候，大多都一支烟、一杯茶、若有所思的样子。

我们其实不想让他抽那么多烟，有时候想把他的烟偷走，但经常找不到放在哪儿。

1999年我来到张家口一中，在操场上第一次看见师父远远地走过来，不高的个子，小碎步，又快又急切，永远像有重要的事情。现在，他还是那样子，还抽烟，虽然曾豪言壮语戒过，但都成了插曲；还喝茶，虽然偶尔也能凑合喝白开水；还走得那么急，甚至比以前还快，因为他好像只有忙，还忙，更忙。在我的印象里，这些他标志性的事物其实都还可以让步，可以凑合，除了教学外。

听师父的课好多年，从啥也不懂到亦步亦趋到稍微有点自己的认识到能够独立思考，这是一个挺漫长的过程。师父是个较真的人，看他上课，听他说话，慢慢地就可以感觉到他情绪的微妙变化。课上得让他自己满意，不是一件太容易的事，大多时候下课，师父都是小碎步离开，看着前面，若有所思；也有时候，看着地，自己郁闷，也有时候，要忍不住高兴地回头与跟在后面的我们交流得失。我慢慢地悟透，能让师父心绪起伏的永远都是教学的过程，一句话的研究、一个环节的设想、一次操作的尝试、一种理念的突破，或者眉头紧锁或者若有所思或者喜笑颜开。这么多年，他还没有因为单纯的分数、名次而这么辗转过，要知道，这可是许多重点高中老师们最关心的事情。

师父的为人其实与名利无关，我想这也正是他获得成功的原因。他一直在"有心栽花"，也一心让花团锦簇，但他没想过别人怎么评价，等到他从自己的忙碌中抬起头来，蓦然发现他的花已经香飘万里，挡不住游人了。

师父那么不苟言笑，其实并没有怎么批评过我们，因为他首先会失望、痛心，失望、痛心之后就没有批评的必要了，依旧一个人钻在方寸之地埋头抽烟、埋头看书、埋头思考。我们最害怕看见他失望的样子，那是比斥责、痛骂都钻心的。

人言四十不惑，年过半百的师父还有好多困惑。每一篇文章，哪怕教过不知多少遍，再拿起来，再潜心研究，仍旧有值得探讨的问题。师父最害怕我们不研究教材、不认真思索、不怀疑、不交流。教研活动的时候，大家坐在一起，如果没有人有疑问、有困惑，他就会郁闷。其实师父不要求我们成绩的，他只在乎我们是否用心。我们有时候觉得他像是一个管不住自己孩子的家长，也许在失望痛心的时候内心有过退缩和放弃吧，可每次面对面探讨教学问题的时候，又忍不住要求、教导、苦口婆心。他还是没有办法放弃他的原则，无法对不读书、不思考、不研究的教学现象视若无睹。

每次看见他从潜心思考、沉默不语到苦口婆心、滔滔不绝，我们的内心就会升腾起一股暖流，夹杂着感谢、理解，还有疼惜。有时候，我们宁可师父少看一点、少说几句，不是我们不想学习更多，而是不想让师父操心更多。可是从座位上站起来，走出去，他又沉默了，不知道又在思考什么。

师父喜爱文字，不仅研究一词一句，而且喜欢把自己的感情抒写出来。我们觉得，在文学面前，大多数语文老师都只是会评说的人，师父是极少可以创造文学的人。他的文字平淡又浓烈，简短又蕴藉，朴素又华美，厚重又乐观，是他沉默时候的成果。

课堂是属于师父的宫殿，他的容光没有哪一刻比站在讲台上更焕发。由浅入深、由点带面、由表及里、由此及彼，他总是游刃有余的。那些不落痕迹的一招一式，仿佛生命的化妆，在他已然有些沧桑的脸上涂抹出了年轻和帅气。可底下听得津津有味的学生们一定不会想象得到他们的尤老师"躲进小楼成一统"时的沉默和思索。

想来师父也有尴尬的时候，他对学生们说："什么是老师对学生的尊重，我对你微笑、请你回答问题，那是礼貌；把读、写、发现、解决问题的权利交给你们才是真正的尊重。"所以，师父上课让学生们自主发现，可那些在学习上已经习惯了依赖老师的小娃娃们刚一开始不了解老师的苦心，更多的是不适应用自己的头脑去寻找疑问，他们习惯回答老师提出的问题，所以面面相觑。每当这时候，师父要忍不住讲一讲学习的规律、思维品质的培养、利于高考又高于高考的语文学习理念，不知不觉间，他已经替班主任开了半节课的班会。

对我们、对学生，我们慢慢地发现，那么严肃的师父其实没有好多老教师所谓的"招术"，不会骂人、不谙于惩罚，他只有一颗朴素的心。

当大家都钻研教材的时候，你一时懈怠，听起了流行音乐，师父只看你一眼，叹一口气，你的心里顿时热辣辣的，这其实是一种温暖；当大家都回家了，而你还在埋头看书备课的时候，师父经过你身边，简单地说一句"吃饭去吧"，那其实是一种温暖；当你跟在师父后面去听课的时候，在班门口，师父掉过头来对你说："进去吧，有凳子吗？"这其实是一种温暖；当你第一次面对新的课文，尽管深思熟虑仍困惑不解的时候，可能那个问题师父早已经解答过不知道多少遍，可是他仍然如同第一次遇到一样耐心，并鼓励你"这样就对了，得发现问题"，这其实是一种怎样的温暖，只有你的心才可以感知到。

多年来，就在这样的温暖环绕下，慢慢地成长。偶尔闲暇，静下心来，常常埋怨自己太迟钝，太木讷。二十多年的时间，到现在，面对师父的忙、还忙、更忙，依然束手无策，只能做一个旁观者。不能替师父分忧，不能给师父挣下一点骄傲，这是比别人评价优秀与否更要命的事情。

师父依旧沉默，脚步依旧匆忙，对于语文教学的思考无时无刻不在继续着。我们都深觉自己做得太不够，直到从别人那里得知，其实师父经常在背后夸赞我们用心的。

不当面夸人的师父、不苟言笑的师父，其实像一位大家长，严肃的背后藏着的是理解、鼓励和期望，从不轻易说出口，可我们了解。

还有什么比这更温暖的呢？

图 4-4　拜师认徒仪式上与徒弟合影

（三）一个问题领进门

王　辉

2005 年，张家口市第一中学招聘语文教师，100 进 30，30 进 3。紧张到心跳到嗓子眼儿，没底儿到底儿掉！试讲结束后是他追加了一个问题。如果没有这个问题，我就不知道现在会在哪里，恰好是这个问题，把我领进了门，最后也是这个问题，解决了我工作、生活中的好多问题。

一级教师晋级答辩，评委老师问了我一个问题"谈谈对备课的理解"，答辩完，评委老师面带喜色地说了一句"一中的年轻老师真不一样！"其实是一中的他真不一样！入职后亦步亦趋地跟着他听课、上课，自以为把课都背过啦，上课不紧张啦，小有自信啦，哪知这是自以为是。他把笔在办公桌上戳得当当响，"备课不是背课"。定心地想，慢慢地悟，他的课，是在备教材，备知识，备教法，最重要的是备学情，但我一直坚持他是备自己。后来发现，同一课，"接天连叶无穷碧，映日荷花别样红"。他是一辈子在为学生备课，也是为学生的一辈子备课。

至今都有一个遗憾，没有听到他 10 课时的《林黛玉进贾府》。开始我不信，不是我不信，可能还有更多的怀疑和质疑，一学期就那么多有限的课时，这不是在浪费课时吗？3—5 课时的课听过，已感十分珍惜和难得呀！有一天我忽然想这个事儿，为什么要把"3 课时"当作标杆？是课时限定还是知识容量限定？是讲读限定还是训练限定？我想起他下课后总是习惯小步快走，回坐到办公桌前沁口茶，心无旁骛地想一会儿，是在想这节课和下节课。他没有把课程育人功能的开发和学生核心素养的提升限定在"课时"。

他在一篇课文上"几课时"从无定法，倒是对课前布置的一张预习作业纸异乎寻常地看中，特别是其中的"质疑问难"。跟着学吧，我一看交上来的问题，问什么的都有，感慨学生不着调；问得简单，嫌弃学生没好好预习；问题过大，这没法解答；问得好，一时无法应对……关键总感觉学生问的和我要讲的不配套，大多找几个问题解答一下，最终回到我这儿来吧，更顺畅。等到有一次他上完《师说》后，我的疑惑解开了。回想他的课我惊奇地发现，从我参加工作的 2005 年开始，实际上他都在让学生经历一个产生问题、发现问题、提出问题、分析和解决问题、总结方法与经验、形成新的研究问题的问题探究过程。他把学生的预习问题围绕核心素养、单元目标和课程目标进行了整合，整合后把学生和问题放置在任务情境中，驱动学生探究问题过程。他讲课拿奖无数，有人说他幸运，他始终微微一笑，简单的预习作业纸中包含的大道理何只在我知道的 2005 年才开始啊。

当班主任后，开班会，我拿个认真准备好的发言稿，让他给看看：能让师父给看看，收获两句肯定，心里总归更带劲。他说："这部分讲讲自己的亲身经历，可能会更好地激发学生。"考试结束后，班级成绩很好，成绩分析会没提，更没受表扬，我有点想不通，找他聊聊，想获得点安慰和鼓励。他说："工作首先是给自己干的，一中是个大熔炉，练本事去吧！"

有啥不好意思的呢？2018 年他当选全国人大代表，2019 年担任"中国教育学会中语专委会学术委员"，2019 年教育部为他举办"尤立增学术思想研讨会"。我们感谢他，绝非那么多名头，而是因为他是"一个问题把我们领进门"的师父。

（四）我的师父

王　栋

"师父"是学生对传授自己技艺的老师的尊称。从小到大，向我传授过技艺的老师数不胜数，但给我留下印象最深、令我获益最多的师父只有一位，那就是尤立增老师。

十年前，在学校组织的拜师大会上，我正式拜尤立增老师为师，有幸成为尤老师的正式弟子。叶圣陶先生说过："学高为师，身正为范。"他道出了作为一名合格教师，除了要有扎实的专业知识、较高的文化水准外，更应有良好的道德素质。而与师父相处的这十年，也让我对叶圣陶先生的话有了更深刻的体会。

记得那年高一，在师父主持的开学第一次备课组会上，师父给我们每位老师都发了一份他精心备制的教案，那是一份整理得非常细致而且充分的材料汇编，后面还附上了师父预设的教学过程。师父说："教案只是给大家做个参考，你们自己的课堂，要有自己的设计与思考。"之后，师父又郑重地拿出他独创的预习作业模板，要求我们全体语文老师在平时的讲课中都要使用。我在心里不禁疑惑：上了高中，即将面临高考，不是应该大量刷题吗？不是应该抓紧时间向学生讲授应试技巧吗？用这张薄薄的纸能取得高分吗？可是，一旦运作起来，我才发现，师父设计的这张薄薄的"预习作业"纸远远没有它看起来那么简单。对学生而言，前面两部分的"我的生字词"和"作家作品"还好解决，难的是后面的"日常积累"和"质疑问难"。学生如果没有认真细致地课前预习，就根本不知道自己要积累什么，更别说提出有价值的问题了。而且，这份看似简单的预习作业对老师的要求更高。以往备课，我一般会结合教学参考书仔细研读课文，并且一直以为这样做就基本完成了备课这一环节，可自从有了师父要求的预习作业之后，我才发现那样的备课仅仅是个"开始"，因为学生的问题五花八门，很多还都远远出乎我的意料，我需要查阅各方面资料，尽自己最大努力做到对文本的全方位把握，否则就无法解决学生们的问题。很多时候，即使这样做了，学生的问题仍然无法完全解决，这个时候，和同组老师研讨或向师父请教就成了我们日常工作的常态。一篇课文，我们常常需要反复阅读、反复体会、广泛学习、细致研究之后才可以走上讲台。每篇课文就像是一座桥梁，一端是满腹疑问的学生，另一端是努力钻研的老师，学生的学习热情和教师的教学潜力都被最大限度地激发出来。究其根本原因，是师父用这种方式巧妙地把多年来一直让人头痛的"预习"环节落到实处。

师父不仅在教学环节上对我们严格要求，而且在课堂上讲授的点点滴滴让我们这些徒弟受益匪浅。记得师父曾经用短短十六字来概括阅读文章的规律："知人论世—披文入情—宏观把握—微观推敲"。最开始听到师父这十六字箴言，我总觉得有些笼统。毕竟，文章的体裁不同，只靠这短短几个字能起到"放之四海而皆准"的作用吗？随着自己教学实践的深入，尤其是这些年在高考考场上的反复历练，我越来越感觉到这个规律的精准。规律是什么？它是客观事物发展过程中的本质联系，是具有普遍性的形式。师父总结的阅读规律，恰恰呈现出这样的特点。其实无论我们面对什么类型的文章，要做到真正意义上的"读懂"，都会自觉不自觉地按照这个步骤走。

跟随师父学习的时间与日俱增，我渐渐领悟到什么是"大道至简"，师父那些看似简单的说法与做法，其实是师父从自己多年教学经验中精心提炼出的核心中的硬核，而他，竟然把这些别人眼中的"秘密武器"毫无保留地给予我们每一个人。

教师职业的特殊性在于育人，不仅用自己的学识育人，更重要的是以自己的德行育人；不仅通过自己的语言去传授知识，更要用自己的人格去塑造影响学生。师父不仅在教学上对我们悉心传授，而且在平时的生活点滴中为我们树立了为人做事的楷模。

2008年，我刚到张家口一中工作，被分到了南校区。上班后一个月的一天早晨，师父突然从北校区赶过来，告诉我和另外一位新来的教师，他是专程来听我们的常态课的。我很惊讶，惊讶于师父的认真严谨，一丝不苟。我记得当时师父正在带高三，不仅是年级的备课组长、学校的语文教研组长、督导组组长，还带着两个班的语文课。担任着一个毕业班的班主任，平时的工作多如牛毛，但他竟然会专门为了两个新入职的老师，拿出整整一上午的时间，听课、评课，耐心细致、不厌其烦地给我们讲了又讲，说了又说……

2010年，我当上了班主任，是每天在学校里来得最早、走得最迟的人，而全办公室中唯一一个不是班主任却严格遵守班主任作息时间的人，是师父。他每天总是早早地出现在办公室，总是迈着他那惯有的急匆匆的步伐，总是默默地坐在他那一方并不宽敞明亮的天地里，纵使周围人再怎么喧哗，他也总是默默地备课、判作业，或者对着电脑不停地写着什么，唯一陪伴他的，是他的烟和茶。有的时候，师父会出门几天，一般都是去送课下乡了。记得我曾经问过师父，送课下乡是哪里派车送您去啊？师父淡然地答道："我自己开车去。"很多地方，要驱车几百千米甚至上千千米，师父自己又要讲课，又要开车赶路，十多年来，师父的足迹几乎踏遍河北省的每个角角落落，这其中的艰辛不言而喻。但师父却从来没有因为这个话题而多说过一句话。

很多人都羡慕我们的师父慈祥和蔼，其实他们不知道，我们这些徒弟有时也"很怕"师父，那就是在完成师父布置的命题式写作任务的时候。我们私底下曾戏称师父有"文字洁癖"。确实如此，每次写完一篇师父布置的书面写作任务，我们这些徒弟都会对文稿一校再校，甚至还要互换校对，目的只有一个，争取不出现错误。即使这样，很多时候还是逃不过师父的"法眼"。每每看到师父用红笔标注出的修改部分，我们的心中都无比惭愧。我本来是个粗枝大叶的人，但是跟随师父的这十年，我感觉我的细致程度在不断加强。而且，我们都能体会到师父的良苦用心：做学问，来不得半点马虎，认真、认真、再认真，永不为过！这不仅是对学生和读者的负责，而且是对自身切切实实地提高！

岁月如水般流逝，在这十多年里，每当我们在教学上或者生活中有什么困惑，第一时间想到的，就是——"找师父"；而师父一旦有什么开心的事情，也会第一时间和我们这些徒弟分享。人们都说"一日为师，终身为父"，我们这些徒弟和师父就像是一个大家庭里的亲人。师父从来不给我们讲什么空洞的大道理，但他的一言一行会潜移默化地影响着他身边的每一个人。

作为师父众多弟子中的一员，在此，我只想深深地向师父鞠一个躬，道一声："师父，辛苦啦！"

（五）我心中的"硬汉"

张志彬

第一次听到尤立增老师的名字是在上高二时。我听一位学长说：这个老师很"硬"。"硬"是当时非常流行的一个字眼，意思是过得硬；对教师而言就是课教得好，水平高。而在我心中，也连带地认为他应该是一个身材魁梧的大汉。

第一次见到尤立增老师是 2002 年。我大四时回母校实习，我的指导老师为我介绍眼前这个不到一米七的中年男子，说："这就是尤立增老师，特级，语文教研组组长。"寒暄之间，我感到眼前这个人与我心中的硬汉形象相去甚远，但说话的声音很有磁性，给人的感觉是庄重而不失随和。第二年，我回到母校任教，尤老师也正式成了我的指导教师。

第一次听尤老师的课，给我最大的感觉是震撼。听他讲毛泽东的《沁园春·长沙》，有身临其境之感，对词的意象和全词营造的意境产生生动的想象和强烈的共鸣。尤其让人称道的是，尤老师时时传递着一种信息：本词的作者是一位对现实充满独特思考，对未来充满强烈自信的青年革命家；诗人在词中抒发着他发自内心的对祖国河山的赞美和对中国命运的牵挂，而绝不像有些人不痛不痒地空喊口号；诗人试图让我们走进的是一位青年革命家的内心而不是一个文人的感叹。说倒底，在尤老师的心中，他首先对自己的这堂课有一个准确的定位——诗是文学的，那就要讲出一位作为文学家的毛泽东而不仅仅是作为政治家的毛泽东。这就是尤老师最朴素的学科意识。而我们很多的老师在讲《沁园春·长沙》时则是用课件图片，完全冲淡了对文学作品的独到感受。在尤老师的文学鉴赏课上，他从来不用课件。而我却对制作课件情有独钟，有时并不考虑文本的特点，认为利用课件才能提高学生的兴趣。他却严肃地说："用课件不是赶时髦的事，用不用应完全取决于文本、本文的教学重点，要提高的学生的能力；一切技术手段都应为教学服务，而不是图热闹，不是添乱，当然更不能让它奴役我们的思想。例如，《再别康桥》，这是徐志摩的一个梦，一个非常美丽的梦，而梦的美丽就在于它的朦胧，它只应存在于人们的头脑中、想象里。任何音乐和图片的表现力和这样美的梦相比都是苍白的，都只能是累赘，甚至会起破坏作用。"后来，在自己的教学实践中，逐渐明白了尤老师这段话的内涵。

在尤老师的教学中，有一个非常重要的内容，那就是练笔。他对学生练笔的要求非常明确：以我手写我心，有话则长，无话则短。他对我们说：别小看这个练笔，它是课堂的延伸，是学生主动地将所读所听转化为自己所识所想的过程，正所谓读懂别人的，写好自己的，这是语文教学的本质。正如尤老师所说，在他的指导下，我们很多青年教师也都要求学生练笔，没想到，这一写还真写出些名堂来，2005年，在学校九秩华诞之际，我们全年级学生的练笔竟然集成了一本书《紫塞雁翔》，并由中国文联出版社出版。尤老师拿着沉甸甸的书说："这体现的是学生的内功，这是真正的素质教育！"

对于练笔，尤老师不仅把它当作教学的重要环节，而且把它当作是一个与学生心灵沟通、交流的独特通道。当年，在他所教的一个班里，有一位很有个性的学生，特立独行，上课回答问题都是引经据典，高深无比。同学们给他起个绰号"大师"。可"大师"毕竟只是个十七八岁的孩子，很多的见解不免偏激，所以学生和其他老师并不是很喜欢他。下课后，"大师"也总是独来独往，经常一个人背着手满校园转。尤老师看在心里，并没有找他当面谈过一次话，可他通过"大师"的练笔和这名同学进行着思想的交流。后来"大师"因不满班主任的工作方法直接在课堂上和班主任发生冲突，险些被学校开除，尤老师看在眼里，急在心上，主动承担了转化"大师"的工作。练笔又成了他教育学生的阵地。最终"大师"认识到自己的问题，并写了一篇《苦香之花》的练笔。看到这篇文章，尤老师高兴地对我们说："这下好了，没问题了，臭小子，终于明白了！"冷不丁的一句话，倒一时把我们弄糊涂了。后来，我们问他为什么不直接和学生谈话而要通过练笔这种形式，他说："练笔的形式更能让学生感到老师平等的诚意，学生最需要的绝对不是老师居高临下的训斥，而是建立在平等地位上的心灵交流，从这一点上说，有什么比练笔更好的形式吗？况且，学习语文的目的是什么？考试？得高分？当然，就目前形势看，这是它的一个功能，而且是很重要的功能；但我认为，归根结底，学语文是为了指导人生啊！我想，通过练笔，我的学生们会明白这一点吧！"说完这些话，他的脸上洋溢着幸福的微笑。后来，"大师"与老师、与同学的相处变得越来越融洽。

如今的尤老师可以说功成名就，全校语文教师中有一半是他的徒弟，按说，他该享受这份荣耀了。可是，他仍旧整日忙忙碌碌，在校园看到他时也是行色匆匆。他对我说："新课标改革势在必行。我们不能满足于已有的成绩；要埋头拉车，更要抬头看路啊！现在要注重内功的修炼，才不至于将来不会教书！"

这就是我的师父——尤立增老师，或许我的叙述挂一漏万，但我想还是可以窥一斑而见全豹吧。在我心中，真正的硬汉早已不再是身材威猛，肌肉发达的匹夫，而是属于对爱执着，对美追求，对真理捍卫的人，属于"凭着心灵而伟大"的人！

图 4-5 领航工程尤立增名师工作室部分成员

三、学生眼中的尤立增

（一）梦想的引路人

谷春雨

"怅寥廓，问苍茫大地，谁主沉浮？"铿锵有力、富有磁性的吟诵声带我走进一位革命家的内心，也使我走近一位梦想的引路人。才华横溢、出口成章的先生是我中学时代的偶像，洞悉事情、睿智果敢的先生是我迷茫时的指引者，以文化育、以身践行的先生是我青春梦想的引路人——感恩吾师尤立增。

初识先生是一个初秋，冀西北地区的天气已经有些许凉意，先生着一件中山装登上讲台，开口是一段惯例式的自我介绍，使全班同学目瞪口呆，随后是不停的掌声。班级由各地区的尖子生构成，包括我在内，自是有一种所谓的"不可一世"，而先生著作等身、业绩斐然，足以令一群热血少年倾心折服。中学语文课本第一单元是现代诗歌教学，先生入情入境的吟诵似是将我们的灵魂迁至柔情的康河。先生点拨诵读要披文入境，使我们能够与志摩跨时空对话；先生紧抓学生疑问，由质疑处突破文本以达教学目标，使我们兴趣浓厚、受益匪浅。十六岁的我，对先生的语文课像是着了魔：盼望，享受，回味。那时，先生已经是河北省最年轻的特级教师，是文学美的创造者、传授者。初见，也许只是一种久闻大名后的惊喜；结识，却是一种亲感名副其实后的仰慕；对先生的钦佩，在无形中化为一种筑梦的力量。

我梦想自己未来可以如先生一样徜徉于文学殿堂，诗意地生活，虽然最初可能只是一种梦想、一种生活方向。直到学习《记念刘和珍君》时，先生一言"教育可以通向人类心灵深处，是雕龙铸魂的事业"为我埋下教育梦想的种子。先生以我在预习作业中浅谈对刘和珍这一人物的感受为切入点，引导同学们一同梳理作者对刘和珍的情感变化，厘清文本头绪。先生用答疑的方式来推动课堂，将我们的思维引向深处，让我们思考如今应该怎样理性爱国。鲁迅用笔唤醒国人，先生用课堂教我们如何书写一个堂堂正正的"人"。先生以解读"真的猛士"形象让我们体会到：中华民族的子孙面对外忧内患，绝不低头，永不屈服，定能挺起腰杆，撑起民族脊梁；华夏儿女"生当作人杰"，筑梦青春，立志报国；后辈不只是说说而已，改变时代、人类命运的英雄就在我们当中。教育可以激发人内心奋进的动力，可以拨开求知路上的迷雾，可以启迪人生智慧。语文教师不只是传道授业解惑者，更是立德树人的践行者、梦想的引路人。

那几年高考工厂式课堂如火如荼，教师纷纷向分数看齐，删减教材，题海战术愈演愈烈，而先生却坚守着语文课堂这片净土。教育不是用分数来衡量的结果，而是关注学生成长的过程。先生经常以解读文本为契机，抓住文本中的某一个细节，教会我们如何"低调做人，高调做事"。在学习《就任北京大学校长之演说》时，先生由文本延伸，与我们一起畅谈"家国情怀""青年人的责任与担当"。先生引导我们稳步走过语文学习的每一个过程，我们受益匪浅，分数也非常喜人。

　　走出贫困的山区，步入高速发展的城市曾经是我的梦想，但却总感觉这样的梦想乏味、空虚，我无法体会到想要的充实。在一次周记中与先生交流，先生批注"问心，你到底需要什么"。恰逢一次家宴，我骄傲地向家人谈起先生，父亲感慨：如果自己当年遇到先生这样的老师，就不会早早辍学务工。辗转反侧的深夜，我回想每一个画面，确定自己需要的是用星星之火点亮他人的一盏灯。自此，我下定决心，要紧跟先生步伐，成为一名优秀的中学语文教师，一名脚踏实地的教育工作者。

　　先生帮助我筑梦青春，在高考志愿填报时，我义无反顾地报考了师范院校的中文系。毕业后，我走上讲台，成为一名中学语文教师。如今的我，每天都走在圆梦的路上，深感快乐、充实。刚参加工作时，缺乏经验的无序忙碌曾让我感到疲惫，我也曾质疑自己"教育梦"的可行性。先生默默地关注着我，时常会问起我的工作情况，劝解我"没有一条路是平坦的，只要方向对，就不要怕远"。正是恩师适时的提点，才有今天坚定地站在讲台上的我。刚刚走出大学校门的我就担任班主任工作，教育经验的不足、方法的缺少使我在班级管理中捉襟见肘。当班级有棘手状况发生时，我向先生求助，先生把多年班主任工作的经验传授于我，并以具体的案例指导我如何处理。

　　从听课的学生转变为授课的教师，我深感精彩的课堂背后是教师无尽的汗水。对于刚刚担任高中语文教学任务的我来说，备课、上课面临着许多困难，先生把多年一线教学积累的优秀教案、课堂实录等资料分享给我，帮助我很快步入教学工作正轨。参加工作两个月之后，我被调入高二年级，对于我来说，这是前所未有的挑战。先生得知此事后，隔三岔五询问我的教学情况，叮嘱我要提前备课，遇到问题及时与先生沟通，不要带着疑惑走上讲台。

　　为了快速地提升我的业务能力，先生让我加入"学情研究"的团队中，我通过预习作业等多种方式了解前置学情，使课堂推进更顺利、更有针对性，在教学上也有了更大的突破。一位优秀的教师必须具有一定的研究能力，先生指导我参与原创模拟试题的命制、教学论文的撰写，提升我对语文教学的认识、科研能力。

　　先生在实践教学、研究中对我的指导已经成为我生活的一部分，每时每刻，利用多种方式，先生都在组织我们教研，传授宝贵的教学经验，促进我的教育教学工作开展。如今，我再没有想过更换工作，坚定地奋战在教育教学的战线上，感觉脚下的讲台越站越稳。先生是我梦想的引路人，指引我走向远方。感恩吾师——尤立增先生。

（谷春雨，张家口一中 2010 届毕业生，大学毕业后，一直坚守在张家口高中语文教学一线。现就职于河北省涿鹿县北晨学校，担任高中科研处主任。曾获得张家口市优秀教师、教学先进个人、教研先进个人等荣誉称号，执教的公开课曾多次获得各级评比活动一等奖、二等奖。）

（二）黑板的另一端

常　歌

我记得在那些料峭的早晨，老师穿着米色的中山装，准时走进教室，在黑板的左面写下课文的题目，又在旁边画下一条长长的竖线，一节课结束，黑板的左边恰好填满课程细密的提纲与释义，而那线条的另一侧，却总是留白和与课程似乎无关的简单几句——"低调做人，高调做事"，又或者是更简单的"思考"。那时的我，只想在板书被擦掉前拼命多记住几个知识点，期盼着在黑板的那一侧也是可以拿来在考场搏杀的立意与释义。下课时看着那已经被草草擦去但仍然清晰的"思考"，握着笔发呆。

高中时最让人感到放松的时刻，便是课间抱着课本走进尤老师的办公室，从一两个问题开始，听老师以一点而见全局，信手拈来人文历史或者自己有趣的人生际遇，让我们从小小的校园里窥见生活的魅力。老师有时会笑着说："你们以后不会记得课堂上黑板左边的一点内容，留在你们心里的，一定是右边的几句。"可当有人问起老师该如何理解这些字句时，老师却从不像教学答疑时罗列这些字眼背后的意义，也并不劝导我们只需遵守这些准则。老师会少有的变得严肃和认真，"思考，记住孩子们，你们要做和能做的只有思考"。

那些笔记上的释义，早已经随着记忆一点点发黄褪去，而黑板那一侧被擦去的寥寥数语，却如金子般随着时间而愈发展现它的价值。告别了高中，带着对美好未来的憧憬，我们探索着超越书本的无限可能。可在信息爆炸的时代，"佛系""内卷"成了年青一代的标签，生活不断放大着我们的焦虑和迷茫。成功似乎可以复制，捷径成了每个故事的注脚。来自小城的我，同样急迫地想要证明自己，实习，参与社团，在获得认可的路上"打卡"成了生活的常态，思考收益成了行动前的必修课，但在夜深人静时，来自心底的焦虑却让越来越让人难以入眠。也正是在这时，我开始尝试着去思考老师在黑板上的留白，低调做人，高调做事；我开始思索是否每一个行动都一定要追求当下的回报；我开始尝试去实践自己真正感兴趣的生活。于是，我和我的导师开始一起研究一个冷门且充满未知的领域：生物分子通信。在假期无人的自习室，在深夜寂静的实验室，我开始了漫长的预研与论文的阅读，这样的生活重复甚至枯燥，但我却从内心深处感到一种安静的力量。七个月后我们将自己的论文投稿于领域内影响力较大的期刊，得到的却是长达十页的修改意见，这样的结果通常意味着论文的内容将会被大量重构，也有人建议将论文投向更简单的期刊。可这一次，认识到自己内心力量的我选择坚持修改，两个月的回复期限正值新年，我改进实验复现数据，力图详细地回答审稿人的提问，四十页的回复远远超过了论文本身的长度。论文最终被接收后，许多人祝贺我取得的成果，但真正让我受益的，却是老师影响下的这种让我能够沉寂下来的研究精神。在每一次遇到问题时，我能够选择安静地思考，不计收益，不计实效地去定义问题，解决问题。黑板另一侧的金玉良言，让我的内心拥有了强大的武器。

黑板上老师所写下的那简洁的几句，也帮助我构筑着自己的精神家园。旅居国外的我，很少感受到寂寞与无聊地侵蚀，我喜欢一个人独处时将书捧在手中的富足与祥和，因为我知道，我要做与能做的只有思考，不管是领略古典的魅力，或是阅读现代艺术所内含的抽象情感，我享受着流媒体与短视频无法带来的思考后的甜美。这样的时光，像极了那些课间，我仿佛又一次听着老师侃侃而谈。

黑板的那一侧，尤老师选择了留白，现在的我开始明白，那是我们心灵的自留地，在线的这一侧，老师允许我们从内心深处挖掘思考与安静所带来的力量，构建我们的精神家园。

（常歌，曾就读于张家口市第一中学 2010 届 27 班。后就读于上海交通大学，加州大学圣迭戈分校，目前于谷歌公司担任软件工程师。）

（三）春风化雨细雕龙，润物无声永铸魂

李建国

1996 年 7 月，中考成绩出来，我成了我们县的中考状元。但我没有丝毫的兴奋，因为家庭经济状况的原因，我一直在上省属中专还是读高中之间纠结着。一直

到张家口一中已经开学军训 3 天后，我才决定去读高中，考大学。

我记得那天，我扛着行李，大包小包地赶到一中，找到尤老师的时候。他第一句话就说："建国，你可来了，你再不来，我都要去你们初中学校找你了。"说完，就接过我的行李，扛在肩上，走在前面，带我去宿舍。

老师并不伟岸，当时也很年轻，身形消瘦，甚至略显单薄。但他扛着我的大行李，走在前面，我跟在后面，望着他的背影，感到一种如父如兄般的温暖。在宿舍里，尤老师像送孩子来的家长一样，亲自帮我铺好床铺，还帮我把东西都收拾整理好，还不忘叮嘱宿舍的其他同学要相互关照。初来新环境，加上又迟到了 3 天，我内心一直是怯怯的，所以，从见到尤老师，一直到他帮我整理好行李，我都忘了自己说了什么，抑或是什么都没说。只知道默默地跟在他后面，听着他的安排。安顿好后，尤老师带我去了宿舍楼下附近的餐馆，还给我点了我爱吃的饺子。要知道，那个时候我家只有过年的时候才能吃上饺子。没想到，上学第一天，老师就带我吃饺子，那是我至今都难以忘怀的最美味的饺子。

尤老师是我们六班的班主任，那是他从教以来第一次从高一起就担任班主任，因此，看得出他对我们班格外用心。就像一个雕塑家面对一块天然的玉料，从下第一刀起他就以高度敬畏之心，倾注心力。我刚入班级时，因为来自农村，普通话说不好又不善言辞，内心一度非常自卑。尤老师一边利用课堂、班会等场合锻炼我语言表达能力，一边不断鼓励我。他告诉我，要想赢得别人的尊重，自己要自尊、自信、自强。在老师的鼓励和培养下，我一方面努力学好功课，在学习上不服输、不落后。另一方面，我以老师为榜样去爱同学，帮助同学。因此，从高二开始我就被同学选为班长。尤老师经常告诫我们班干部：当学生干部，可不是当官，这是同学们的信任，你们要以身作则，服务好大家，共同营造团结向上，永争第一的班风。就这样"永争第一"就成为我们六班人鲜明的精神特质。我们在学习上、在运动会上、在学校组织的各项活动中都争先夺优，永不言败。1999 年，我们毕业那年，我们班被评为河北省优秀班集体，我也被评为河北省优秀学生干部，而且在老师的介绍下光荣入党。

尤老师一直秉持"教育是雕龙与铸魂的事业"这一理念。他不但通过专心、钻研的教学把每一个同学都塑造成社会各行业的人才，而且通过言传身教，身先示范将"永争第一"这种精神力量注入我们每个学生的灵魂，让我们即使走出校园，不管遇到任何困难，都能感受到内心拼搏的动力，这是我们受益终生的精神财富。

2019年是我们毕业20周年，我们六班人重聚母校。大家从天南海北、世界各地赶回来，第一件事就是在我们曾经学习的教室里，再听尤老师给我们上一节语文课。还记得那天，老师站在讲台上，虽然已是满头华发，但仍然神采奕奕。他用浑厚的声音带着我们朗诵《沁园春·长沙》："恰同学少年，风华正茂；书生意气，挥斥方遒……"

讲台下，许多同学早已泪眼婆娑，时间仿佛又回到了1996年的某一天。

愿尤老师在他钟爱的讲台，雕琢更多有趣的灵魂！

（李建国，张家口市第一中学1999届毕业生。中国农业大学农学硕士，曾任中国农业科学院作物所助理研究员，作为主要参与人获得国家科技进步二等奖，在《作物学报》等国内核心期刊上发表论文11篇，参与编写作物高产论著2部。作为第一发明人获得一项发明专利授权，主持河北省科技计划项目2项。现任中国农业大学规划院乡村振兴研究所技术总监。）

图4-6　青年尤立增

（四）长大后，我就成了你

李　君

十二月底的一天，我带着学生助理整理材料，工作结束后他说："老师，圣诞节快乐！""谢谢你，但是我不过圣诞节哟。"这么说着，思绪就飘回十年前的高中校园，当时是班长的我，赶时髦拎了一袋"平安果"要发给全班同学，班主任老师尤立增，曾非常认真严肃地告诉我："谢谢，我不过圣诞节。"

对这个"河北省最年轻的特级教师"，这个光环闪耀的老师，我一向都又敬又怕。最初是被他生动的课堂吸引，被他深厚的文学底蕴折服，直到高二时他成了我们的班主任，尤老师成了我最敬佩的人生导师和榜样。

"尖刀班"的班主任

尤老师的语文课堂从来不会枯燥，我算是忠实的"迷妹"。班级中的同学都是性格迥异，又个性十足。我们会在课间跑步时把文科实验班远远甩在后面，也会在每次模拟考结束后在操场疯玩儿到上课铃都喊不回。尤老师对待我们的多元性是包容的，他日复一日早早守候在教室，默默地注视着每一个同学到校坐定，开始早自习。他总保持着从容淡定，不会因为我们的放肆而着急。高三寒假后自主招生季，我们班是参与人数最多的，班里弥漫着焦虑和浮躁的气氛。我参加的两场考试结果都不理想，因而一度陷入了自我怀疑。尤老师轻描淡写地嘱咐我们，踏踏实实等高考没什么不好，大家正常发挥都没有问题。至于"高考后就解放了""大学就可以自由"这样的"考前激励"在我们班从没有用过，尤老师在课上课下给我们讲的是"知识分子的良心"，他鼓励我们在国家发展进步的重要领域深入学习。最后，全班同学几乎全部考入清华大学、西安交通大学、上海交通大学、天津大学、哈尔滨工业大学等重点高校理工科专业。毕业后才知道，尤老师精准掌握了每一个同学的情况和特点，也包括一些我们都不知道的"八卦"。他对我们这个班的定义，不是高考的"率"，而是每个人的"路"。

"老尤"的坚持

"老尤"，我们都这么称呼他。他的国风气质，已经从语文课堂本身溢出，渗透成为他生活的坚持。他喜欢穿立领西服，不过"洋节"，吐槽过新校区"大鹏展翅"的雕像——老尤喜欢的风格是协调和内敛的。课堂上他最常用来举例的就是"有一个中学生""另外一个语文老师"，其实讲的是儿子和妻子，从姓氏演变讲到家谱典故，到用《陋室铭》名句为儿子取名，再到时事热评。于是有了本文开头的一幕。我们受他的影响，对外来文化对中华文化的冲击格外敏锐，不愿意凑各种洋节噱头下的商业热闹。他对中华传统文化如此坚定，是个"古板"的人吗？正相反，老尤很潮。他的青年时代也曾二次穷游中国，他与师母结识在摄影展，一见钟情、惺惺相惜，他不是张家口人但有热情和毅力翻遍张垣历史……他身上有种深深的浪漫主义情怀和那时我还不知道的一个词——"文化自信"。

送走我们班，每隔一段时间就会传闻"老尤"跳槽了。如此实力派的老尤，恐怕想挖走他的人不在少数，为了自家孩子的高考，走也是合情合理。传多了，老尤也有些无奈："我能去哪儿呀，我哪儿都不去。"十年过去了，老尤成为全国人大代表，成为教育部"国培计划"名师库成员、国家"万人计划"领军人物之"教学名师"，继续在教育事业中探索。不过他一直是那个儒雅、正派、有情怀的张家口市第一中学语文老师。

"没特点就是最大的特点"

这句话是尤老师评价我的，但我最开始并不理解。理一班组建后，尤老师任命我当了班长，但我自知在这个班成绩并不算靠前，顶多偶尔作文被当"范文"，内心忐忑是否能为同学们做好表率和服务。一天课堂上再当"范文"，同学评价我字迹没有特点，正如我的性格，没想到尤老师接道："没有特点就是她最大的特点。"其实做班长并没有太多事务，我只是定期组织大家轮换座位、偶尔收费、传达通知，因此也不觉得难做。在一次调座位过程中，个别同学不满意调换方式，尤老师也听到了这样的声音。"她说怎么调就怎么调。"尤老师甚至没有问我定了什么样的调座方式，选择了无条件相信和支持我。后来，尤老师作为入党介绍人，介绍我加入了党组织，这成为我大学阶段接受新生党员培训、持续活跃在学生工作、选择职业生涯的重要起点。毕业后，我依然作为班长在"营业"，制作理一班通信录，联络老同学聚餐、回访母校，同学们也习惯了与母校相关的事来找我，他们说："你还是这么好。"多年后我还是忍不住会想，什么是我最大的特点？大概就是作为共产党员，放下"个性特点"，顾全集体大家。

长大后，我就成了你。毕业后我选择做一名高校辅导员老师，尤老师的育人理念"雕龙铸魂"也成为我的信念。多年过去，我已经忘了那些作文题目和阅读理解，难忘的是尤老师人生与品格的"课堂"，在我的价值观中打上了深深的烙印。每一次遇到困难和选择，我就会想起当年尤老师的一言一行，从中找到答案：扎根中国大地，坚定理想信念，敬业爱生，立德树人。

感谢恩师！

（李君，张家口市第一中学 2010 届学生。毕业于天津大学，动力工程专业硕士研究生，现就职于天津理工大学，辅导员，讲师。）

（五）桃李不言，下自成蹊

吕　方

再次接到尤老师交给我的"作业"，感到那么的亲切，多年前在一中校园的点点滴滴一下子涌现到眼前。我认真思考了很久，记起尤老师提到过，他曾经向自己的老师请教：什么是教育的本质？他的老师说："教育就是雕龙与铸魂的事业。"高中的我对这句话并没有深刻的体会。毕业多年之后回想起来，越来越能感受到"雕龙"和"铸魂"这两个词的价值和意义。

所谓"雕龙"，我觉得就是尤老师作为一位优秀的语文教学实践者的那颗"匠心"，让学生可以通过语文学习体会到文字的丰富与美好，培养起对文字的热爱。记得尤老师说过，真正优秀的文章，是跨越时间的距离，把彼时彼刻作者真实的内心带到我们眼前的。学习语文，需要自己对这些情感和思想的"真听、真看、真感受"。直到现在我还记得尤老师带着我们学习《纪念刘和珍君》的那堂课。以前上学的时候最害怕学习鲁迅先生的文章，因为每字每句的微言大义略显艰涩，还需要对这长篇累牍进行背诵默写。但尤老师的讲课方式完全不同，他没有去勾画重点段落，分析文章结构，而是让我们先看一遍课文，想想当时的背景，结合刘和珍君的身份，她和鲁迅先生的关系，然后饱含深情地朗读全文。在尤老师的朗读中，我感觉渐渐接近了鲁迅先生，那是一位老师失去自己学生时的悲痛和愤怒，是一位有识之士面对荒谬时事的忧心和呐喊，是于枪林弹雨中一把萧萧而立的君子骨和一颗滚滚跳动的爱国心。那些喷薄而出的文字因为真挚的情感而充满力量。在尤老师的引导下，我热爱上了阅读，即使后来学习和工作非常忙碌，我仍然没有放弃阅读的习惯。阅读带给我的是持续的学习，是日渐成熟的思考，也是可以暂时超脱世俗的诗和远方。

此外，从尤老师那里，我还能感受到，教育不仅仅是传授知识，也不仅仅只有

"匠心"，更是要帮助学生培育独立的思想，树立健全的人格，教会学生感受生活的美好，又勇于直面人生的挑战，是铸造一个又一个闪光的灵魂。记得刚上高一的时候，尤老师组织我们班委会成员开会，提到每个班除了同学们交的班费之外，学校还给了一笔特殊基金，由班主任保管，如果有特殊情况需要使用，需要全体班委共同申请。高二春天，学校组织全年级到北京社会实践，在班委会讨论具体方案和费用的时候，尤老师提出我们班上其实有一名贫困同学，为了保证他也能参加，是不是考虑申请使用特殊基金。当时班委会一致通过，并提出了申请。虽然我们不知道这个同学是谁，但是大家都很高兴，因为我们默默努力保证全班可以一起参加社会实践。毕业后和其他班的同学一起回忆当年社会实践的趣事，我惊讶地发现当时学校并没有特殊基金。所谓基金，其实是尤老师的"赞助"，他用这种方式教会我们在困难时要对其他人施以援手，同时又保护了一个少年敏感的自尊心，而且让我们切身感受到个人之于集体的关系。尤老师带我们的班是六班，开学之初，尤老师就提出了"六班人"的概念。这是我们每个人身上的标签。"六班"是我们亲手打造的集体，我们每个人对于这个集体都同等重要，因为我们每个人的所作所为与"六班"紧密相连，休戚与共。这是我第一次深切体会到了自己的责任和师长的期许。由于这份责任，我要有自己的原则和标准，要有自己的思考和判断，不论周遭环境如何变化，"慎独自立"都应当是我的坚持，也是我对于六班的承诺。高中毕业以后，我的身份在不断变化，但是我始终珍视我人生中的一个标签，这个标签告诉我做任何事情，坚守好我的职责，履行好我的义务，信守对别人也是对自己的承诺。

"桃李不言，下自成蹊"。尤老师一直在教育一线实践着"雕龙"和"铸魂"的事业，培养出一批又一批闪光的灵魂，是我眼中当之无愧的教育家。我由衷感谢尤老师高中三年的谆谆教诲，让我至今仍能从中汲取不断成长的养分。现在我已为人母，虽然我的职业不是老师，但都说父母是孩子的第一任老师。我在教育自己的孩子时，常常回想尤老师当年的教导，希望能够培养孩子对文字的亲近和热爱，对他人的热忱和关爱，对责任的坚守和承担。我想这也是一种薪火相传。

（吕方，张家口市第一中学 2002 届毕业生，考入清华大学，现就职于普华永道。）

（六）指引我人生的启明星

牛志恒

尤立增老师是我的恩师！

说尤老师是我命中的贵人，一点儿不为过。从我进入张家口一中认识尤老师到现在已经有二十多年了，打开电脑面对着屏幕，我的思绪又回到了那些年和尤老师在一起的点点滴滴中。

我来自河北坝上的农村，当我和我的父母到一中见到尤老师的时候，我们原本以为和这位城市的教师会有很大的鸿沟，但在短暂的接触之后就发现尤老师对我们这些农村来的孩子格外照顾。这使得胆小自卑的我很快就融入了新的学习环境，同时尤老师也把我的家人当作亲戚一样对待。在我人生中很关键的几步尤老师都为我做出了正确的决定。当年高考填报志愿，所有孩子中只有我的志愿是尤老师直接定的，因为尤老师知道，相比于我的父母，他是更适合做决定的人。

尤老师是同学们的良师益友，他表面上很严厉，对大家的要求很高，但是内心里又让同学们感觉不到距离。记得有一次尤老师在课堂上批评完同学们之后说自己很严厉，希望大家理解。这时候，不知道哪位同学小声说了一句刚刚课堂上学过的成语"色厉内荏"，顿时同学们哄堂大笑，尤老师也忍不住笑了，紧张的气氛瞬间就化解了。我也经常因为自习课上捣乱被尤老师请去黑板前面电视机下面的"专座"，我也乐于坐在那边，觉得这是尤老师的特殊关照，也乐于给其他同学做一个"反面"的例子。有一次在我再次坐在"专座"下面的时候发生了轻微的地震，我惊愕地回头看着大家，大家也惊愕地抬头看到了我，几秒之后又是哄堂大笑，原来吊在角落里的电视机在我的头顶不停地摇摆。

高中是我求学二十年里最快乐的时光，那是因为有尤老师和尤老师带领的所有六班的同学，那时候的我能更真切地感觉到我们是一个集体。课外的时间，尤老师也喜欢和我们所有的男同学一起在操场上踢足球。在繁忙的学习之外，尤老师会花很多时间和力气组织一些全班活动。对于我来说，印象最深的是高一那年的元旦晚会和高三的一次郊游。高一的元旦晚会准备得十分充分，同学们也表演得十分精彩，所有同学都充分地展示了自己的才艺，也让所有的同学一下子加深了相互之间的了解。还有高三那年，尤老师带着我们全班同学去郊游。那次郊游是在大家学习压力很大，精神很紧张的时候成行的，在大家离开校园来到郊外的时候，仿佛所有的压力都抛到了脑后，大家欢声笑语好不热闹。那时候尤老师还热爱摄影，这些活动尤老师都用相机给我们留下了最珍贵的照片和美好的回忆。

在我高二的时候，有一阵子痴迷上了去台球厅打台球玩游戏，成绩一下子掉到了年级 100 名之外。深深地记得那之后尤老师和我的一次谈话，让我感触最深的是尤老师说的那句话："你和其他孩子不一样，当你在外面玩的时候，你要想一想你的父母还在为你扛活呢。"当时我的眼泪一下子就掉下来了，是尤老师的一句话让我迷途知返，后来成绩也是稳步上升，最后高考成绩也跃居我们班的第一名。

尤老师在平时和同学们的接触中很善于发现每个同学不同的特点，虽然尤老师教的是语文，但他绝对是一位称职的职业规划师。在一次我把平时常用的计算器的各种功能全都开发出来的时候，他看到我那时表现出的自信，就认定理工科和计算机科学更适合我，于是就在我填报志愿的时候，为我选择了哈尔滨工业大学的计算机专业。一直到我读硕士、博士，再到后来走上工作岗位，我从事的都是计算机算法相关的研发工作。每当看到一段段的代码变成运行的程序在电脑和服务器上跑起来的时候，我还是充满了激情和成就感。对于那时年少的我来说可能不太清楚当时的选择意味着什么，但是在毕业之后到走上工作的岗位，我越发觉得要感谢尤老师的慧眼识才！

毕业之后我和尤老师也保持着密切的联系，当我的双胞胎女儿出生的时候，我和我的爱人都觉得如果尤老师能给我们的孩子取名字，那将是一件非常有意义的事，后来就有了"一瑾""一璇"这两个美玉一样的名字。这是我们对孩子的美好期望，也是孩子们必将永远铭记的中华文化的传承。可以说我们一家人都对尤老师有着不同于普通师生的感情。

我们这一届是尤老师带领的第一个班级，今年正值我们毕业 20 周年，在这次毕业聚会上再一次见到了尤老师。当在世界各地和各行各业的四十几位同学齐聚一堂，再次聆听尤老师语文课的时候，所有人的眼里都闪动着泪光，那一刻我们深切地体会到了师恩难忘！

如今的尤老师依然站在教育的第一线，同时带领更多的青年教师，成就着一批又一批的"我们"。尤老师是教育事业砥砺前行、不忘初心的践行者，也是我们所有学生的榜样。我还记得 20 年前我们学校的一句口号，"今天我以一中为荣，明天一中以我为荣"。20 年后我想说的是，昨天我以一中为荣，今天我以一中尤老师为荣！

　　（牛志恒，张家口市第一中学 1999 届毕业生。博士，毕业于哈尔滨工业大学计算机科学与技术学院，先后供职于松下新加坡研究院、新加坡国立大学和德国 Aptiv Services Deutschland GmbH 公司。目前从事汽车自动驾驶和计算机深度学习方面的研发工作。）

图 4-7　毕业二十年，我们来相会

（七）您为我保留生命的亮色

王清扬

　　当你回忆起高中生活时，你会想起什么？

　　这是 2019 年的尾巴，不觉中距我第一次踏进一中校门已过去了近十年。当我再次回忆起高中生活，尤老师的话犹在耳边，"当你回忆起高中生活时，你会想起什么？我希望你们的回忆里不止有考试、分数、排名，你们的青春应该是彩色的、完整的"。如今，高中所学已被我忘得七七八八，每月一次的年级排名更变得毫无意义，随着时光流逝，我愈发珍视在一板一眼的高中生活中，尤老师尽力为我们保留的彩色。

　　高中时，我最喜欢在傍晚的自习课上写尤老师布置的随笔"作业"。老师是开阔又随和的人，布置随笔从不限内容、不拘题材，我便也天马行空，春天时写花，冬天时写雪，读书时便发发感慨，看到新闻便稚嫩地评判一番。老师批改时也从不评价高低，只在每篇文章后写下自己的一两点感受，如同笔友对谈，趣味无穷。后来我偶然翻到从前的随笔，总是既感羞愧，又觉感激。那时我总盼着自己与众不同，文章里不是盲目的热血呼吁，就是"为赋新词强说愁"的感叹。而老师从不戳穿，总是以面对成年人的态度认真阅读我的观点，鼓励我感知世界、辩证思考、面对自我。高中之后，我走上了和文学全无关系的道路，最近两三年更因处在不同的语言环境中鲜有动笔，但观察与思考的习惯却一直保持了下来。

　　高一下学期，大家纷纷为了分科纠结不已。我那时喜欢读书，虽然文科学得实在很差，却还是执意要选文科。父母很是头疼，拜托各位老师和我讲道理。"相信你不论文科理科都可以学好"，尤老师并没点破我在文科上明显的弱点，只说"不过爱好不一定要和专业完全重合，喜欢文学和以文学为专业是两个不同维度的问题，你可以再想想。"我这才意识到自己之前的想法多少有些赌气的成分，其实我既明白自己不擅长文科，又并非对理科没有兴趣，只是害怕"妥协"，急于决定自己的人生。后来我权衡再三选了理科，接着读了与数学和金融相关的学位，成了地地道道的理科生，却也保留着对文学的爱好。一边从事自己擅长的事情，一边为业余爱好留下空间，一路上乐在其中。二十岁以后，有很多人给我讲过同一个道理——业余爱好未必要成为职业，它与专业和工作可以是互相补充、互相促进的。我很庆幸，老师在我还未真正面对重大选择时，便给了我受益一生的提醒。

　　临近高考，大家的压力几乎达到了肉眼可见的地步，我所在的班级更是各位老师和领导的重点关注对象。我那时成绩拔尖，格外受到关照，几乎所有老师都和我单独聊过。奈何我心理承受能力实在不好，越是关照压力越大，越是叮嘱越难平静。印象中是一个春天的下午，我去办公室送作业时碰到了尤老师，一心想着在老师"叮嘱"我前赶快跑掉。老师大概是猜到了我的心思，也并没有叫住我多聊，只是说让我和同学们多交流，而"人生很长，高考只是其中的一件小事"。我转身下楼时，太阳正沉沉地要坠入地平线，初暖的春风被染得一片金黄，我仿佛在水中游了很久的人一样，长长地呼了一口气。如今，每当面对人生的分岔路口时，我总是想起那个怡人的黄昏，想起老师说出口的轻描淡写和未说出口的关切。

当你回忆起高中生活时，你会想起什么？我想起了十六七岁的年纪，以面对成年人的认真和坦诚对待我的尤老师，想起了一板一眼的学习之外，那些彩色的片段。愿天下学子都能遇到自己的尤老师。

（王清扬，张家口市第一中学 2013 届毕业生，于北京大学及斯坦福大学取得学士及硕士学位，现于香港从事投资分析工作。）

（八）幸得人生筑梦人

闫晓毅

在正式动笔之前，我的脑海里闪过了很多个片段与词句，想起尤立增老师，我总怀着一份感恩之情，因而更难以下笔。怕自己笔力不足，不足以描摹出恩师之形象；又恐自己忝列门墙，愧对恩师当年之教导。然而慢慢浮现的无数记忆，却令我心潮澎湃，心中有千言万语，只待在笔尖一涌而出。

印象中的尤立增老师，身形挺拔，精神十足，气质儒雅而从容不迫，讲课时声音极富磁性而又中气十足。还记得当年回高中母校拜访老师，只听得老师讲课的声音依稀从走廊那一端的教室传到了这一端，这也许是"未见其人，先闻其声"吧，这一点颇令学生们羡慕，我也不例外。回想老师抑扬顿挫的语调与逻辑精妙的讲话，总能在课堂上牵引着我的思绪，促进我的思考，投入语文这门学科广阔的天地中。我始终记得老师在课堂上讲解过的《药》，从我自己阅读的体验上讲，这篇小说不好懂，依靠老师如庖丁解牛一般的讲解，揭开文章的谜底——华夏二姓隐喻"华夏"，"夏"又隐含了秋瑾烈士的"秋"，于是鲁迅笔下那个时代的血雨腥风也就一并呈现在眼前了。我始终想念着这种谜底揭开时的酣畅淋漓的感觉，好像手捧一张山川脉络尽在眼底的地图，从此虽不能一马平川，可是前途十分光明。

说起课堂，就不能不提恩师的一大独创发明。它很简单，但又很神秘，简单在它只是课前所发的一张几乎空白的表格，神秘在它有魔法似的，令我十分着迷。让我悄悄透露一下吧，它是一份独特的课前作业，凡是课文阅读中的疑惑和心得尽可表述其上。我们像一群寻宝者，挖掘文章的角角落落，誊写自己能想到的蛛丝马迹，而恩师则是一位伟大的先知，告诉我们线索正确与否，指引我们宝物的方向。我是这个"寻宝游戏"的重度爱好者，从书中发掘线索的时光，大概是我一天中最快乐的时段之一。除此之外，最让人愉快的时间，莫过于作业下发时看到老师的"朱批"。我要感谢恩师的细心解答，这对我的鼓励虽难以量化，但真切而持续地影响着我，让我在学习语文之路上感到了非同一般的快乐和趣味。我像一辆加满了油的越野车，只想在学习之途上披荆斩棘，一路高歌猛进，这份自信和底气，是在恩师的循循善诱之中逐渐被培养起来的。

回忆里，我有着一个蓝色的 A4 记事本，它有着格外特殊的意义——三年周记的合集。数来也该有百八十篇，而每篇末尾，都有着老师的评语。我已记不大清楚正文和评语内容了，但看到评语前的那种心情让我难以忘怀——期待、雀跃而又微微忐忑，我知道恩师必会批复班里每一个同学的每一篇周记，其中当然也有我的。年少时种种翻飞的思绪落在纸上，渴望得到认可——我非常幸运，恩师是这样一位愿意聆听我们的絮语、忧愁与稚嫩的思索的长者，他不吝赞美与鼓励，也给予督促和鞭策，能够得到这样一位温文尔雅而又德高望重的饱学之士的鼓励，对于一个少年来说，意义是十分重大的。更何况，体裁也可自由发挥呢！三年的周记中，有散文与评论，也有小说和诗歌，我的尽情挥洒想象力的需求和渴望外界反馈的愿望都在恩师那里得到了实现，这样的日子在人生中也是有亮色打底的，恩师是我的筑梦人。

除教学功底过硬之外，恩师才华横溢而又幽默风趣。毕业时正逢母校校庆，恩师的《一中百年赋》着实震撼了我们，挥挥洒洒，用典精妙，作为学生也"与有荣焉"。多年前我也曾在网络"考古"的过程中恰好看到了恩师的博客，两篇短小精悍的散文令我叹为观止，悄悄看过数遍，至今仍记得其中词句。仍难以忘怀恩师与师母的爱情故事，在课堂上我们曾起哄"老师讲个十块钱的（故事）"，于是看着老师眉开眼笑，细细分享生活中幸福的点点滴滴，这样细水长流而又饱含甜蜜的故事，大概也启蒙了一群年轻人的爱情观与婚恋观吧。

有幸得恩师教导三年，总还有说不尽、想不完的故事与回忆。请允许我用这样一句话来概括：同学少年时，恰是梦想扬帆日，一路阴阳晴雨，幸得人生筑梦人，教云雾尽散而见天虹。

（闫晓毅，张家口市第一中学 2016 届毕业生，第十二届"叶圣陶杯"全国中学生新作文大赛现场决赛特等奖。本科就读于西南财经大学会计学院，现为中山大学管理学院研究生。）

（九）从常人到圣人

李　想

　　构思这篇文章的时候，我恍惚间又回到了那个充满欢乐与汗水的懵懂岁月；仿佛又坐到了那个同时充斥着新奇与倦怠的狭小却温馨的教室；好像我现在正在发呆的视线穿越时空再一次落到了那块涂涂改改的黑板上。我不禁怅然，在这拥挤而此时此刻却无比空旷的大学校园里。

　　我对尤老师的认识称得上是一波三折，但现在回忆起来，其他的都淡忘掉了，只是有一个大致的印象：金庸笔下的扫地僧也不过如此吧！

　　第一次听说尤老师的大名，是在初升高的时候。在此之前，语文之于我只是无穷无尽的要背的课文，永远无法掌握其精髓的阅读题，再加上昏昏欲睡的课堂罢了。所以我甚是期待尤老师的课堂。毕竟对于我们这些见识少的孩子来说，那可是一位大教育家的课啊！第一堂课讲的好像是《荷塘月色》，讲意境，讲修辞，讲情怀。讲他在我的预习作业上给我留下的批语"披文入情，不错"，讲那品起来绝美的"仿佛远处高楼上渺茫的歌声似的"，讲他弯腰在黑板上吃力地以一名语文老师的画画功底画出的荷花。他把课文讲活了；我们心中的课文，活了。后来尤老师每一次讲课文，我们都会在心中不自觉地构建小小的却又无限美的小千世界。以至于多年后身处北京的我，在一场带有些许寒冷的秋雨过后，踩在松松软软的梧桐叶、银杏叶、杨树叶上赶去上晚课，还会感叹地嘟囔一句郁达夫笔下故都的秋"一层秋雨一层凉啊"。

　　我也有过不理解尤老师的时候。上尤老师的课久了，我们也就渐渐地麻木了。尤老师向来不给我们留刷题的作业，仅有的只是每人一张空荡荡的白纸，等着我们写下或多或少或认真或敷衍的预习时产生的问题。尤老师管这个叫"以学情为核心的教学"，每每说起来，脸上还会挂着些"小骄傲"。高一时我觉得预习作业挺好，确实能解决一些问题，但渐渐地却感觉它流于表面：不利于考试。认真完成一项预习作业的时间可以做一套语文题。早早地通过做题培养起应试与文学的两套思维不是更好吗？我们是学生，作为当事人能不知道自己利益最大化的途径吗？我逐渐觉得尤老师是一个坚持己见，理想主义化的"老古板"。但是还是按照老师布置的进度执行下去了。现在看来，不禁哂笑当时自己的急功近利。如果过于功利地对待学问，那还做什么学问呢？不禁想起蔡元培先生《就任北京大学校长之演说》中提到的抱定宗旨，在合适的阶段培养自己相应的能力，即使带有功利的性质，也需拭亮双眼，分清主与次，短期与长远，笃学慎行。上大学之后才逐渐发现，正是尤老师对自己独特教学方法的坚持造就了我现在一些基本的学术思维与学术素养。

我一直记着尤老师的一句话，大概意思说的是一个人在一位老师身上真正学到的，是多年后忘掉其他的所有而仍然可以清晰地记得的东西。文学素养与学术能力自然不必多言，真正让我觉得受用终生的是尤老师的处事态度与做人准则。高中三年我是语文课代表，在学校里尤老师和其他老师看起来并没有什么不同，只不过是喜欢坐在公共办公室的角落的桌子旁，安安静静地备课。但是别人不知道的是，尤老师每次教授一篇课文都会重新撰写教案，对每一份学生的预习作业都会仔仔细细地回答每一个问题，对每一名学生的作文水平都了如指掌，把最简单的工作做到极致；别人不知道的是尤老师坚持博览群书，年轻时发表过许许多多文学作品，是小有名气的青年作家；别人不知道的是在有些人竭尽所能地宣扬自己不成熟的理论时，尤老师却扎根在小城，坚守在一线，默默地实践并完善着自己的理论。

"当你不了解一件事情的时候，不要轻易发表自己的看法。"

"会贻笑大方的。"

我永远记得。

与其说尤老师是一名教育家，我更愿意称他为一名平常人，一名将自己的事情做到极致的平常人。

"圣人者，常人而肯安心者也。"

也许这就是所谓的超凡入圣吧。

（李想，2019 年毕业于张家口市第一中学，现就读于中国政法大学法学系。）

（十）我眼中的老尤

杨逸飞

"大家安静！"课代表李想三步并作两步跃上讲台，"下节可是尤老师的课。"

沸腾的高一（1）班一下子安静下来，规规矩矩地冷却结晶。初秋的九月，有金色的阳光在黑板上翻飞出好看的图案。

紧接着从门外走来一位温和儒雅的先生。个子不高，戴黑框眼镜，头发已有些斑白，似乎比照片上略沧桑。霎时间，掌声雷动。

他笑着，说："古时候戏曲演员一登台，全场观众叫好，这叫'满堂彩'。今天在咱们班上课，没想到我也领略了一回'满堂彩'。"

我们也笑。给我们上课的可是一中的名人、特级教师，我们此前都读过他的《一中百年赋》，此文生词掌故之多，直教人望洋兴叹。没想到，"名师""大牛"也是这么平易近人啊。

老师就娓娓地讲起了朱自清的《荷塘月色》，用他像播音员一样、富有磁性的嗓音为我们朗诵"曲曲折折的荷塘上面，弥望的是田田的叶子……"从"麦浪"式的比喻，讲到他自创的"荷波"；从"低头望莲子，莲子清如水"的意蕴，讲到情侣伉俪的旅游胜地荷花公园……

那节美好的语文课过得很快。从那以后，我们的语文学习旅程就添了许多色彩。

给老尤当学生的日子，是我们高中时代珍贵的记忆。我们有幸成为他精彩课堂的见证者，也有幸成为他人格魅力的忠实拥趸。

记得那时候，每节语文课前，讲桌上总少不了一字排开的一溜录音笔。教室里我们占一半，听课的老师们占另一半，挨挨挤挤摩肩接踵。课堂上颇有尤式脱口秀的风采。从普普通通的课文出发，老师会给我们讲述作家作品、文字演变，有时也会讲起足球、老一中的乐队、他年轻时候写的诗。每到这时，三十几颗年轻的心无不感到兴奋与激动：原来老尤严谨的外表下，还包裹着感性和浪漫的情怀。

老尤留作业也与众不同：高三备考之前，我们写过的语文作业无外乎预习和随笔两种。"预习"是在课前梳理文章的思维导图并且提出一些问题。记得我那时总喜欢提一些特别的问题"刁难"老尤，老尤也不生气，而是每次都耐心地为我解答。至于随笔，则是同学们放飞自我"为生命写作"的天地，也是我们几个文学爱好者于繁重的理科学习中的慰藉。还记得那一次我写远方，老尤给我的评语是："现在，远方在心里；未来，故乡在梦里。"等我到"真正的远方"读书，辗转难眠之际，心里又止不住想起这句如诗的评语。

老尤常引用爱因斯坦的名言："当在学校所学的一切全部忘记之后，还剩下来的才是教育。"他自己说，等我们把他写在黑板正中间的知识全忘掉，还剩下写在黑板一侧的东西，那么教育的目的也就达到了。现在想来，正是这"写在黑板一侧的东西"，还有许许多多未来得及写下来的东西，使我们成为更好更完整的人。记得他说，冬天要为你身后的人挡一下门帘；记得他说，口头称呼长辈时莫用"他"，要用代词"您";记得他说,张家口方言里保留了许多古音中的入声字;记得他说,热爱家乡,从热爱家乡的文化做起;热爱祖国,从热爱祖国的语言文字做起……

高中时的我们崇拜老尤,大抵是因为他的特立独行:在他这里,作文的最高评价不是满分,而是"打印",因此我们勤奋笔耕、满怀好奇地交换作文本,看看这两个字有没有出现在谁的本子上。在他这里,对我们最严厉的责骂也不是"朽木"一类,而是"你真是个理科生",因此我们一个班的理科生小心翼翼地夹起尾巴、认真学语文,为的是不让这几个字出现在课堂上。在他这里,高考前的鼓励不是什么六月试锋芒、蟾宫能折桂,而是水到渠成、"会是一锅好馒头"。现在想来,哪有什么特立独行,一切皆是因势利导的"雕龙铸魂"。如农人顺应天时,夙兴夜寐,春种秋收一样自然而智慧的事情。

前不久大学的迎新活动,主持人要来自世界各地的同学们探索自己的身份认同,如国籍、族裔、母语、性别、家庭等。当主持人问到"哪一种身份你将继续学习和探索",我毫不犹豫就选了"母语",结果选择母语的寥寥无几。于是主持人问我是否愿意分享一下自己的感受,我站起来,不疾不徐地说:"作为一个中国人,我热爱自己的语言和文字。对我来说,母语也是学不尽的,我愿穷尽一生去探索汉字奇妙的排列组合。"那一刻,周身响起了掌声,而我的思绪静静地飘回到高中时代老尤的某一节语文课上。

(杨逸飞,张家口市第一中学 2016 级学生,2019 年高考张家口市理科第二名,现就读于昆山杜克大学。热爱文学和写作,曾获得"语文报杯"全国中学生作文大赛特等奖、"梁衡作文奖"。)

(十一) 摆渡人

王 玮

我每年都会在女儿生日那天给她写一封信,六岁要上学那一年,我给她写过这样一句话:"我坚信,如今这个时代,获取知识的成本已经降到了最低,我真的不担心你对知识想获而不得;上学,就是希望有人能让你对知识产生向往而已。所以,我期盼你能遇到好的老师,哪怕只是只言片语,哪怕只是路过你生命的一个动作,如果让你对这个世界有了好奇,对这个世界有了善意,都好好叫他一声老师……"

写这句话的时候,我想到了我的高中班主任尤立增老师。

　　坦白讲，在想到尤老师的那一刻，我却没有清晰的印象，是他的哪句话，哪个举动，让我对这个世界有了好奇，有了善意？我好像并没有经历过什么醍醐灌顶的时刻，也不曾有任何需要幡然醒悟的岁月。于是我有些困惑，是什么，让我自己如此确定，那个我心中想好好叫一声老师的人，是他呢？明明那时候的我们，私下里还叫他"小尤"。

　　我是尤老师带的第一届弟子，我高一入学的时候，他刚年满三十岁，远比如今的我更加年少。但即使是现在的我，去回忆当初那张三十岁的脸，也并不觉青涩半分，他仍然是我心中的那个，代表着天下恩师的模样。

　　那时候的他，还不是什么名师，更不是什么人大代表。那一年他第一次当班主任，是不是看着我们这些半大小子，还有些诚惶诚恐？甚至于对老师这个职业是否坚定也未可知。从一份简单的教师职业，到教育这份事业，再到如今被称为教育家，不知道二十年前让他诚惶诚恐的我们，有没有为他的职业生涯提供过什么感悟。而此时，我要仔细回想的是，那时的他，给予我的影响，是什么呢？

　　在这之前，我想先回忆一下二十年前的我自己：

　　那时的我，自己的世界观刚刚萌芽，急于摆脱家庭塑造的期许，而外面的世界朦胧而遥远——人生被高考这件事束得紧紧的，于是便望不到远方。

　　回头想想，我青春里最快乐的时光一定是在大学，阳光总是洒在那段回忆里，我的自信、乐观和充沛的感情，都是来自那里。而高中对我来说，是段漫长而又孤单的旅程，在那个干燥清冷的小城里，背着巨大的学业压力，努力地扮演着省重点中学"好学生"的身份……我不知道阻碍我回忆起尤老师那些细节的，是不是就是因为那段时光过于灰暗，以至于我不愿想起。

　　首先能回忆起的是小尤那时候风华正茂，才气过人。他会和我们一起踢球，聊天，谈一些人生经历……犹记得他给我们讲他毕业后孤身流浪的故事，对于那时望不到远方的我来说，印象深刻——尘满面、污满身、历经沧海、阅尽悲欢、心倦方知返——对任何一个少年来说，都是绝对的浪漫。如今的我，每年都要自己出去旅行看世界，大概就是被这份浪漫所感染。还记得有一天，我妈妈拿回一本文学杂志，说里面有一篇尤老师写的诗，我印象里是写长城的，具体诗句已然不记得了，但那种"不明觉厉"，甚至是因为自己老师写的东西，而沾亲带故的有些自喜的心情，还清清楚楚地记得。所以我们心里的老师，他首先必然有自身的人格魅力，会被我们钦佩和崇敬；其次他还要有能和我们并肩奔跑的亲切，以及可以畅吐心声的信任。从这一点看，小尤最初的样子，就是一名好老师的样子。

我现在还记得给女儿起名字时候的患得患失，给自己最在意的生命赋一个伴她一生的词，谈何容易？既不能让名压住命，也不能让命压住名，这真的很难。事实上在我身边，越来越多的人已经没有文化自信来给孩子取名字了，大多都是花钱去求名字……尤老师在我们的课堂上，喜不自胜地讲起他给儿子起名字的场景，我记忆犹新……他说他儿子的名字取自《陋室铭》中"谈笑有鸿儒"这一句，孩子大名就叫"尤鸿儒"，小名就叫"谈笑"，简称笑笑……我现在都能回想起他讲这段话时眼神中得意的光彩。那天放学后，我和同路回家的大段给对方的儿子取了一晚上名字，我说你儿子应该叫"段肠人"，小名叫"在天涯"；他说我儿子应该叫"王谢堂"，小名"旧时"……到如今，我们俩的孩子都已到了上学的年纪，不知道大段孩子的名字是怎么取出来的，我用尤老师这种起名的方法，不但给自己孩子取了名字，还帮朋友的孩子取了名字。此时此刻，我的女儿如果被老师点名回答问题，教室里的所有人都不会知道，他们之所以能听到那样一个词，是来自二十年前那个风采奕奕的男人讲的那句——"谈笑有鸿儒"。

我由此感慨，作为一个语文老师，教学生们识文断句只是最基本的工作，我们如何运用文化去解读这个世界才更为重要。所谓文化启蒙，是让我们知道文化不只是诵读篇章，而是共情于天地万物。古往今来，这意义可以绵延久远，惠及子孙。希望我的孩子也可以遇到像我的老师那样的人，可以被他身上的文化光彩所照耀，然后用所学所识，细品人生。

还有一件小事也是受恩于尤老师，这件事小到他必然不记得，而我却被大大地激励过。那时候尤老师让我们每个人坚持写"练笔"，有时题材不限，有时他会给一个命题，我印象最深的那次命题作文叫作"择校热"，让我深深被鼓励的是，尤老师在我的那篇文章中的六个字下面留下了六个小圆圈，那六个字代表着我对这个命题的核心思考——"择校就是择业"。我从那时意识到，真正的好文学，不是辞藻华丽，也不一定是行文逻辑顺妙，文学最高级的意义来自写作者的思想和思考方式。这小小的六个红色的圆圈，对我是最宝贵的人生馈赠，我由此喜欢上凡事诉求本质的思考；而对于他来说，那些小小的红色的圆圈，是日复一日送给他每一个学生的鼓励和认可。我不知道他满天下的桃李众生，有几个像我这般珍视这份礼物的！至少我自己心里清楚，作为像尤老师那样一个文史通达的人来说，每天去阅读那些高中生的幼稚感叹的文章无疑是枯燥乏味的，但那确实是一个教育工作者的责任，他要去观察和洞悉学生的思想，在他们迷茫的时候批语更正，在他们偶尔闪光的时候，留下他红色的小礼物。

有"传道授业"的能力，同时兼有"识才解惑"的耐心之后，就能称之为"教育家"吗？我觉得不见得。

人心深似海，而我的老师那时候要面对的是，五十个翻涌着青春波涛的灵魂。我记得尤老师在我高中生涯最后的一年半中，笑容已经不及之前灿烂，它慢慢收敛成许多疲惫和焦虑……高二下半学期开始之后，学业的压力陡增，让那些处在青春期里的、内心并不坚定的我们，在荷尔蒙里风雨飘摇。在人心的惊涛骇浪中，有些人逃课打架、抽烟喝酒，然后逃向社会；还有一些人，伤秋怀春、迷茫自艾，然后逃向自以为是的爱情……我是属于后者。如今我会觉得非常遗憾，自己在高中时期获得的初恋，它在那份重压下变得扭曲……

有一天我和初恋女友的恋情被我父亲撞破，我和她都惴惴不安不敢回家，于是一起去了尤老师家，那天尤老师对我说过什么我全然不记得，但我记得我在他面前保证自己会结束恋情，把精力放到学习上……这件事在后来的很长一段时期都很困扰我，我觉得那时的自己脆弱可悲，敢爱不敢当，作为一个男人怯懦的令人鄙夷。那一天晚上，尤老师陪我一起回家和我父母谈了话，我至今也不知道他和我的父母谈了什么。但那件事之后，无论是我父母还是尤老师，至今都未曾有人提及过，于是我才得以在这份沉默的包容里反思自己。我反思的结论是，也许发生在高中的恋情并不是我的错，而在那个时候轻易地背叛它，才是我最大的错。没有这段反思，我大概会成为一个"不堪"的自己。

所以谈及教育，也许传道授业解惑是远远不够的，每个人的青春都是如履薄冰地走过来，我们选择不了出身的城市和家庭，更加选择不了时代，在所有的环境都成为不可更改的因素时，会有人陪着你走过来，就是一种万幸，就像那天晚上我的老师在路灯下推着自行车陪我去面对我的惶恐一样，即使整个事情在我的回忆中留下的只有沉默，但这如金般的沉默让我能踏实地走出来，再也没有听到过冰面破裂的声音……

我只知道阳光洒在独木桥彼岸的大学时光，对那段高中的灰暗的日子避恐不及。

现在静夜长思，分明看到一个意气风发、腹有诗书气的男人，用自己身上的光彩指引着我的默语夜路，渡我到阳光大道的桥边后，他便转身回去了，前赴后继……

说起来高中最大的遗憾，是文理分班时的迷茫。我一直是文科比理科要更容易学好的人，文科不太费力气也能完成得很好，但是当时所有人都认为只有理科跟不上的学生才会退而求其次去文科班。而非常不幸的，我在理科方面又能跟得上，于是就一路走到了如今。我经常在想，如果我当时选择了文科，那么我的人生会不会很不一样，也许我做着自己更加喜欢和擅长的事情，比如电影、文学或广告……犹记得那年在填分班志愿时，尤老师走到我的座位前，问了我一句："你确定想好了吗？"当时内心敏感的我还心里想，是不是尤老师想让我去文科班，不想要我了？又或者他那时觉得我更适合学文科吗？

我至今也不知道这个问题的答案，尤老师您还记得吗？

（王玮，1999 年毕业于张家口市第一中学，就读于东华理工大学电子信息工程系。先后就职于多家世界 500 强 IT 公司，目前作为西安艾可萨科技有限公司的联合创始人，担任首席运营官，同时为多家 IT 及传媒公司创始人。）

附 录

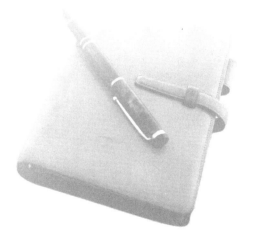

一、教学论文

1. 《语文课堂教学要根植"学情"》，载《中学语文教学》，2020 年 10 期。
2. 《基于学情的高考古典诗歌备考》，载《中学语文教学》，2020 年 6 期。
3. 《探究命题语境　强化情境写作》，载《中学生》，2020 年 1 期。
4. 《阅读教学要突出学情核心》，载《中国教师》2019 年 9 期。
5. 《万汇藏于胸　据事以类义》，载《创新作文》，2019 年 5 期。
6. 《以学情为核心的阅读教学》，载《语文教学通讯》，2019 年 4 期。
7. 《高考文言文阅读的考查定位、命题特点及备考策略》，载《中学语文教学》2019 年 1 期。
8. 《依体定教是教学设计的基础》，载《中学语文教学》，2018 年 8 期。
9. 《高考现代文阅读新增考点命题趋势》，载《中学语文教学》，2017 年 2 期。
10. 《提高作文讲评的效率》，载《语文教学通讯》，2016 年 6 期。
11. 《抓主题才能纲举目张》，载《中学语文教学》，2016 年 2 期。
12. 《论述类文本的考查及备考定位》，载《中学语文教学》，2015 年 9 期。
13. 《教学设计必须关注学情》，载《中学语文教学》，2015 年 7 期。
14. 《为生命写作与为生存写作双线训练体系》，载《语文教学通讯》，2015 年 6 期。
15. 《阅读教学要突出学情核心》，载《中学语文教学》，2015 年 1 期。
16. 《理清教学目标之间的关系》，载《中学语文教学》，2014 年 5 期。
17. 《个性解读　巧妙架构》，载《中学语文教学》，2014 年 1 期。
18. 《在欣赏与质疑中突出主体地位》，载《中学语文教学》，2013 年 8 期。
19. 《以学情为核心的"同课异构"》，载《中学语文教学》，2013 年 1 期。
20. 《曲终人不见，江上数峰青》，载《中学语文教学》，2012 年 8 期。
21. 《寻求抒情类文本教学的突破》，载《语文教学通讯》，2011 年 9 期。
22. 《入情　动情　唤情》，载《中学语文教学》，2011 年 9 期。
23. 《对话：让课堂回归本质》，载《中学语文教学》，2011 年 6 期。

24. 《诗能养人》，载《语文教学通讯》，2010 年 6 期。

25. 《如何提高阅读教学的效率》，载《语文教学通讯》，2010 年 4 期。

26. 《林黛玉进贾府教学简案点评》，载《语文教学通讯》，2010 年 1 期。

27. 《阅读教学中的转化》，载《中学语文教学参考》，2009 年 10 期。

28. 《"合理想象与联想"教学实录》，载《语文教学通讯》，2009 年 7、8 合刊。

29. 《曲径通幽　别有洞天》，载《语文建设》，2009 年 7、8 期。

30. 《语文教学"体验"什么》，载《中学语文教学》，2009 年 7 期。

31. 《追求课堂的精致》，载《语文世界》，2009 年 6 期。

32. 《诗两首教学案例品鉴点评》，载《语文教学通讯》，2008 年 9 期。

33. 《别忘记自己是一个"舞者"》，载《中国教育报》，2008 年 2 月 29 日。

34. 《祭十二郎文备教策略》，载《语文教学通讯》，2008 年 7、8 合刊。

35. 《走进中国的中国诗人》，载《语文建设》，2008 年 4 期。

36. 《伶官传序备教策略》，载《语文教学通讯》，2007 年 7、8 合刊。

37. 《白璧微瑕话赛课》，载《语文教学通讯》，2006 年 9 期。

38. 《求真·求善·求美》，载《中学语文教学参考》，2005 年 12 期。

39. 《从"误会"到"无悔"》，载《语文教学通讯》，2004 年 3 期。

40. 《高中生如何欣赏社科文章的理性之美》，载《阅读与鉴赏》，2002 年 2 期。

二、教学论著

1. 《尤立增讲语文》，北京：语文出版社，2008 年。

2. 《高中作文教与学》（三册），石家庄：河北出版传媒集团，2015 年。

3. 《高中经典篇目同课异构及点评》，北京：现代教育出版社，2015 年。

4. 《那些温暖的记忆》，北京：中国文史出版社，2015 年。

5. 《昨天的雨编织今天的虹》，北京：中国文史出版社，2015 年。

6. 《守住那一缕清香》，北京：中国文史出版社，2015 年。

7. 《情系欣欣桃李诗》，北京：中国文史出版社，2015 年。

8. 《大学语文》，北京：外语教学与研究出版社，2016 年。

9. 《高考古诗文阅读》，长沙：湖南人民出版社，2011 年。

10. 《高中作文审题立意例说》，延吉：延边人民出版社，2008 年。

11. 《领跑高考——写作集训专列》，北京：光明日报报业集团，2009 年。

12. 《紫塞雁翔》，北京：中国友谊出版社，2005 年。

13. 《学海方舟》，石家庄：河北教育出版社，2005 年。